U0797036

关键世代

范博宏论家族企业传承02

范博宏 著

人民东方出版传媒
People's Oriental Publishing & Media
東方出版社
The Oriental Press

献给倍瑜与我们的一双子女

目　录

CONTENTS

改版前言

距离《关键世代：走出华人家族企业传承之困》的出版已近三年。这本书收录了以家族企业传承、治理为题的数十篇案例与专题文章，出版后得到读者们很好的反响。后来我和同事们继续写了多篇新案例，蒙东方出版社支持，决定将原著改版，重新与读者见面。

此次的改版对原有章节进行了较大的调整，删除了15个已经广为人知的案例，但保留了8个重要的章节，同时增加了20章新的内容。原书的基本框架不变，保留之前的4部分章节：第一部分，迎接传承的挑战；第二部分，家族治理与股权设计；第三部分，无形资产的传承：价值观，品牌，创新，转型；第四部分，经理人与公司治理。改版之后，同时增加了第五部分：资本运作，共5章。

改版之后的《关键世代》将成为我“家族企业传承”系列中的第二本。系列的第一本书为2014年8月出版的《交托之重》，这本书有体系地介绍了家族企业传承永续规划的全局与细节方法。我们希望改版的《关键世代：走出华人家族企业传承之困》与《交托之重》各有侧重却互为补充、紧密联系。《交托之重》中虽然引用了不少案例，但为了增强可读性以及由于篇幅所限，很多案例只能简略叙述，新版《关键世代：走出华人家族企业传承之困》便是满足了有兴趣深入案例细节与分析的读者们。比如第二部分有6个章节是关于“家族治理与股权设计”的案例，这为《交托之重》中第五章“治家之道”和第六章“家族股权流转之道”的讨论提供了丰富的延伸内容；

同时第三部分“无形资产的传承”中的多个案例也是《交托之重》中第四章“家业传承规划图”内容的拓展。

《孟子·离娄章句下》中言道“君子之泽，五世而斩”，意思是君子的遗风最多只能延续五代。孟子在两千多年前便深叹文化价值传承艰难。如今中国民企仅是第一代，将家庭与事业向前推进到下一代是既有挑战性也益发迫切的使命。但基业长青并非创业者与家族之不能，而在其不为。传承永续的第一步是要改变观念：将专注短期、追求物质的心态转换到追求第四度空间的长久。第二步是不设限于主观的想法，且要有客观的规划和落实的方法。也就是要道术兼备，方能成事。本书的诸多案例提供了中外民营企业与商业家族治家治业传承百年的心法和经验教训。读者不仅仅要明了案例中的问题与处置方法，更要将这些机制与方法根据所身处的家庭与社会的特殊性进行修改、落地验证、循环不已、精益求精。

本书的完成获得了许多人的帮助，我在此表示诚挚的谢意。感谢上海极视文化传播有限公司的朱蕻和付兆琪先生对本书的改版组织规划工作，东方出版社崔雁行先生的出版编辑协助，香港中文大学经济金融研究中心刘美娇和张彤的行政支持。还有研究中心诸位助理与博士生对本书的案例也提供了大量的研究协助，他们是周冠年、权小锋、董雅姝、张天健、李悦强、刘文琛、薛南枝、张茹、顾乾坤、杨玉龙、顾亦玮、钱梦吟。

范博宏

2015 年 7 月 11 日

澳大利亚国立大学访问期间

第一部分

迎接传承的挑战

导读

传承企业绝非易事，将企业成功传到家族下一代更难。我们通过对中国香港地区、中国台湾地区及新加坡200家华人上市企业传承的研究发现，华人企业传承的价值消散不但严重，而且是无法恢复的长期损失。笔者研究华人企业问题多年，再没有见过比传承更严重的事件。

中国大陆民营经济起步较晚，未来十到二十年将有大量的企业面临接班问题。情况会是怎么样呢？我们初步收集了十数家中国大陆已经历过传承的上市企业，重复以上的研究，发现这些大陆企业在传承中的价值表现与东亚华人企业一致——传承伴随着巨大的价值滑坡。虽然这数十家企业不能代表中国企业的整体情况，但一叶知秋，我们必须未雨绸缪，做好充分准备，因为中国企业传承所面临的挑战只有更大，不会更小！

为什么传承对企业有如此大的打击呢？数年来，我们通过对华人企业交接过程的观察得知，问题的根源在企业背后的创业者家族。“树倒猢狲散”虽然用词不雅，却贴切地形容了一些企业创办人迟暮之年面临的困境。2011年，澳门赌王何鸿燊家族的争产事件，导致家族赌博娱乐事业大幅滑坡，从而印证了我们之前的研究发现。要知道，在那段时期要让博彩业股票跌价是颇不容易的事。何家由于富可敌国，家族事业动荡可动摇澳门经济，因此家族斗争需引起社会的关注。

本书的第一部分便从澳门何家的家族斗争开始，以了解企业传承的诸多挑战。然而我们强调，同室操戈并非企业传承唯一甚至最重要的风险因素。

事实上，因为家族内斗而致企业败亡的情况在我们的研究中鲜少有见。最常见的传承挑战是企业赖以获利的关键资产无法顺利交接。我们谈的不是厂房、机器、设备等有形制式的资产，而是一些非标准化，且大部分是无形的资产。我们把它们统称作特殊资产。企业创办人可能由于他的特殊能力、创意、领导风格、理念、工艺与企业利害相关人的关系等，本身就是一项无可替代的特殊资产。我们为苹果电脑创办人乔布斯的逝世而哀悼惋惜，并非仅是因为他过去的发明创意造福于人类，也因为我们知道未来没有另一位乔布斯能再为我们的生活带来那样的惊喜。我们可以列出一长串这样的企业创办人，如本书会提到的中国香港地区的李嘉诚、中国台湾地区的王永庆、中国内地的宗庆后等。他们都很特殊，为企业与社会做出了重要贡献，他们的退场将留下一块无法弥补的真空，就算是他们的子女也无法复制。另外，创业经营的历史本身就是一种特殊资产。人是情感动物，创业者与其家族成员是会为辛苦开创的企业做出特殊的奉献牺牲的。

传承的挑战往往也来自企业外部环境的变化。这些变化可能来自创业者家族，来自市场行业，或者来自更上层的制度因素。例如随着结婚生子，家族人口不断增加，若无良好的家族治理调和利益，上述的家族斗争便可能令家族分崩、企业瓦解。又如企业成长扩张需要资金。若自有资金不足便须考虑外部资金，如银行贷款或将企业上市卖出部分股权集资。然而外部融资却将导致创始家族股权稀释，必须面对外部投资人的需求，甚至有丧失控制权的风险。这就是企业成长与控制的两难。另外在制度层面，国家税制、金融政策、环保、劳工等管制变化、政府更迭变动等方面，都可能给企业带来冲击。企业就像一部长途旅行中的车子，而上述诸多因素如同路程中的重重路障。企业传承规划的第二个重点，是如何改良这部车子的设计，培养新驾驶员（新的企业领导），从而超越行程中的重重路障。

在“寻找永续经营的治理模式”一章中，笔者提出企业的经营权与所有权传承模式，取决于创业家族今后是否能保存特殊资产并为其增值，还有家族能否有足够的能力超越未来的路障。若两者的答案均为是，家族传承便是最佳的企业接班模式。我们从而引出另外三种家族所有权与经营权分离的传承模式。第二种情况是家族特殊资产减少，但企业未来挑战股权的路障不多。在这种情况下家族可继续控股，但经营管理就要交给非家族经理人。第三种情况是家族未来仍有能为企业增值的特殊资产，但却面临诸多路障挑战。这种情况可能是家族丧失绝对控股权，但仍然担任企业经营管理者职位。最后一种情况是家族已不再有特殊的、能为企业增值的资产了，且企业面临诸多路障。如此最好的选择，可能是家族卖出企业，退出经营，然后将换回的现金投于财富管理工作。我们在“企业家早做退出准备，好于‘永不言退’”一章中将讨论退出的方法与路径。

本部分最后的三篇文章，聚焦于这个时代叱咤风云的几个华人商业家族。他们在传承上安排各异，之后整个家族和企业集团的命运也随之变换转折，其中的成败教训，可为广大企业家镜鉴。鹿港辜家贵为“台湾第一豪门”，兴旺百年，历经四代而不倒，但也两度分家，继承人身陷囹圄。他们的发家过程与传承安排，请见“台湾辜家的百年政商之路”一章。吕志和家族 2002 年方才进入博彩业，如今已和老赌王何鸿燊家族并驾齐驱。“澳门风云之赌王对决”一章揭示，良好的家族治理和传承安排如何成为吕家企业壮大的隐形发动机。“台湾地区五大金控家族风云”一章则表明，政商关系是一把双刃剑，在政策红利诱惑下，企业家在使用关系时必须坚守底线。否则在博弈风险之下，百年基业受损在所难免。

第 1 章
家族企业价值为何在继承中蒸发六成

范博宏　罗绮萍

何鸿燊身后，谁来承继衣钵？利定昌猝逝，谁来接掌利希慎家族产业？传承是每个家族企业不能回避的问题，然而，由于后代难以继承先辈的特殊能力与资产，或创办人抗拒改变，香港企业创办人往往近 80 岁高龄仍未能交班。创业者迟迟不退，可能损害公司价值，以至于他们去世后公司股价反会大涨。在继承的长期过程中，家族企业也面临巨大的财富损失，我们对近 20 年港台和新加坡 200 间家族企业的研究显示，在继承年度及此前 5 年，家族上市公司的市值平均蒸发 60%。为保证企业所有权与管理权的平稳传递，家族领导人需要及早准备，并遵循五大原则。

企业的"企"字是"人在上"，领军人对于企业本来就很重要，中国企业人治色彩浓厚，家族企业的传承难题更见突出。近期香港两位著名企业家何鸿燊和利定昌的健康问题，引发人们对家族企业传承议题的更多思考。

领军者倒下，家族企业何以为继？

谈到企业传承，"股神"巴菲特有一句名言："（就像）在 2000 年奥运会金牌选手们的长子中，选择 2020 年奥运会的参赛选手。"如果沿用这个比喻，澳门娱乐董事总经理何鸿燊应该算是十项全能的奥运金牌得主。他在政商两界长袖善舞，不仅掌握澳门经济命脉，还身兼全国政协常委，在港澳政坛举足轻重，可以尽情对两地特首候选人品头论足。他言论大胆、一矢中的，一直是媒体的宠儿，同时又不因此影响他在内地及港澳的地位，从中也可以管窥一位成功政治家兼企业家传承的超高难度。2009 年 7 月底，他急病入院，引来议论纷纷：万一他身故，四房 17 名子女如何接班？

先看看 87 岁高龄的何鸿燊倒下之前 3 周的重大活动表。2009 年 7 月 11 日，澳门特首唯一候选人崔世安选举答问大会，何鸿燊作为在座最具分量的选委，被数十名记者包围。他当日品评了这位澳门特首唯一候选人，更隔岸议论未来的香港特首候选人，并在这个媒体最关注的时刻，公开质疑澳门政府引入外资博彩企业，造成恶性竞争，宣布将成立澳门博彩业商会。同日，他又以澳门中华总商会名誉会长身份，出席崔世安为中总特别安排的答问会。7 月 26 日，澳门特首选举，由于此前已充分反映意见，何鸿燊化身崔世安最大的支持者，并指不投赞成票的选委将睡不安宁。7 月 28 日，澳门博彩业商会成立，何鸿燊出任首任会长，他团结包括银河娱乐、永利度假村、威尼斯人等 6 家博彩公司的掌门人，誓言要打破业内恶性竞争局面，“有饭大家食”。

此时，摆在何鸿燊面前的重要任务还有 9 月 20 日的澳门立法会选举，他的“四太太”梁安琪要角逐连任，各方利益需要摆平。频繁活动之下，这位 87 岁的老人终于撑不住了，7 月 31 日因急病入院，久日未出。对于他是病重还是康复中有不同传闻，唯一肯定的是，他不可能再事必躬亲，指点江山，部署的传承计划要加快进行。

何鸿燊有 4 位太太及 17 名子女，传承的对象包括：“四太太”梁安琪、女儿何超琼及儿子何猷龙，他们目前分掌澳博控股（00880. HK）、信德集团（00242. HK）及新濠国际（00200. HK）。何鸿燊四位太太包括原配夫人黎婉华、正式注册的继室蓝琼缨，还有公开承认的“三太太”陈婉珍和“四太太”梁安琪——后两人在法律上都没有正式的妻子身份，所以梁安琪虽是人所共知的“四太太”，但在澳博的招股说明书上并未列出她与何鸿燊的关系。

另外，何鸿燊为了扶持何猷龙接班，也早已做出部署，新濠国际自成一国，完全由何猷龙主持，何猷龙接受访问时，更说与老父的公司为竞争对手，然而，新濠国际作为澳门博彩娱乐业的新成员，在整体格局中未有足够分量，何猷龙尚远远未能承继赌王衣钵。

我们进行的家族传承研究中，典型的传承问题是后代难以继承先辈的特殊能力与资产。何鸿燊虽然做出部署，但后代的政商能力与他无法比拟，造成江山难以为继的困局。接班人仍局限在家族成员之内，也是无奈的选择，因为创办人与企业的特殊资产由外人传承更难。

即便家族企业完成第一代向第二代的交班，在后续经营中也仍然面临向下一代交班的问题。利希慎兴业家族第三代传人利定昌于 2009 年 10 月 17 日在浅水湾家中猝逝，就使这一家族再次面临继承难题，从而凸显了家族企业传承问题的持续性。

利希慎家族有“铜锣湾大地主”之称，其分支庞大，但是，后人接班后企业发展步伐缓慢。享年 55 岁的利定昌，掌握家族上市公司希慎兴业（00014. HK）话语权 8 年，曾有意大展拳脚，不过进展缓慢，现时改革未竟却已撒手尘寰，令人唏嘘。

希慎曾经公开招聘董事总经理，但一直没有合适人选，如今利定昌离世，公司唯有匆匆委任 81 岁的独立非执行副主席钟逸杰做署理主席，再辅以董事局内三位利家中人监督公司运作。然而这三位利家人中，50 多岁的利宪彬和利干分别有自己的电视节目制作公司和投资公司，年近 70 岁的利德蓉是一位医生，分身不暇。离开公司两年却经验丰富的利定昌堂兄利子厚顿然成为接任主席的大热人选。

无论在中国香港还是内地，类似何氏与利氏这样面临传承难题的家族都为数众多，看看香港上市家族已完成及未完成传承的统计，同样叫人唏嘘：香港企业创办人往往近 80 高龄仍未能交班，部分成功交班但接班人又突然身故的，除利定昌外，尚有华光航业的赵世彭和金源米业的林炯灿等个案，可见家族企业传承确实不易（表 1. 1、表 1. 2）。

表 1.1　部分已完成传承的香港上市家族

公司	传承年度	创办人	年龄	下一代（继承人）	年龄
恒基地产（00012. HK）	1999	李兆基	80	李家杰（长子）	46
名力集团[1]	2000	查济民	已故	查懋声（长子）	66
德昌电机（00179. HK）	1996	汪松亮	已故	汪穗中（次子）	58
大同机械（00118. HK）	1997	邓焜	86	邓燾（子）	61
大快活集团（00052. HK）	1999	罗芳祥	已故	罗开扬（子）	57
乐声电子（00213. HK）	2000	李志和	-	李源清	62
华光航业[2]	1998	赵从衍	已故	赵世彭（长子）	已故
金源米业（00404. HK）	2000	林曾涉仪	95	林炯灿（子）	已故
新昌营造[3]（00404. HK）	2002	叶谋彰	已故	叶维义（侄子）	50
希慎兴业（00014. HK）	2001	利汉钊	80	利定昌（堂弟）	已故
蚬壳电器（00081. HK）	2003	翁佑	已故	翁国基（长子）	56
华信地产财务（00252. HK）	2000	蔡绍华	已故	蔡乃端	57

注：1. 名力集团已于 2001 年私有化；2. 华光航业已于 2000 年私有化；3. 叶维义已于 2007 年将新昌营造出售给朱树豪控制的骏豪集团。

资料来源：范博宏等研究论文、CLSA 报告、webb-site. com。

表 1.2　部分仍未完成传承的香港上市家族

公司	创办人	年龄	家族成员	责任职务
长江实业（00001. HK）	李嘉诚	81	李泽钜（长子）	董事会副主席兼总经理
利丰（00494. HK）	冯国经	64	冯裕钧（子）	执行董事
东亚银行（00023. HK）	李国宝	70	李民桥（长子）	副行政总裁
合和实业（00054. HK）	胡应湘	74	胡文新（长子）	执行董事兼总经理
大新银行集团（02356. HK）	王守业	69	王祖兴（长子）	执行董事
创科实业（00669. HK）	Julius Pudwill	65	Stephan Pudwill	执行董事

（续表）

公司	创办人	年龄	家族成员	责任职务
澳博控股（00880. HK）	何鸿燊	87	梁安琪（四太）	执行董事
信德集团（00242. HK）	何鸿燊	87	何超琼（女）	执行董事兼总经理
新濠国际*（00200. HK）	何鸿燊	87	何猷龙（子）	董事会主席兼总经理
电视广播（00511. HK）	邵逸夫	102	方逸华（妻）	董事会副主席兼总经理
银河娱乐（00027. HK）	吕志和	80	吕耀东（长子）	董事会副主席兼执行董事
理文造纸（02314. HK）	李运强	66	李文俊（长子）	执行董事兼首席执行官
富豪酒店（00078. HK）	罗旭瑞	65	罗宝文（女）	执行董事
香格里拉（亚洲）（00069. HK）	郭鹤年	86	郭孔演（次子）	董事会主席兼首席执行官
利民实业（00229. HK）	黄乾利	74	黄文显（子）	董事会副主席兼执行董事

*注：何猷龙虽已于2006年接任现职，但舆论普遍认为何鸿燊未完全交班。
资料来源：CLSA报告、webb-site. com。

企业继承过程：近60%市值蒸发

当下一代无力接管企业，或者继承人选未能确定时，传承不力会给家族企业的经营带来严峻的挑战。笔者在香港中文大学进行的一项对近20年来中国香港地区、中国台湾地区、新加坡200宗家族企业传承案例的研究显示，家族企业在继承过程中都面临巨大的财富损失，在继承年度（新旧董事长交接完成的一年，通常此交接伴随控制股权交接）及此前5年、此后3年的累计股票超额收益率平均高达-60%（图1.1），换言之，股权所有人于企业传承前5年每份价值100元的股权，在传承完成时只剩下40元。相比其他两地，中国香港近80宗经历传承企业的价值损失更大，高达-80%。

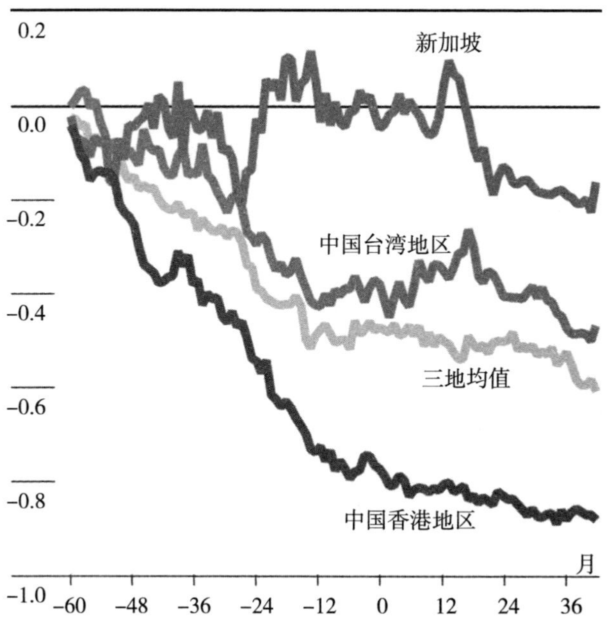

图1.1 中国香港地区、中国台湾地区、新加坡企业继承中的财富消散
(扣除市场变动后的月累计股票超额收益率)

注：0~12月为新旧董事长交接的年度；股票超额回报于交接年度5年（60个月）前开始累计，至交接后3年（36个月）后结束。

资料来源：范博宏等，《家族企业传承：特殊资产转让的问题》。

为什么家族企业的价值会在继承时蒸发？其原因有四：一是创业者无可动摇的地位反而成为继承的一个重大障碍，即便其表现不佳或垂垂老矣，都难被替换，以至于公司价值不断减损；二是存在企业创办人的能力、声誉、关系与其他特殊资产难以转让的问题；三是家族成员内部存在争夺企业所有权和控制权的斗争；四是在创办人将离任的预期下，企业其他利益相关者与家族间发生冲突，例如继承人与高层员工发生冲突，以及继承人与原材料或资金的供应者之间缺乏信任。我们在此先讨论第一点：创业者迟迟不退出会如何损害公司价值。

创办人迟迟难以退出企业经营，一方面源于找不到合适的继承人。通常，家族企业的继承人会在创办人的子女（并且多数情况下是儿子）中选择，受到很大的局限，加之中国内地实行计划生育政策，继承人有时几乎没有选择的余地。家族企业和其他企业很不同，有限的选择机会会妨碍企业的专业化和持续发展，无以为继甚至成为一种常态。即使面临很多选择机会时，继承人的选定还是有很大难度，因为选拔人才具有高度不确定性。因此，扩大继承人的选择范围并兼顾血缘，是民营企业家必须深思熟虑的长远大计。

当然，创办人的不卸任，另一方面也可能是因为其对改变的抗拒。常见的情况是，经商环境改变了，但有些创办人仍然沉浸在控制企业的自我享受与过去成功经验带来的成就感中。现在企业经营越来越国际化、越来越开放，若不愿改变既有做法，过去的经营管理经验又不一定适用，就会导致企业在新的环境下出现经营问题，而企业的其他高层通常很难对创业企业家的地位做出挑战。创办人这种抗拒改变的作风对公司股价会产生负面作用，在他无力继续掌权或者死亡之前，公司股价会持续滑坡，直到因其垂老而勉强完成继承，企业经营状况得到改变时，才会止跌或回升。一些更为典型的案例中，甚至出现创办人或掌门人死后公司股价大涨的情形，利定昌即是一例。

为何大股东讣闻发布后，公司股价竟创新高?

在利定昌离世消息传出后的第二日，即2009年10月19日，希慎兴业股价不仅未受管理层变动影响，更创下2008年金融海啸后的新高，报22.7港元，升3.41%，较2008年11月的低位10.6港元上升了114%（图1.2）。这一方面反映了股市预期希慎兴业在新人继承后业绩会好转；另一方面，也显示市场对利定昌的经营方式和过往表现不认同。

利定昌被委任为希慎兴业主席之初，曾力图一洗公司保守形象和改变其以收租为主的发展策略，并定出十年发展大计，包括投资80亿港元翻新铜锣湾3~4栋物业，在区内兴建“无烟城”，修建行人天桥连接各大厦及铺设无轨电车在区内行走等。然而，从现在的情况看，他的预期并没有实现，至今希慎兴业只翻新了礼顿中心、希慎道一号及利园二期商场等物业，而利定昌最重视的铜锣湾兴利中心重建项目，要到2010年后才完成，至于“无烟城”更是未见踪影。当然，作为家族企业，利定昌的改革步伐受到了家族内部因素的阻碍。据传，建于20世纪初的利舞台戏院之所以迟至1991年才拆卸重建，就是因为家族长老的阻挠，原因是这位长老每年都要到此看戏，要等到他去世后才能动手。庞大家族企业的特性固然束缚了利定昌的经营，但他的经营表现不尽如人意却是不争的事实，这也为希慎兴业股价在其去世后的上升埋下了伏笔。

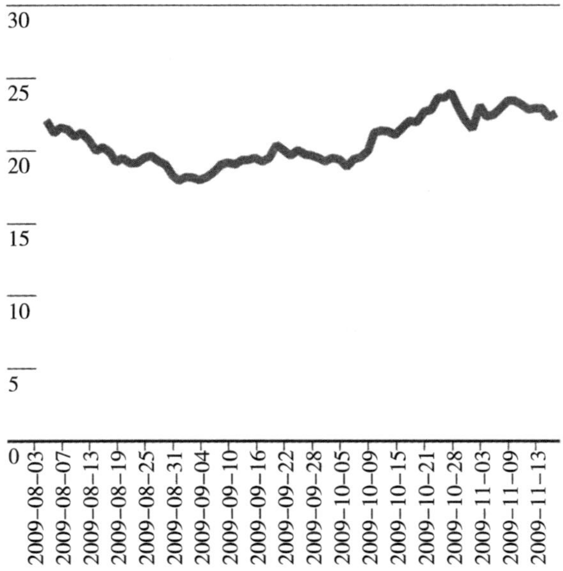

图1.2　利定昌离世消息刺激希慎兴业股价上升

资料来源：Wind资讯。

无独有偶，香港商人林百欣2005年去世后，其旗下丽新系公司股价亦大涨将近50%（图1.3）。2006年，邵氏兄弟（原00080. HK，2009年3月私有化）行政主席邵逸夫因病入院时，公司股价也大幅上涨，反映公司急待变革（图1.4）。后来，102岁高龄的邵逸夫宣布，将于2010年1月自他一手带大的 TVB 退休。国外研究也有类似发现，斯罗文（Slovin）和苏什卡（Sushka）通过读《华尔街日报》讣闻发现，那些上市公司大股东的死亡对公司股价有显著的正面影响，是好消息；并且死者的股权越大，讣闻发布时公司的股价涨幅越大。

为什么公司股价伴随创办人的离世而大涨？上述研究发现，大股东离任后，企业被兼并的可能性提高，而兼并一方往往有能力经营，这会反映在创办人死亡后的公司股价中，显示了股市对并购后企业业绩改善的预期。这种情况在香港也有发生，但中国香港及内地和美国的市况不同。中国香港的并购市场并不活跃，转让成本高，要找到愿意收购的企业家不容易，只有由自家人勉强经营。而内地除了有管制方面的因素外，一些民营企业的资本来源不甚清晰，也使其很难找到买家，导致创办人去世了也未必能改变现状。

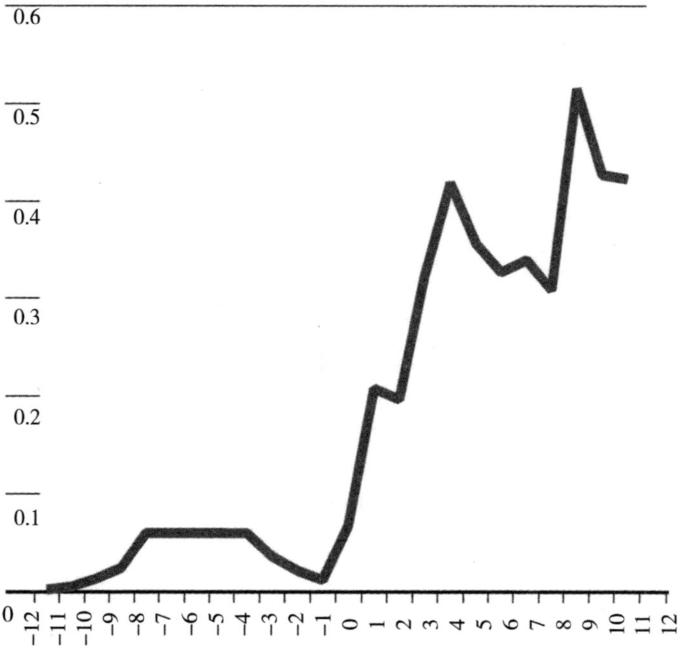

图 1.3 丽新系股票在林百欣 92 岁去世前后扣除市场变动后的日累计回报

资料来源：范博宏等研究论文。

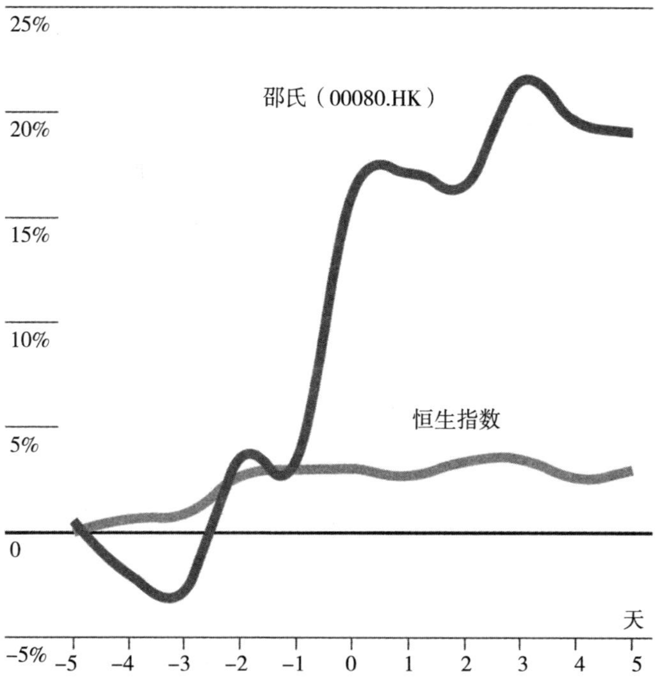

图 1.4　邵氏在邵逸夫 2006 年因病入院前后扣除市场变动后的日累计股票回报

资料来源：范博宏等研究论文。

当然，并非所有高龄创办人的离任都有利于股价的上升。2005 年，77 岁的香港长江实业集团创办人李嘉诚因病入院时，长实股价大跌（图 1.5），市场明显认为，没有任何继任者可以继承李氏的特殊能力与资产。我们也有理由与论据证明，大部分成功企业创办人的卸任，对企业是个重大的打击。

尽管如此，传承仍是每个家族企业不能回避的问题。如何保证企业所有权与管理权的平稳传递，阻止家族内部权力斗争，同时又防止外人趁火打劫，保持企业正常经营与发展，需要家族企业的领导人总结经验，及早准备。我们的研究显示，要让家族企业继承更顺利，一些需要注意的原则是：降低创办人对于改变的抗拒；发现和保存企业的核心价值；保存创办人的声誉资产，并提升公司的治理水平；尽早制订传承计划；在企业中推进职业化与标准化。对此，我们会在后面的章节中进一步分析。

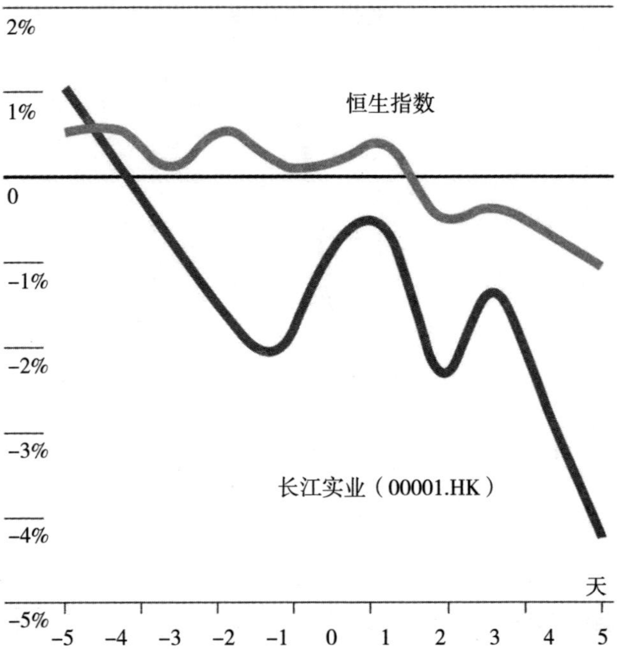

图 1.5　李嘉诚 2005 年入院前后长江实业扣除市场变动后的日累计股票回报

资料来源：范博宏等研究论文。

第 2 章

寻找永续经营的治理模式

范博宏　梁小菁

企业可以通过考察自身资产特殊性和制度局限性的不同情况，从而选择最佳的治理模式，并随它们的改变对治理模式做出相应的调整。日本茂木等家族在分散的股权下经营龟甲万酱油近400年、中国香港华资家族银行60多年来的经营变迁等案例都可供我们借鉴。

企业治理模式选择的四种象限

企业长青是创业家的共同心愿，但其如何实现却众说纷纭。企业长青没有万灵妙药，却也不是八仙过海各显神通，其中一项重要的工作是了解企业家、企业及其所处环境的特点，并对这些特点未来的变化做出可靠的预期，然后再对症下药。

我们可以大致从微观和宏观两个层面考察这些特点，并尤其需要在微观层面上注意企业资产的特殊性，在宏观层面上留意企业经营环境中制度的局限性。由于企业的特殊资产（包括企业的核心价值、创业者强烈的个人兴趣、创办人难以被模仿的能力与创意、政商关系、特殊领导与管理方式、秘而不宣的竞争优势等）一般都与创办家族难以分割，因此，当这些资产的特殊性高时，家族传承于经营会相对有利。制度环境则指企业所处地区的政治环境（主要包括政府素质、官员廉洁程度、政府对企业与市场的监管与干预程度等）、税制、法律体制、产权保护、市场发展程度等。如果企业处于制度局限性大的环境（如政府素质较差、法律体制不甚完善、产权保护薄弱、产品市场受到约束等），企业家就必须集中所有权以巩固对企业的控制，并尽量依靠彼此熟悉或影响力所及的关系人之间的交易以降低高昂的外部交易成本。

企业资产特殊性和制度局限性的不同变化，构成了企业治理模式选择的四个象限。综合对民营与家族企业的研究成果，笔者之一（范博宏）与欧洲工商管理学院（INSEAD）教授莫顿·班纳德孙得出了一个简单但精要的模型（图 2.1），据此可以有系统地明晰在不同象限下企业对其所有权（集中或分散）和控制权（家族成员或职业经理人经营）的不同需要，从而预测并选择最佳的企业治理模式（见表 2.1，制度的局限也会影响企业资产的特殊性，如薄弱的法制环境导致企业家更依靠政商关系做买卖，本文仅介绍较简化的模型）。

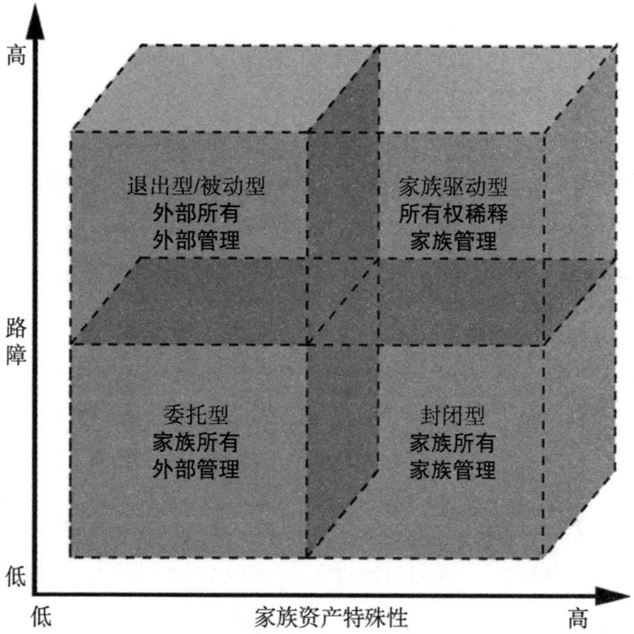

图 2.1　家族企业地图

表 2.1　不同象限下的企业治理模式选择

象限	企业状况	适合治理模式	选择原因	实例
右下	特殊资产高，路障较低	家族经营，所有权集中	• 家族经营能更有效地运用特殊资产； • 集中所有权可减少使用外部市场，以降低交易成本，亦可保护那些甚具价值的企业特殊资产，如薄弱的产权保护环境不利于保护家族的秘方和其他无形资产，集中所有权则可以防止泄露商业机密及捍卫无形资产。	大多数中国民营企业
右上	特殊资产高，路障较高	家族经营，所有权分散	• 家族经营能更有效地运用特殊资产； • 企业无需集中所有权来制衡环境的局限性，分散的所有权也有利于大股东分散投资，并提高企业的集资能力，有助业务发展。	日本龟甲万酱油
左上	特殊资产低，路障高	职业化经营，所有权分散	• 企业没有太多特殊资产依附于家族成员，无需家族控股； • 企业无需集中所有权来制衡环境； • 家族成员未必擅长打理生意，聘请职业经理人有助提高管理素质。	大多数英美大型上市公司
左下	特殊资产低，路障较低	职业化经营，所有权集中	• 集中所有权可减少使用外部市场以降低交易成本； • 企业没有太多特殊资产依附于家族成员，或成功地标准化其核心资产，因此无需家族控股经营； • 家族成员未必擅长打理生意，聘请职业经理人有助提高管理素质。	均瑶集团

右下象限：家族控股，家族经营。中国绝大部分民营企业仍处于特立独行的草创期，面临的也是薄弱的制度环境，因此，它们的治理一般应采用右下象限的家族经营模式。逸飞集团即是一个代表。逸飞集团成就于已故创始人陈逸飞先生对艺术的强烈个人兴趣（意识形态），陈逸飞是典型的艺术家而非企业家或投资家，所以集团的投资领域大多根据他个人的喜好决定，其

旗下的五个支柱企业——逸飞服饰、逸飞模特经纪、逸飞建筑环境艺术、逸飞媒体和逸飞文化影视中，很多投资都依靠陈逸飞出售画作来筹集资本。陈逸飞曾说："我试图证明，我是真心爱做这些事，而不是为了赚更多的钱才做的。"可见，逸飞集团与陈逸飞的个人特质有着极其密切的关联，企业资产的特殊性很高，采用家族经营模式更为合适。

右上象限：所有权分散，家族经营。这种企业治理模式意味着，分散的股东必须对经营家族的成员有高度的依赖与信任，而这必然奠基于家族长期对企业的独特贡献之上，所以，这种治理模式比较少见且不易持久，毕竟家族成员不易世世代代对经营企业有能力与热忱，比较常见的情况是家族与非家族经理人共治或轮治。不过，有少数的家族却能在缺乏集中的家族股权下长期经营，我们在日本可以观察到较多的这类企业，龟甲万酱油便是其一。

龟甲万酱油由真木茂女士于1630年（德川幕府时代）创立，她是现任公司总裁兼社长茂木友三郎的母系祖先。龟甲万的控制家族共有八个分支，分别是茂木家的六个支系、高梨家和堀切家。他们于1917年就约法三章，共同遵守一份商场家规，注重团结和公平竞争。公司创立之初有这样不成文的规定：八个分支的每一代只有一位男性成员可以进入公司，以平衡各分支之间的权力竞争。龟甲万的商标早于1838年就获得官方认可，后来更在德国和美国成功注册，其生产的"万字酱油"以良好的质量获得了消费者的认同，人性化的管理亦取得了员工的忠诚。纵使八大家族只有3.41%的股权（纽约对冲基金Steel Partners是该公司最大的股东，持有5%的股权），各分支的成员也始终掌握着公司的经营权，因为他们代表着品牌信誉及令员工心悦诚服的权威。龟甲万酱油之所以能在家族未控股的前提下长期保持家族经营，原因是有一套可以被长期遵守执行的家族人才选拔培养制度，并处在一个高度法治与重视礼教的社会。

还有一种情况是家族股权经过数代的继承分配，分散在众多的家族成员手中，而经营权却集中在仅持有少数股权的一个成员身上。这种家族内的股权分散，严格而论不属于这一类别，因为家族股权通常不会在没有家族协商的情况下被转让，特别是转让给非家族成员。不过，当多数股权分散于众多家族成员手中时，也是一种危险的均衡，因为调和众多家族成员间的利益极其不易。

左上象限：所有权分散，职业经营。大多英美上市大型企业都处于这一象限中。英美都是典型的股东导向模式的国家，其法律制度对股东及产权提供了强有力的保障，股东利益最大化更是美国企业百多年来的目标，故此股价对企业的影响重大。由于经理人的治理与企业股价直接挂钩，所以活跃的经理人市场只会汰弱留强。在种种制度因素的相互影响下，形成了大多数美国企业所有权分散、职业化经营的治理模式。

左下象限：家族所有，职业经营。在欧美国家，许多历史悠久的家族企业都已聘请职业经理人打理业务，家族成员往往淡出经营层面。国内民营企业由于创办未久，真正采取这一模式的尚只有均瑶集团等少数派。均瑶集团前身是王均瑶、王均金及王均豪三兄弟于 1991 年创办的中国第一家民营包机公司——温州天龙包机有限公司。1994 年均瑶集团进入乳制品行业，2002 年又获准入股国有的东方武汉航空股份有限公司，其后成功控股国内第一家民营航空公司——天津奥凯航空，王氏家族持有均瑶集团 60% 的股份。2004 年，任集团董事长的王均瑶因肠癌去世，王均金、王均豪分别出任正、副董事长。2005 年，王氏兄弟退出经营层面，聘请毕博管理咨询大中华区前总裁黄辉为集团 CEO，全面负责公司业务。如今，随着经营理念的转变和国内职业经理人队伍的成长，许多民企也采取了与均瑶类似的做法，唐骏先后任职的盛大网络与新华都或都在此列。

因应特殊资产的变化，调整治理模式

值得注意的是，上述模型并不是静态的，企业的治理模式应随资产特殊性、制度局限性的改变而做出相应的变迁。

例如，在 2005 年陈逸飞病逝后，逸飞集团的继承风波一时成为大众关注的焦点，目前该集团由其遗孀宋美英与长子陈凛共同经营。从治理的角度看，这一继承的难度远远超出企业创始人身后的财产分割问题，在陈逸飞的经营理念、个人兴趣和创意难以被模仿和标准化的情况下，后人如何继承这些特殊资产并继续保持其魅力，将在很大程度上影响逸飞集团的命运。逸飞集团需要的是将陈逸飞的个人价值转化成品牌价值，将其无形资产以最少的损失传承下去，即从右下象限转到左下象限，而这一工作在创办人离世后再推动无疑非常艰难。

同样是创办人离世，均瑶集团的治理转型似乎准备得较为充分，其治理模式也成功从右下象限转到左下象限。王氏兄弟明白，每一代都培养家族人才管理是不可能的；王均瑶临终前对企业的控股权也已想得通透，他希望企业能实现股权“三三制”，即家族、管理层、社会公众各持股 1/3。因为有此计划，培养了一批忠实的人才，集团才得以平稳过渡。另外，均瑶集团成功将王均瑶的个人品牌转化为产品及企业品牌，“均瑶”不再仅是依托在创始人身上的特殊资产，而成为一个可以转让的市场品牌和企业的一笔集体财富。这正像美国的福特汽车、迪斯尼乐园，中国杭州的“张小泉剪刀”、广州的“王老吉凉茶”等著名品牌一样，一旦经过市场考验，被社会所接受，自然成为企业的无形资产。而企业的继任者必须认同创办人的理念，持续不断地为其品牌增值，才可避免无形资产随创始人去世而消散。

从香港银行业发展看制度变革下的企业治理变迁

除了创办人、家族与企业特殊资产的变化，市场或国家制度的变化也常常是企业长青的一大挑战。香港华资家族银行 60 多年来的变迁，即为我们提供了一个鲜明的例证。

香港华资家族银行的兴起，始于 1946 年的内战年间。随着内地富豪纷纷避居香港，带来大量资本，1948 年，香港政府首次订立《银行业条例》，向 143 家银行发放牌照，大批由家族经营的华资银行应运而生。而到了 1978 年，港府宣布放开管制（制度局限性减少），重新向外资银行颁发牌照，结果大量国际银行涌入香港，竞争变得激烈，家族银行面对着前所未有的冲击。一方面，要保持竞争优势，它们就必须上市集资、扩充实力以争取市场占有率，家族股权被摊薄（企业所有权变得分散）在所难免，也就是说，其治理模式从右下象限移到了右上象限。目前，仍由家族经营的华资银行只有永亨银行、创兴银行及大新银行等，不到十家。另一方面，随着市场的开放，家族资产的特殊性也可能相应降低，例如，以往注重打理与老主顾关系的生意模式不再合时宜，市场需要的是专业的服务与形象。在此影响下，廖创兴银行于2006年改名为创兴银行，希望借此淡化家族色彩，令企业形象趋向年轻化，以便进军内地市场（表2.2）。

表2.2 香港家族银行的变迁

银行	创始人	转变历程及现状
康年银行	李星衢	因严重坏账于1986年被香港政府接管，其后被第一太平集团收购，并与远东银行合并为第一太平银行，后于2000年被东亚银行收购并再度合作。
永安银行	郭泉	1984年传出金融丑闻，出任总经理的郭氏第三代郭志匡私吞1 000万美元公款，其后恒生银行注资并于1993年将永安银行售予大新金融集团。
嘉华银行	林子丰	林子丰逝世后，后人无心经营，其控股权1975年落入新加坡侨商刘灿松之手；1985年，嘉华银行出现财政困难，翌年，中信公司向嘉华银行注资3.5亿元，后更名为中信嘉华银行。
新鸿基银行	冯景禧	20世纪80年代，随着地产崩溃及银行危机相继爆发，新鸿基银行面临资金不足等问题，1985年被中东阿拉伯银行收购后，易名为港基国际银行；2004年再被富邦金融收购，并更名为富邦银行（香港）。
创兴银行	廖宝珊	前为廖创兴银行，1994年在港交所上市，现在香港设有50家分行，并于内地、澳门及美国旧金山设有分支机构，2006年改为现名。
永隆银行	伍宜孙	1980年初上市，在中国香港、内地及海外共有分行及代表处42家，2009年招商银行完成对永隆银行股权的收购。

（续表）

银行	创始人	转变历程及现状
南洋商业银行	庄世平	南洋商业银行在2001年中银13行改组之后，成为中银香港集团全资子公司，由于它在美国旧金山有分行，所以品牌被保留。
东亚银行	李国宝	1930年在港交所上市，现为恒指成分股，是香港最大独立华资银行。2009年市场揣测东亚会被股东之一国浩集团阻击，李国宝先发制人，突于2010年元旦假期前联同最大股东西班牙投资集团 Criteria Caixa Corp 通过配售新股巩固其在东亚的控投权，并同时摊薄国浩的股权。
恒生银行	林炳炎、何善衡、梁植伟、盛春霖及何添	1965年1月，香港爆发了有史以来第一次大型银行危机，华资银行发生严重挤提，恒生银行首当其冲，同年4月，汇丰以5 100万港元收购了恒生51%的股权，恒生银行自此成为汇丰集团的一员。
永亨银行	冯尧敬	1993年于香港上市，2004年成功收购浙江第一银行；永亨近来屡获内地银行垂青，数度被传获工商银行洽购。

当家族的特殊资产降低时，企业就不需再依赖家族成员经营，被并购的吸引力自然会增加，故此，近期的家族银行并购潮实不足为奇。继招商银行以2.91倍每股净资产值完成对永隆银行53.12%的股权收购后，国浩集团阻击东亚银行的传言甚嚣尘上，由冯钰斌及其家族掌控23.58%股权的永亨银行亦被数度传出获工商银行洽购。这些硕果仅存的家族银行，无不被外资银行及内地金融机构虎视眈眈地窥伺着。市场的力量正迫使这些家族做出改变。因此，这些银行可能再次调整治理模式，从右下或右上象限移动到左上象限，即家族释出股权，并由非家族成员经营。

家族企业因外在环境的改变而没落，并非香港此时仅有，而是在中外史上多见。例如，晋商于明朝初年开始经营粮食和食盐，及至清代，已成为重要商帮之一，并于19世纪初创设中国第一代银行，即“票号”。他们亦创设了员工分红入股的制度，体现了所有权与经营权分离的治理模式，其在中国金融界举足轻重的地位保持了近百年。纵使如此，到了清末，西方银行的引入，严重削弱了山西票号的竞争力，他们依靠朝廷及商帮人脉网络的经营模式已不合时宜，晋商却未能顺应市场的剧烈变化而及时改变治理模式，从而在历经五百年后最终走向没落。这些历史教训无疑值得企业家们记取，若欲让企业永续经营，必须建立一套对未来环境变化敏感并能即时做出改变的治理机制。

第 3 章

企业家早做退出准备，好于“永不言退”

范博宏　俞欣

很多企业创办人及其家族把退出看作失败、丧权，很难做出退出企业的决定。其实，及时谢幕并将时间、精力与回报投入生活或其他事业中，比故步自封、最终与企业一同衰败要好得多。企业家应尽早开展退出的准备工作，科学、渐进、分阶段地放权与释股。

在香港举行的中国企业领袖年会上，笔者主持了一个企业传承的论坛。问数位在内地创业有成的企业家有没有考虑过退出，众人无不坚定回答“永不言退”，并赢得了数百位听众的掌声。

另一个场景是笔者最近指导一群硕士生访谈香港 30 多家创业 20 年以上的中小企业所有者与家族，发现他们大多数面临着持续经营的困难，一个重要的原因是没有适合或对经营家族事业有兴趣的继承人；另一个原因是小规模、非标准化的家族经营，很难招聘外部经理人或吸引外部投资者，也难以找到适合的购买者。加上他们往往面对动荡的市场，路障重重。相信这些创业者其实知道该退出经营，却迟迟不愿着手准备，都希望子女能接下企业的担子，但他们又几乎都不愿意现在就放手让有意愿的子女接手，甚至不能与子女就企业问题进行有效沟通。

企业家们永不放弃的奋斗精神令人尊敬。当然，在企业中成长的青年企业家是不须言退的。但是，商场中没有永远的成长，也没有永远的第一。预见未来强劲的竞争与路障，企业家除了不断创新，寻找新商机，打造因应变化的组织与团队，也必须及早做退出企业的第二手准备。

牛根生的启示：退出不等于失败

其实，创办人与其家族退出企业是一项常见的经营决策。一项对近 2 500 家欧洲企业的调查显示，40%的企业所有者在不到 5 年的时间内退出企业，接近 60%的所有者在 10 年内会退出企业（图 3. 1）。

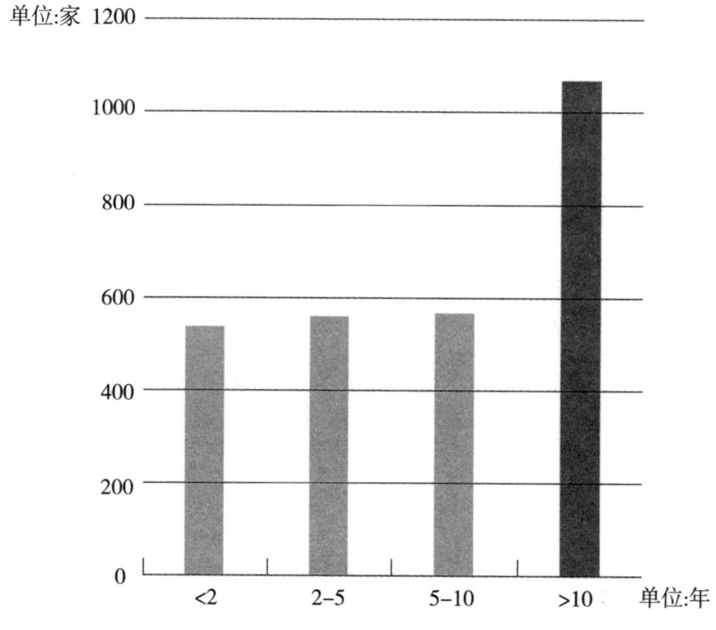

图 3. 1 所有者退出企业的年数

我们谈的退出准备，不是写遗嘱，不是承认失败，也不是在创业初期尝试错误的进退摸索（如图 3. 1 中 60%在 10 年内退出者），我们关注的是其余 40%的创业 10 年以上、初有所成的企业家，如何预见企业未来的机会与局限，做出发展与谢幕的两手准备，并不断重新评估未来情势，调整这个计划。蒙牛乳业（02319. HK）创办人牛根生的退出，可以作为参考。

蒙牛乳业（02319. HK）曾经是家民营企业，2009 年 7 月，中粮集团联合厚朴基金，出资61亿港元收购其20%的股权，成为公司第一大股东。此次收购前，牛根生通过个人、金牛乳业、银牛乳业、老牛基金的持股，和其他一致行动人合计控制公司28.36%的股份。交易完成后，其合计持股比例下降至15.18%，其中，牛根生本人持股因增发由4.4%被稀释至3.96%。随后，蒙牛乳业董事会改组，牛根生辞去旗下负责具体业务运营的子公司——内蒙古蒙牛董事长职务，转任蒙牛乳业董事会主席，中粮集团总裁于旭波接任内蒙古蒙牛董事长，这标志着牛根生让出了蒙牛乳业的经营权。

在遭受了三聚氰胺、特仑苏事件的接连打击后，蒙牛乳业面临资金链的压力，也体会到乳制品行业的激烈竞争和作为行业领头企业的压力。牛根生选择将蒙牛的控制权转移给实力雄厚的国企，降低了这两方面的压力。退出蒙牛日常经营的牛根生并没有退休，而是专注于运作一家新企业——现代牧业，经营乳品行业的上游业务原料奶。

从嘉士伯、丰田汽车与三笑集团看退出的三种方式

退出不是在企业面临无以为继、破产时救火式的出售，更不是清算。这种行动为时已晚，对于家族、企业与社会来说都是巨大损失。我们谈的退出，是在企业正常发展过程中，有计划、适时适量、渐进式地释出企业的所有权或者经营权。

退出有三种方式。第一种是退出企业的经营，但保留企业的所有权。这种方式适合已高度标准化、市场化的企业。由于不依赖家族的特殊投入，家族可退出经营层，改由非家族的职业经理人经营，但由于资金充足，家族仍可保留企业所有权。若是资金不足以应对未来企业的发展需求，家族亦可在评估利弊后适量出售股份。

当今社会观念已由保守转变为多元，家庭子女减少，而且子女也越来越有机会发展自己的个性和爱好，对父辈经营的业务可能没有兴趣，或者没有足够的能力胜任经营管理。不少欧美家族企业在传递了两三代之后，都逐渐退出了企业的管理层，只保留企业的所有权。例如，丹麦的嘉士伯

（Carlsberg）在第四代家族继承人接管公司领导权时，结束了家族成员对公司的日常监控和管理，改由外部经理人管理公司。瑞典宜家（IKEA）的创始人英瓦尔·坎普拉德（Ingvar Kamprad）虽然将资产分给三个儿子，但是，家族的第二代继承人已经退出了企业的经营管理，转而聘用专业经理人担任CEO。这种退出方式准备的要点是，创业初成后及早开展标准化、市场化的工作。

退出的第二种方式是释出企业的所有权，但保留经营权。这种方式通常适用于家族对企业有重要且无可替代的投入（如声誉或特殊技艺），但因企业未来发展前景良好——并且，需要企业所在地体制良好，在需要大量外部资金之时，企业家不需担心丧失控制权，投资者也不需担心企业掏空或滥用自己提供的资金。

在较守法的社会，一些德高望重的家族可以在几乎没有企业股份的情况下长期经营企业，例如，日本的丰田汽车与万字酱油。但在体制较弱的新兴市场，企业家的有效控制权很重要。即使家族释股集资，也必须透过股权金字塔、双重股权等股权设计，达成对企业的有效控制。这种退出准备的要点是，谨慎评估市场与体制的长期形势，做好股权设置与管理，并积极保持家族对企业的贡献，提升公司治理，赢得投资人信任，以降低集资成本。

第三种退出，是我们熟悉的出售企业，既退出经营权又退出所有权。这通常是因为企业家与家族对企业已无特殊贡献或热情，缺乏资金与人才去迎接未来的挑战与发展，将企业出售，成为最佳选择。国内市场已不乏此类案例。三笑集团的创办人韩国平创造了曾在中国牙刷市场占有率第一的“三笑”牌牙刷，2000年，韩国平与高露洁合资成立高露洁三笑公司，到2003年11月，则把自己所持有的30%股权出让，彻底退出了三笑。退出前，韩国平尝试过像宝洁一样延伸产品链，并且提升产品档次，进军城市，与高露洁等国际品牌一决高下。但是，家族成员间的矛盾、有限的管理能力等家族企业普遍面临的瓶颈，限制了三笑的发展，他的努力没有能够扭转“三笑”牙刷在市场竞争中逐渐衰微的趋势。退出“三笑”品牌的决定，或许对于民族品牌是一个打击，但是对于创办家族甚至社会财富的保持是正确的选择。

这种退出的准备要点是，及早做好标准化、职业化，引进战略合作者，明晰企业产权，精简组织结构与事业范围。

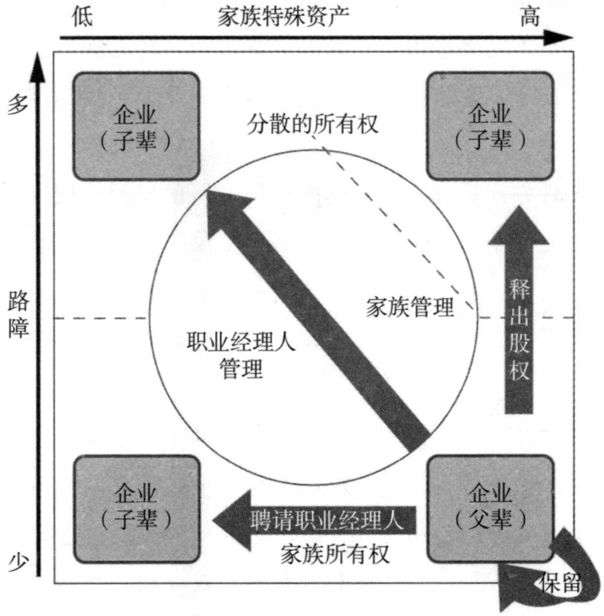

图 3.2 企业家退出企业方式

总之，企业家与家族是否应该退出企业、如何退出，取决于他们对企业无可替代的特殊投入有多大，以及造成家族股权流失的路障有多少。企业中家族的特殊资产比重越小，家族越应退出经营。企业路障越大越多，企业家与家族越应出让股权（图 3.2）。

哈夫特家族的悲剧：退出需要计划与沟通

虽然退出是常见的经营决策，但在欧洲的调研中，当询问企业家是否有退出计划时，仅有 1/3 的受访者表示有计划。也就是说，2/3 的企业家是被时局所迫临时做出退出决定的。当进一步询问有退出计划的企业家，是否会将计划告知家族成员或继承人时，近 90%的人选择不告知。企业家们为什么回避这一重要的问题？从图 3.3 中可略见端倪。当被询问退出企业经营后打算做些什么时，被调查者中仅有 20%选择退休，而 80%的人不愿意退休！40%的人选择继续在公司兼职工作，而 25%的人选择从事其他的商业活动。

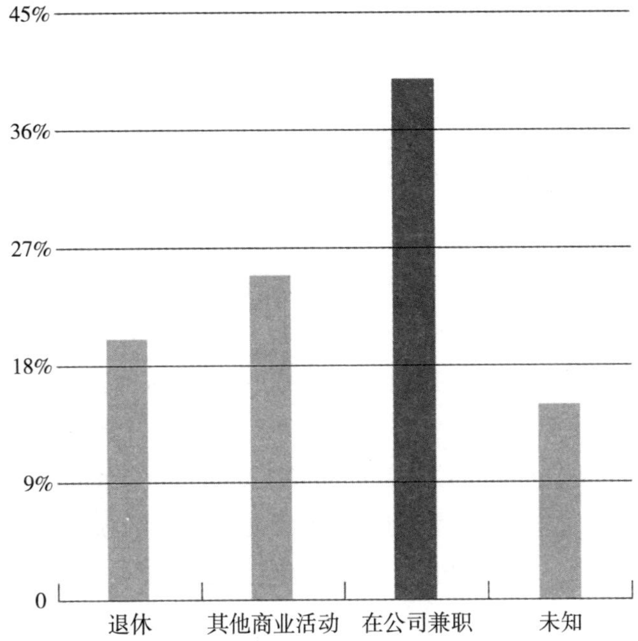

图 3.3 企业家退出后从事的活动

企业家回避或推延考虑退出企业、安排接班人的计划，一个可能的理由是过度自信，不愿大权旁落，不能接受自己可能已成公司发展障碍的事实。哈夫特家族的纠纷即凸显了这一问题。赫伯特 · 哈夫特（Herbert Haft）于 1955 年开设了第一家达特（Dart）药品折扣店，并于 1984 年发展到 75 家店铺。此后，他将药店业务出售，并开始投资其他零售业，如酒精饮料、图书、汽车配件等，建立起了零售业王国——达特集团。赫伯特还热衷于资本运作，对另外两大零售商 Safeway 和 Stop&Shop 发起了“绿票讹诈”（指投机者购买某公司大量股票，企图加价出售给有意收购方，或以更高价卖回给公司），为达特集团净赚 2.5 亿美元。

在这一系列的操作中，他的长子罗伯特（Robert）扮演了至关重要的角色，展现出超凡的商业天赋。然而，出色的儿子并没有成为让父亲欣慰的接班人，相反，使父亲感受到了威胁。1993 年 4 月，未征求父亲的意见，罗伯特在《华尔街日报》的一篇文章中说，公司的领导结构变革即将开始，这成为点燃父子关系紧张的导火线。第二天，赫伯特就解雇了儿子，理由是罗伯特“意图接管公司”。同时，他还将支持儿子的妻子格洛里亚（Gloria）逐出了董事会。妻子立刻反击，以丈夫不忠并有虐待行为为由提出了离婚申请，并起诉公司对自己的解雇是不正当行为。为了还击妻子和长子，赫伯特拉拢他并不喜欢的二儿子罗纳德（Ronald），聘任其为公司的新 CEO，并给予他认购股权，增加其在公司的股份，以冲淡妻子和长子的股权。同时，他还将原本与公司经营无关的女儿琳达（Linda）拉到了自己的一边。然而仅仅一年，二儿子罗纳德就因为对房地产业务持不同意见而被解雇。

哈夫特一家的纷争使达特集团的业绩迅速下滑，无论利润还是股票表现都非常惨淡。集团中的王冠书店生意每况愈下，最终于 2001 年破产。而家族成员只顾自己的利益，面对急速衰败的家族企业，他们迫切地想要兑现手中的筹码，快速从企业中退出。罗伯特、琳达和格洛里亚在 1997 年兑现 4 100 万美元，而赫伯特同样在 1998 年卖掉手中资产，兑现了 2 000 万美元。

然而，父子间的较量并没有随着家族成员退出曾经的家族企业而结束。罗伯特在网上开展药店业务，但 80 岁的赫伯特也开展了类似的业务，并卷入了儿子报复性的竞争当中，结果是两家公司在 2001 年同时破产。哈夫特家族如此退出家族成员一手创办的企业，应该是赫伯特·哈夫特始料不及的。如果他能够用理智的方法退出家族企业的经营，也许达特集团和哈夫特家族的财富都不会是我们今天所看到的结果。

创办人退出的另一个障碍是缺乏外部竞争压力，过度沉醉于过往的成功与自己筑起的深宫内院中。生于 1907 年的邵逸夫可能是目前已知的世界上年纪最大的老板。直到 2010 年，103 岁的邵老先生才宣布即将退休，由他 79 岁的太太方逸华接任香港无线电视（TVB）的主席。20 世纪 50 年代，邵逸夫和他的一个兄弟共同创立了邵氏兄弟电影公司，成为战后中国电影行业的先锋，在60和70年代，因率先将中国功夫与黄梅调戏曲引进大银幕获得了巨大的成功。然而，80年代后期，新一代中国人不再热衷于传统风格的电影，邵氏兄弟从此停止了拍摄新电影，邵逸夫转而将精力和资源投入电视领域，成为TVB的控股股东。TVB靠着邵逸夫在早年电影事业积累的经验与资源，更重要的是因为香港政府对广播电视的进入管制，后来几乎垄断香港电视界。因为缺乏竞争，香港市民一直到今天还必须忍受低质量的电视节目。2006年，邵逸夫在98岁高龄因肺炎入院时，邵氏兄弟（原00080. HK，2009年3月私有化）股价却大幅上涨，反映投资者对邵逸夫掌管的公司表现不认同。

邵逸夫与第一任太太育有两子两女，然而，他们都没有在邵氏兄弟或TVB工作，很难成为邵逸夫的接班人。邵逸夫与第二任太太没有孩子，因此，他的事业一直都没有明确的继承计划。前些年有传言指TVB将出售给内地一位地产大亨，但最终没有实现，邵夫人继任董事会主席似乎是延续邵氏王国的唯一选择。最近有消息称，TVB将出售给香港地产商李兆基，这意味着邵逸夫最终的退出。消息传出后，TVB的股价一日内急升近16%。

以上的例子让我们看到，创办人及其家族很难做出退出企业的决定，更加难以有计划地退出。一个重要障碍是一些企业家将退出看作失败、丧权。其实，及时谢幕退场，将时间、精力与售出企业的回报再投入到生活或其他事业中，比故步自封、最终与企业一同衰败要好得多。要如何改变这不断重演的悲剧呢？我们认为，企业家的工作伙伴、家族成员与挚友应做好沟通的桥梁，提醒企业家尽早开展退出的准备工作。虽然找到与退出同义但较能被接受的沟通名词不容易，但建议科学、渐进、分阶段地放权与释股，或可让顽固的企业家逐渐明理软化。

三步式退出计划

有计划地退出，不仅能够保持企业的稳步成长，也能保护家族的财富。退出计划的第一步是权衡继承的路障及家族特殊资产，选择适合的企业发展或退出路径（参照图 3.2 的模型）。

第二步是决定并执行适合的公司治理政策。无论选择何种退出方式，都需要淡化企业家个人对企业的影响力，谨慎引入职业经理人、战略合作者、私募股权基金或风险投资基金（PE/VC），来帮助实现企业经营的标准化和专业化，使退出过程更为顺利。PE/VC 不仅在早期为企业提供资金支持，还能够帮助企业顺利进入公开资本市场，中国多家民企在美国上市，背后几乎都有 PE/VC 的运作。在创业板上市的企业中，也有约 75%有 PE/VC 的参与。

完成了第二步的过渡后，第三步是寻找适合的买家出售股权，或将经营权交给职业经理人。PE/VC 不会成为企业长期的所有者，其财务投资者的性质决定了它们投资民营企业的最终目标是出售股权以获取利润，并进入下一个投资周期。因此，出售部分股权给 PE/VC 离最终的退出还有一段距离。但是，引进 PE/VC 后的标准化过程，有助于第三步较为顺利地实施。

资产出售时如何定价

为将要出售的企业定价时，需要考虑的因素首先是业务的性质及行业的发展前景。盈利能力强的业务将吸引更多的潜在购买者，也会提高家族的议价能力。定价必须客观，考虑家族特殊资产的损失程度，附着于家族的企业声誉、政商关系有多少能够转移给新所有者；如果不能，会多大程度降低企业的价值。

其次，还需要考虑出售股权的规模。比如，股票数额是否大到具有实质投票权甚或控制权？比起不具有投票权的少数股权，具有控制权的股权会有一个溢价。那么，多大规模的股权才具有影响经营决策的投票权？这还取决于公司的股权结构。如果公司的股权结构较为集中，那么，只有大量出售的股权才具有实质效力的投票权；相反，如果公司的股权结构较为分散，可能 5%～10%的股权就具有干预经营决策的能力了。此外，一次性出售较多的股权时，还需考虑流动性折价，股票市场的流动性和公司股权结构会影响企业股票的流动性。

上市企业由于股票市价的存在，确定股权的出售价格相对容易。当然，出售价格也不一定就等同于这部分股权的市价，还需要考虑这部分股权所附带的控制权溢价，或者是流动性折价。

对于非上市企业的定价，没有股价的参考，可以采用两种方法定价。一种是资产净值法，即估计企业未来若干年的收入，计算其净现值。通常，这一方法需要借鉴独立第三方对公司未来经营的评估，以确定相对客观的未来现金流和资本成本。第二种方法是基于销售、收益或现金流乘数法。这种方法需要根据目前企业的销售、营业利润或现金流，借鉴同行业中规模接近、市场份额接近的上市公司的股票价格与销售、营业利润或现金流的乘数，来确定该非上市公司的市价。同样，这两种方法都要调整批量出售股权带来的控制权溢价或流动性折价。

退出后的家族资产管理

企业家及其家族退出部分或全部股权将财富变现后做什么？家族成员平分家产，享受生活是一种选择，但是，这种选择不能保证财富的持续性，特别是在纸币发行泛滥、货币迅速贬值的时期，以货币形式存在的财富很大部分最终会被通胀蚕食掉。更多的家族选择对财富进行积极的管理，私人银行可以协助富有家族对财富的管理需求，但是，如果家族同时还有维系家族成员的创业精神、联合家族成员进行新的商业冒险等要求时，私人银行无法帮上忙。

在西方，拥有超过1亿美元以上资产的家族很多选择建立家族办公室（Family Office）。与私人银行不同的是，家族办公室跳出了纯粹为个人或家庭理财的范式，面向家族永续经营。其服务范围不仅包括解决财富管理的问题，还涵盖其所衍生的家庭生活、人际关系等各个方面，为家族提供的服务包括：资产与财富管理，会计、税务、法律事务，财务和投资教育，慈善捐赠，家族产业继承等在内的家族事务，几乎可以称为家族的管家。也有一些家族办公室同时为资产规模稍小些的几个家族服务。目前，世界范围内有

2000~3000家这样的公司，主要分布在美国和西欧，其平均管理的资产规模为每个客户3000万~5000万美元。在亚洲，为单个家族服务的家族办公室数量较少，约有20~60个。通常，一个家族办公室一年的运作费用为100万美元。

企业家不愿谈退出，或许也因为他们已经把经营企业当作嗜好，而非仅是谋生的工作，也不知道退休后能做什么。其实，社会对退休的企业家是有高度需求的，比如，写本书总结过去的经验、到大学教一门课分享经验，等等。

第 4 章
台湾辜家的百年政商之路

范博宏　周冠年

头顶“台湾第一豪门”名号的鹿港辜家，历经日本殖民时期、国民党执政及政党轮替而不倒，其百年兴旺离不开政商关系的庇护，在历次经济改革中都因掌有信息优势而获得先机发展壮大。不过，辜家传承至第四代时，政商关系的双刃剑效应显现，“辜振甫—辜濂松”的叔侄配虽为家族传承史上一段佳话，但脆弱的传承路径加上过于依赖政商关系，最终导致辜家传承受阻，两度分家。其中经验教训，尤可为传承刚起步的中国内地富人家族所借鉴。

2013 年 5 月 31 日，台湾地区拥有百年历史的鹿港辜家第四代接班人、前中国信托金融控股公司（2891. TW）副董事长辜仲谅所涉的“红火内线交易案”二审判决出炉。台北高等法院依违反“证交法”等罪，判处辜仲谅有期徒刑 9 年 8 个月，并处以巨额罚金 1.5 亿元新台币，一时之间坊间一片愕然。

被辜濂松寄予厚望的长子辜仲谅多年来官司缠身，甚至委身境外，令辜家交接班计划一再搁置。为重回商界舞台，辜仲谅近年来积极投身公益，2012 年 5 月在台湾大学成立“中国信托慈善基金会少儿暨家庭研究中心”，本人亲任咨询委员，本欲借慈善基金会董事长之名低调走向前台，从而接手辜家传承重任，没想到因官司二审被重判，为其继承家族企业的前景蒙上一层阴影。

台湾地区新旧“五大家族”

家族集团企业作为台湾地区民营经济的骨干与核心，在区域经济中扮演着重要角色。台湾地区历来都有“五大家族”的说法。传统的“五大家族”由北至南分别为基隆颜家、板桥林家、雾峰林家、鹿港辜家和高雄陈家。另外，2002年以来随着台湾地区进行金融改革，金融控股公司蔚然成风，许多大家族和财团也经营金融业，以金融为杠杆使得家族财富成倍升值，从而产生了另类的“金控家族”。从《福布斯》2013台湾50富豪榜可以统计得出，台湾地区前50大富豪中，近两成富豪的财富来源为金融业，而各老牌家族更无一不染指金融行业；其中较著名者为中信辜家与开发辜家（均出自鹿港辜家）、新光吴家与台新吴家、国泰蔡家与富邦蔡家六家，简称为“吴吴辜辜蔡蔡”。所以近年来也有人概括出台湾“新五大家族”，即台塑王家、远东徐家、国泰与富邦蔡家、和信与中信辜家、新光与台新吴家。其中传统的五大家族独鹿港辜家犹引领风骚。而板桥林家、雾峰林家、高雄陈家尽管不在前五大榜上，但在金融产业方面仍保持着相当的影响力，仅仅是规模不及“吴辜蔡”三家而已。

由此可见，百年以来，台湾地区历经殖民统治时期、国民党执政时期和民进党时期，各大家族财阀历经沧桑，几度沉浮；但无论“五大家族”、“五大财阀”还是“新五大家族”的名头如何变迁，来自鹿港的辜家始终名列其中，长盛不衰，因而被称为“台湾第一豪门”。

鹿港小镇走出的“第一豪门”

罗大佑作曲填词自唱的“鹿港小镇”是指台湾地区中部面对台湾海峡的渔港，也是数百年前福建移民渡海峡赴台的重要港口。鹿港辜家在台湾地区历史悠久，自十三世祖辜仁荪于清朝康熙初年从福建泉州迁台以来，世居台湾鹿港，与声名显赫的连战家族不分轩轾。用“时势造英雄”来形容鹿港辜家的崛起一点都不为过。辜家的发迹始于辜振甫的父亲辜显荣。1866 年出生的辜显荣 21 岁就开始经商，往来台湾与沿海各大港口间，26 岁与陈笑结婚。1895 年，清政府在签订丧权辱国的《马关条约》之后，被迫将台湾、澎湖列岛等割让予日本，日本军队在基隆港登岛，开始了对台湾约半个世纪的殖民统治。而当时小有名声的辜显荣则被台北大稻埕富商推举为代表，带领日本军队和平进入台北城，并协助维护台北城的秩序。这一举动在历史上颇具争议，辜显荣也曾被冠以“汉奸”的骂名。由于辜显荣对日本殖民统治的各项措施极力配合，且其为人处事深受日本人的赏识，因而顺利取得种种特权事业，在日本人的准许之下成立了大和商社，获得了盐、糖、鸦片、樟脑等大量商品在台湾的特许经营权与专卖权；不仅如此，辜显荣还积极从事土地开垦、金融业等各项投资，使得辜家的事业在日本殖民统治时期达到巅峰，累积了庞大的财富，一举成为当时台湾的第一富商。

二战之后，台湾结束了日本殖民统治，鹿港辜家并未受到“亲日”牵连，反而将家族产业平稳传承至第二代辜振甫、第三代辜濂松叔侄，在叔侄二人的整合重组下，辜家事业版图进一步发扬光大。1954 年 4 月，在台湾国民党当局的支持下，辜振甫主持公营企业——台湾水泥公司的民营化改制，开辟了辜家产业的新天地。20 世纪 60 年代，台湾当局大力奖励投资以加速经济发展，辜振甫把握时机，又引领辜家从产业界迈向金融界：1966 年 4 月，辜振甫在台湾当局的支持下，在一批台湾上市公司的基础上组建了“中华证券投资公司”，1970 年将其改组成“中国信托投资公司”。此后，辜家产业的扩张便以“中国信托”为核心，逐渐发展成为规模庞大的家族企业集团。1991 年，辜振甫借“谦冲致和，开诚立信”八字对联，将“中国信托”更名为“和信企业团”，彰显其一代儒商本色，和信企业团旗下产业涉及金融、保险、证券投资、租赁、房地产、建筑开发、酒店、水泥、橡胶、百货、航运、进出口、电子、通信等众多领域，其资产规模一度超过 350 亿美元，在台湾家族企业中成为翘楚。

正所谓“将门无犬子”，鹿港辜家百年以来开枝散叶，除了开山鼻祖辜显荣、二代嫡系接班人辜振甫以及第三代接班人辜濂松之外，还培养出了许多名人，并活跃在政界、商界与学界：辜显荣第六子辜伟甫也是社会名流，其财力和政商关系不在五哥辜振甫之下，只是在作为接班人的辜振甫事业出现转机时甘愿退居幕后，从此热心于文化事业，曾创办荣星合唱团、荣星花园等；辜显荣小儿子辜宽敏则常年活跃在政坛，还曾于2008年参与民进党主席竞选，败于蔡英文；辜宽敏长子辜朝明则是一名资深金融学者，拥有美国霍普金斯大学金融学博士学位，曾任美国纽约联邦储备银行的国际外汇专家，现任野村证券综合研究所的首席经济学家（图4.1）。

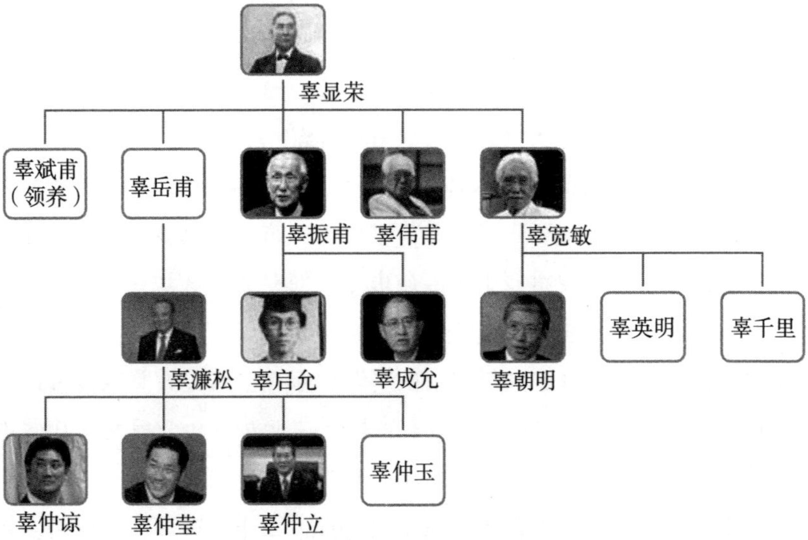

图4.1 鹿港辜家族谱图（仅列出主要成员）

借助政商关系“杠杆”，辜家发扬光大

贵为“台湾头号红顶商人”的鹿港辜家，其百年兴旺理所当然离不开政商关系的庇护；这一优势也使其他家族难以望其项背。政商关系一直是辜家的传家宝，在辜氏家族集团的兴起、发达与传承中均扮演着重要角色。被誉为“政商最后贵族”的辜氏家族一代巨擘辜振甫生前接受记者访问，在回答

辜家几经政权更替都能屹立不倒的问题时，他说："没有政治关系，你也保不住"，但是，"政治，是用来保护的，不要想用政治去赚钱，若因此而掉进去就麻烦了"。由此可见鹿港辜家对于政商关系这一家族核心竞争力的深刻认识。

辜家有多名家族成员曾在台湾历届政权中担任要职，发挥着巨大的影响力：早在清政府时期，辜显荣就因平乱有功获赏五品军功；在日本殖民统治时期就任台北保良局局长；此后，辜显荣又历任台中厅参事、总督府评议员等显赫要职，并多次获双光旭日章、四等授瑞宝章等。其子辜振甫更是"青出于蓝而胜于蓝"，在国民党当政时期深受蒋氏父子赏识，1956 年被指派参加日内瓦国际劳工会议，从此开始了经济外交，并得到蒋介石的赏识，担任过其日语翻译。辜振甫商旅仕途均很顺利，在成为工商界巨头后，1982 年被提名为国民党中常委，进入国民党的权力核心；1989 年当选"海基会"首任董事长，其后成功 5 连任，并在 1993 年实现了两岸中断往来 40 多年后的首度正式接触，即"汪辜会谈"，在两岸和平统一的青史上留下浓重一笔。辜振甫的侄子辜濂松此后全盘接手了辜振甫在工商界的巨头地位，他在国际工商界享有盛名，曾任工商协进会常务理事、亚洲商工总会荣誉会长兼咨询委员会主席、艾森豪威尔奖金台湾协会董事兼秘书长、台北租赁商业公会理事长、亚洲金融投资公司董事等职，在政界曾任"中华民国总统府"国策顾问和资政等要职，显赫一时。

不仅如此，辜家与台湾地区的历届当权者，包括日伪时期的日本殖民统治者、国民党败退到台湾以后的蒋介石夫妇、李登辉夫妇、连战以及陈水扁等人，关系都非常密切。辜振甫的妻子严倬云是望族绅士林熊祥的外甥女、严复的孙女，其妹妹嫁给了当时中央社台北分社主任叶明勋，其兄又娶林熊祥之女为妻，其与姑母嫁给林家的连战是亲戚。严倬云在婚后也相当活跃，得到宋美龄赏识，一直和蒋孝文之妻徐乃锦轮流担任台湾基督教女青年会理事长，1992 年任"妇联会"总干事。她与李登辉之妻曾文惠相交甚厚。辜濂松之子辜仲谅早在读中学时就认李登辉为干爹。那时李的独子去世，悲痛之余辜家成为李家的精神支柱，辜濂松的妻子林瑞慧更成为李登辉之妻的密友。另外，辜仲谅也与陈水扁夫妇有着密切来往，并因此深陷陈水扁洗钱案，足见其与陈水扁夫妇关系之深、交往之密。

政商关系对于辜家最大的帮助在于，辜家可以通过政商关系把握政府政治经济动向，获取信息优势，在历次经济改革中掌握先机，从而保证家族企业在不断变化的政治经济生态中获得最大优势，从而发展壮大。这也从辜家发展壮大的轨迹可见一斑。

日本殖民统治时期。1898 年，日本殖民统治者改变统治策略为“以台制台”的怀柔策略，对台湾民众的抵抗采取软硬兼施的招降措施，辜显荣因其特有的政商地位和处事手腕长袖善舞，居间协调，开始真正飞黄腾达。日本占领台湾地区以前，当地食盐原采用官卖制度。日据初期，日本统治者为了收揽人心，废除官盐制度，采取民制、民运、民销的怀柔政策，任由民间自由买卖，造成盐价波动。辜显荣利用自己的独特地位献计献策，从中获得盐田的特许经营权，并于 1900 年被任命为全台官卖盐商组合长，获得全台湾盐田的半壁江山。随后，辜显荣又逐渐获得诸如糖、鸦片、樟脑等大量商品在台湾地区的特许经营权与专卖权，奠定辜家基业，成为台湾首富。

国民党政权土改时期。国民党退据台湾地区之际，发迹于日据时期的辜家不仅没有衰败，反而在家族事业上更加辉煌，这要归功于第二代传人辜振甫在政界的长袖善舞。1949 年开始，台湾进行土地改革，实施“耕者有其田”政策，将农林、工矿、纸业与水泥四家公营企业转至民营，将征收土地的地价折合成这四家公司的股票，发给地主作为补偿。当时，辜家是台湾第三大地主，拥有 1 万多公顷土地。辜振甫凭借政商关系获得改革信息优势，审时度势，积极配合，将自家大量田产上缴，换得了四家公营企业的股票，这些股票对他日后在工商界重新崛起可谓功不可没。后来，辜振甫在亲戚叶明勋的大力推荐下，出任“经济部顾问”，并任台湾水泥公司股东大会秘书处处长，负责筹划有关转移民营事宜。1954 年，辜振甫正式入主台泥公司，这个水泥产量占全台超 1/3 的公司成为日后“和信企业团”的支柱产业，使得鹿港辜家在新时代成功由大地主转型为真正意义上的家族企业财团。

金融改革时期。如果说辜氏家族从进入台泥公司起重新崛起，那么布局金融业可谓辜家事业的巅峰。1962 年 2 月，台湾当局成立证券交易所，备受蒋氏父子信任的辜振甫被邀出任董事长，辜氏家族借机进入高利润的金融及准金融行业。1966 年，辜振甫与人合资设立中华证券投资公司。5 年后，台湾当局开放信托业，辜振甫遂将中华证券投资公司改组为中国信托公司，成为台湾第一家信托公司。此后，辜家事业的发展便以中国信托公司为核心，逐步发展为中信关系企业集团，后改为和信集团。2002 年，台湾地区实施金融改革，辜家再次占得先机，成立金融控股公司，经营范围涵盖股票、债券、保险、信托和彩票等多个领域，利用金融杠杆成倍扩张家族财富，使和信企业团的核心业务逐渐由台泥等实业过渡到中信等金控行业，也为鹿港辜家主脉由辜振甫一支转移到辜濂松一支埋下了伏笔。

独特的政商关系让辜家屡占先机，在每一次的政治经济生态变化中，辜家总能顺时应势，做大做强。不过，在经历了政党轮替、国民党重掌政权之后，有着政治洁癖的马英九大门不再为财团而开，政商关系进入“冰河期”，至此，依靠政商关系发展的贵族财团时代正式结束，百年辜家的传承也遭遇难题，辜家为其过于依赖政商关系的模式付出了沉重代价。

传承之路路障重重，辜家两次分家

“叔侄传承” 路径不稳

如同其他大家族一样，辜显荣也是妻妾成群，子孙满堂。他共有 8 子 4 女，由于前 3 个儿子均为领养或过继，因此，辜濂松的父亲、排行老四的辜岳甫才是辜显荣真正意义上的嫡亲长子，辜濂松则为实际上的长子长孙，地位本不容置疑，但其父亲英年早逝致其失去依靠，母亲又因被人诬陷而身陷囹圄，年幼的辜濂松从小受到家族其他成员的歧视，全靠五叔辜振甫的细心呵护与精心培养，才顺利成长并成为辜振甫的得力助手，家族地位扶摇直上，由此辜家形成了辜濂松作为长孙与其五叔辜振甫同时登上家族传承舞台的局面。这一特殊的家族情况形成“叔侄搭档”的现象，辜振甫顾全家族大义，并未选择自己的儿子继承家业，而是设计了“辜振甫—辜濂松—辜启允

（辜振甫长子）—辜仲谅（辜濂松长子）”的“叔侄传承”方案，以保证家族大业掌握在成熟得力的家族成员手中。“叔传侄”本非稳定的传承路径，而辜启允的个人财务问题与身体情况恶化也使得“叔侄传承”的神话彻底灰飞烟灭。

2000年底，辜启允被正式确诊患有肝癌，于是家族事业的权力结构也随之发生了巨大变化。不久后，辜启允个人投资8%的和信流通家又爆出“跳票事件”，个人财务问题浮出水面。当时有人估计涉及金额达新台币三四百亿之多。为保住上市公司不受影响，辜振甫决定将他所统领的和信集团内金融事业体系，全部交给侄子辜濂松接手经营。同年底，他与辜启允两父子一同辞去“中国人寿”董事长与总经理职务，由辜濂松三子辜仲立接任董事长，和信集团分家初现端倪；数十天后，辜启允病逝，辜振甫与辜濂松共同协商，为了确保几家上市公司不受牵连，双方达成以债换股、股权转换、彻底切开上市公司的协议，和信企业团分家已经在所难免：辜振甫幼子辜成允仓促接手台泥等事业，而长子早逝也让辜振甫的健康每况愈下。

2003年，资产规模曾达350亿美元、由辜振甫一手创建并掌管的“和信企业团”在经过两年多的整合之后正式分家，分为“中信集团”与“和信集团”（图4.2）：中信集团由辜濂松一脉主导，以金融事业为主营业务，旗下公司包括中国信托金控、中国信托人寿保险、中租迪和、国乔石化、台湾慧智、纬来电视网、台湾全禄、联广、捷和建设等；和信集团由辜振甫一脉主导，以生产事业为主营业务，旗下公司包括台湾水泥、中国合成橡胶、福聚、和信电讯、和平电厂、中信大饭店等（注：2006年，和信集团出售福聚股权，退出福聚之经营；2010年，和信集团退出电讯业，旗下和信电讯被并入远传电信）。由此，鹿港辜家完成了第一次分家，由辜振甫主导的和信企业团走入历史，而辜濂松一脉掌控的金控集团掌握的资产总额超过其五叔辜振甫一脉所掌控的和信集团的五倍之巨，事实上成为了鹿港辜家的真正代言人与传承者。

和信企业团

辜濂松一脉	辜振甫一脉
中信集团	**和信集团**
中国信托金融控股公司（2891.TW）	台湾水泥（1101.TW）
中国信托商业银行	云朗观光集团
万银财务（香港）	万青水泥
中国信托保险经纪人	凤胜实业
中国信托创业投资	东成石矿
中国信托资产管理	达和彰北环保
中信保全	达和大丰环保
中国信托综合证券	台湾通运仓储
台湾彩券	台湾士敏工程企业
中国信托人寿保险	信昌化学工业（4725.TW）
中捷公寓大厦管理维护	达和航运
中腾保全	和平电力
中国信托慈善基金会	台泥资讯
纬来电视网	台泥化学工业
中租迪和（5871.TW）	中国合成橡胶（2104.TW）
国乔石化	能元科技
	Continental Carbon Company
	景德制药
	首能科技
	台泥国际集团（1136.HK）
	光和建设开发
	光和耐火工业
	达和环保服务
	和平工业区专用港实业

图 4.2　“和信企业团”分家，“中信集团”登上历史舞台

钦定接班人官司缠身

中信辜家掌门人辜濂松共有三子，分别为辜仲谅、辜仲莹和辜仲立。三个儿子个性大不相同，辜仲谅最海派、人际经营能力最佳；辜仲莹则被认为最聪明、最具开创性，有“猎豹”之称，但是个性直接；辜仲立最低调、最持稳，经营上非常尊重职业经理人的意见。辜仲谅作为长子，外形高大俊朗，拥有海外名校学位，从小就受到父亲辜濂松的百般呵护与极力栽培，在和信企业团未分家之时即被辜振甫指定为“隔代接班人”，可谓众望所归，是中信集团接班人的不二人选。

然而事与愿违，中信辜家的交接班计划再次被打破。最善经营人际关系的长子辜仲谅因继承家族事业的需要从而全盘继承了父亲的政商关系，没想到作为政治“菜鸟”的他一着不慎，不仅深陷陈水扁海外洗钱案件，2006 年更是因中信金控并购兆丰金控股权而身陷“红火案”，于 2013 年 6 月二审裁决中被判 9 年 8 个月重刑，接班遥遥无期；老二辜仲莹并不甘居大哥身后，希望独立开创事业，在要求分家被拒后，个性直接的他果如“猎豹”之称，以小吃大入主“开发金控公司”，誓与其兄火拼，甚至传出两兄弟为了抢夺金控公司，争相巴结陈水扁一家的消息。辜濂松为营救陷入开发金争夺战的辜仲莹被迫动用家族资金，导致两兄弟反目，互不来往。无独有偶，老二辜仲莹也一度身陷开发金控并购金鼎证券案，分身乏术。两兄弟同时官司缠身，老三常年旅居海外，中信辜家传承迟迟未能推进，身患重病的老父辜濂松不得不搬出表弟颜文隆做“顾命大臣”，代理中信金董事长，意图维持辜家经营权。2012 年 12 月 6 日，辜濂松在美国纽约病逝，中信辜家正式分家，由三个儿子分别接管，辜仲谅仍然作为接班人入主中信集团的主力旗舰“中信金控”等系列企业，二子辜仲莹则成为当初在父亲帮助下以小吃大拿下的“开发金控”等产业的新主人，幼子辜仲立则成功接手以海外事业和不动产为主的“中租系”企业（图 4.3）。自此，中信辜家一分为三，辜濂松一手缔造的“中信王朝”也走入了历史。

在中信辜家遭遇危机的同时，辜振甫一脉经营的、以实业为主的“和信集团”却稳扎稳打，幼子辜成允痛定思痛，成功化解债务危机，旗下主力台泥公司（1101. TW）在 2003 年开启组织变革后再度恢复元气，重振雄风，目前更是大举进军内地市场，形势看涨（图 4.4）。辜成允本人在 2013 年以 14.4 亿美元的身家跻身福布斯富豪榜且位列中信辜家之前，正可谓“三十年

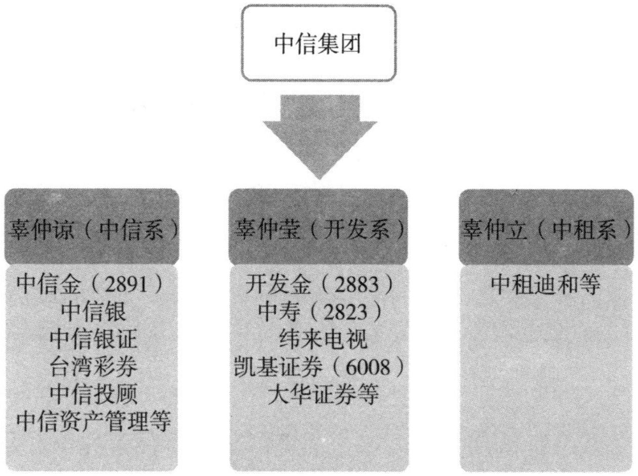

图 4.3　中信辜家一分为三，“中信王朝”退出历史舞台

图 4.4　中信金与台泥扣除大市变动的月累计异常回报率

河东三十年河西”，让人唏嘘不已。

路障重重，分家成必然

鹿港辜家百年来两度分家，其背后的深层次原因值得分析。在本书“特殊资产—路障”分析框架下，我们可以尝试做出分析。

特殊资产势弱。毫无疑问，不同时期紧密的政商关系推动了鹿港辜家的日益壮大，是辜家所独有的特殊资产；但这一特殊资产在台湾政治生态历经日本殖民统治、国民党威权统治直至政党交替执政之后已日趋势弱，甚至成为“双刃剑”，使得辜家接班人身陷囹圄，家族传承陷入困境。失去政商关系这一特殊资产庇护的辜家难免陷入分家的窘境。

传承路障重重。首先，辜家特殊的家族情况导致了虽为佳话却脆弱的“叔侄传承”路径，传承人选一旦出现意外事件，这一路径就会被轻易破坏，家族传承布局陷入困境。其次，辜家在实业与金融两大版图的发展产生显著差异，甚至在实业板块爆发财务危机时，为顾全大局，隔离风险，辜家不得已将版图进行切割，无奈分家。最后，家族钦定接班人兄弟不和且身陷官司，分身乏术，家族产业的稳定传承也化为泡影。

因此，在家族特殊资产势弱、传承路障重重的背景之下，鹿港辜家的两次分家成为了必然。

百年传承的启示

鹿港辜家走过的百年就是一部完整的家族传承的编年史，也是众多豪门世家发迹与腾飞的缩影：服膺不同时期的当政者，力求家族自保；在紧握政商关系这一核心竞争力后，凭借信息优势与敏锐的嗅觉在历次改革中分得一杯羹，从而“拜将封侯”，实现飞黄腾达。但政商关系犹如“双刃剑”，虽一度引领辜家独领风骚，成就辉煌，造就了“台湾头号红顶商人”和“台湾第一豪门”的殊荣，现如今却在崭新的政治生态下逐渐势弱，路障重重，甚至让接班人身陷囹圄，家族传承陷入困境。但不可否认的是，鹿港辜家能走到今天，家业长盛不衰，自有其道理：家族四代开枝散叶，多子多孙，同时重视家族成员的精英教育，不仅降低了家业传承的风险，同时提高了家族传承的质量，多位家族精英成员活跃在政坛、商界与学界等不同领域，最大限度提高了家族影响力，这种不同领域的协同效应对于家族的持续发展意义重大；另外，家族成员互相护持，深明大义，将家族整体利益置于个体成员的利益之上，也是家族不凋零、家业长青的重要原因——辜振甫与辜濂松的“叔侄配”至今仍是家族传承史上的一段佳话。今后的辜家在台湾未来的政经生态与家族氛围下将何去何从？辜振甫—辜成允一支经营实业、走入内地与国际市场，而辜濂松一系衷情本地金融业、续走政商路线。前者获初步成功，后者仍深陷泥潭。看来失去政商资源后的辜家，走向市场是一条好路。

笔者过去一项对近 20 年来中国香港地区、中国台湾地区和新加坡 200 宗家族企业传承案例的研究显示，家族企业在继承过程中都面临巨大的财富损失，在继承年度及此前 5 年及此后 3 年的累计股票超额收益率平均高达-60%，即财富蒸发六成，由此可见家族企业生存、传承之艰巨，家族企业的继承人更是任重而道远。台湾辜家已经延续到第四代的传承，期间有曲折有教训，也有值得借鉴的地方，而内地的商业家族刚进入第二代的大规模接班进程中，如何规划家族与企业的长远延续与发展，是一个非常重要的课题。

第5章
澳门风云之赌王对决

范博宏　钱梦吟

2002年前还是博彩业门外汉的吕志和，何以与叱咤澳门半个世纪的何鸿燊并驾齐驱，甚至一举冲上亚洲第二富豪之位？在成功获取赌牌后，吕志和并未照搬何鸿燊“以赌场为驱动力”的模式，而是突出亚洲风情，打造娱乐休闲度假城，让游客获得更完整体验。在两大赌王的事业对决外，吕家已做出清晰的传承安排，而何鸿燊家族却陷入豪门争产的风波。银河娱乐近年的增长势头赶超澳博控股及新濠国际，凸显出家族治理及合理传承安排的重要性。

2014年1月17日，彭博发布的亿万富豪指数（Bloomberg Billionaire Index）显示，澳门博彩业巨头、银河娱乐集团创始人吕志和的总资产超出李嘉诚，夺得亚洲首富头衔。正当大家奔走相告之时，当晚10点，彭博发布消息：更正吕志和持有银河娱乐的股权数目后，其以237亿美元身家成为亚洲第二大富豪，李嘉诚则仍以295亿美元稳居亚洲首富之席。吕志和因为这戏剧性一幕，当了回“半日首富”。

尽管吕志和并未抢走首富之位，但吕氏家族近年与赌王何鸿燊家族并驾齐驱，成为澳门赌业新霸主是不争的事实。吕志和家族能达到今日的成就，商业智慧固然必不可少，良好的家族治理与传承更是关键。

新赌王的第一桶金

吕志和的曾祖父吕德盈是广东五邑地区最早期的侨商之一，于清朝光绪年间远渡重洋，赴美经商，繁衍三代。吕志和的父亲吕金铨在美国漂泊多年后，不愿继续沦落异乡，决定从旧金山迁回家乡经商。1929 年，吕志和出生在江门。

1934 年，日本侵华，吕志和举家逃难至香港。受战争的影响，吕志和初中毕业就已辍学，协助父亲经营家族的制衣厂和食品批发。他的商业头脑从 13 岁便已显露。当时，香港已沦陷，经济萧条，面粉、食用油等原材料紧俏。吕志和将河粉用沙炒热爆脆来制作“鸡蛋马仔”（即沙琪玛），用木薯粉代替面粉制作粉皮，深受欢迎。3 年间，吕志和赚了数百万日本军票，可惜战后军票成了废纸。吕志和并未气馁，跟随姨丈学习汽车修理，并通过在旺角西洋菜街做汽车零件批发累积了资本。

50 年代，吕志和偶然间获悉，朝鲜战争结束后，美军有大量军用物资剩余，包括推土机、开山机、起重机等重型机械设备。1953 年的香港人口达 220 万，大部分基层居民住在铁皮或木头搭建的寮屋内，建筑业大有空间。吕志和敏锐地洞察到其中的商机，于是亲赴冲绳，向美军购买机器进口至中国香港，香港多家建筑公司争相订购，获利以数倍计。1955 年，嘉华公司应运而生（表 5. 1）。吕志和不仅借此赚取到第一桶金，还结识了一帮富豪好友，如霍英东等。后者在经营从事建筑、船务及海沙生意的有荣公司期间，就曾向吕志和购入机械。

表 5. 1　吕志和事业里程碑

事件	标志性事业
1955 年	吕志和成立嘉华公司，售卖采矿业工程设备
1964 年	1964 年，嘉华公司斥资 1. 6 亿港元成功投得九龙一石矿场的开采权合约，成为香港首间取得采矿牌照的公司

（续表）

事件	标志性事业
1974 年	嘉华于港岛南区布力径，兴建以 8 间豪华花园洋房组成的柏径苑，开创了香港早期屋苑式组合洋房的先河
1979 年	嘉华集团以 6800 万港元投得海傍地皮
1983 年	嘉华混凝土有限公司成立，全面扩展建材业务
1987 年	嘉华实业集团有限公司（后易名为嘉华国际集团有限公司）在香港上市
1991 年	国际筒业有限公司（后易名为嘉华建材有限公司）在香港上市
1993 年	于广州兴建黄陂石矿场
2002 年	与金沙集团合作，成功赢得澳门政府三块赌博牌照中的一块
2004 年	银河娱乐首间城市娱乐会华都娱乐场开业
2006 年	银河娱乐又开三间娱乐场，旗舰星际酒店及娱乐场开幕
2011 年	位于路氹的澳门银河综合度假城开幕

吕志和明白，靠转卖美军物资并非长久之策。随着大量房屋的兴建，市场对砂石需求逐渐增加，与其仅提供机械，不如自己也加入石矿开采的行列。1964 年，嘉华公司斥资 1.6 亿港元成功投得九龙安达臣道一石矿场的开采权合约，成为香港首间取得采矿牌照的公司，并取得了很好的经济效益。自此，吕志和获得了“石矿大王”的美誉。此后，嘉华还陆续参与了包括红海底隧道建造等多个政府基建项目。

70 年代末，香港当局推售尖东填海地皮，当时市场并不看好尖东的前景，吕志和却把握到作为购物天堂的香港每年吸引 200 万旅客中蕴藏的商机。1979 年，嘉华集团以 6800 万港元投得该地皮，并斥资 3 亿港元建成海景假日酒店（现海景嘉福酒店），成为首批进驻尖东的五星级酒店之一。随着香港旅游业的迅速发展，该酒店获利甚丰。此外，嘉华集团大力拓展海外市场，大举进军酒店业及地产业，先后在美国的旧金山、凤凰城及新加坡、马来西亚购买酒店。

1987 年，嘉华集团旗下地产业务嘉华国际集团有限公司（00173. HK）上市。1991 年，嘉华分拆建材业务上市，嘉华建材（前身为嘉华国际筒业公司，00027. HK）当时占有香港混凝土筒业 70%的市场。1996 年，吕志和即以 150 亿港元资产在香港百亿富豪榜上居第十位。

时势造英雄：赌牌成就亚洲第二富

如今，一向低调的吕志和站在聚光灯下，却并不仅仅因为身为“石矿大王”及“酒店大亨”的发家史，更多是因为银河娱乐使他成为了“澳门新赌王”。

2002 年，澳门政府决定打破何鸿燊在博彩业 40 年的垄断，开放赌权。吕志和抓住了机遇，与美国拉斯维加斯金沙集团的谢尔登·阿德尔森（Sheldon Adelson）合作，成功赢得政府三块赌博牌照中的一块。虽然在不到一年时间内，双方因策略不和分手，但吕志和仍大力发展酒店及博彩业务。2005 年，吕志和将银河娱乐资产注入上市公司嘉华建材，后者更名为银河娱乐集团有限公司，成为首间上市的持牌博彩经营商。在被视为亚洲拉斯维加斯大道的澳门路，银河娱乐拥有许多项目，如预计在 2015 年完成的澳门银河第二期，这些项目都是银河娱乐的增长动力。在 2008 年金融海啸后，银河娱乐表现出了惊人的爆发力，业绩高速成长，股价也如火箭般急冲。2013 年间，银河娱乐的股价从 2012 年底的 30. 35 港元飙升至 2013 年底的 69. 55 港元，全年上涨 129%。

这也直接促成了吕志和身家暴涨，并晋升为亚洲第二富。吕志和家族企业仍以嘉华集团为母集团，嘉华集团核心业务包括房地产开发与投资、酒店及建材、大型娱乐度假设施（图 5. 1），拥有逾 200 间附属公司，投资遍布中国香港地区、中国澳门地区、中国内地及东南亚、美国。其中，吕志和家族持有银河娱乐 51%的股权及嘉华国际约 60%的股份。

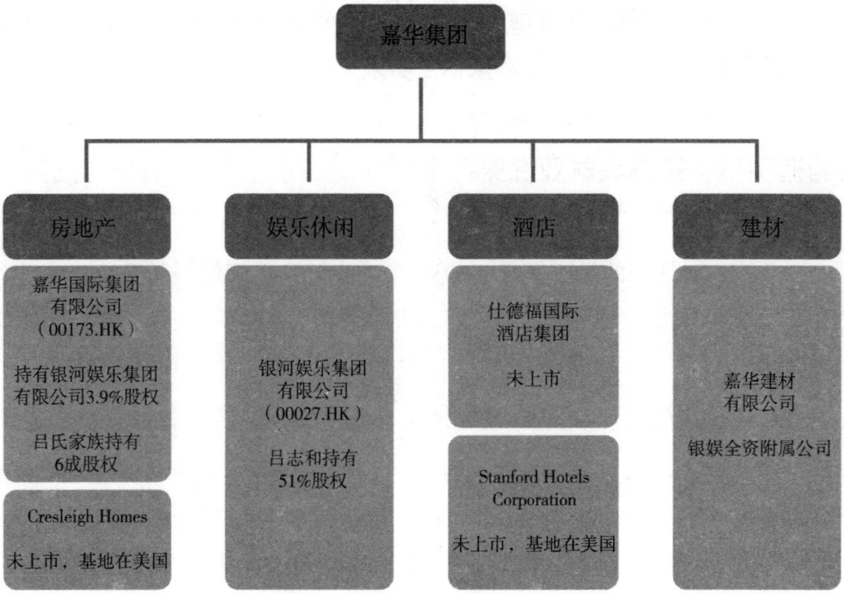

图 5.1 嘉华集团主要公司

新旧赌王的博彩业对决

说起澳门，很难不提起何鸿燊。何鸿燊的事业与澳门赌博经营权的转变唇齿相依。1961 年，澳门政府公开招标赌牌，当年 10 月，何鸿燊投得澳门博彩专营权，雄霸澳门博彩业逾 40 年。2002 年，澳门政府将赌权执照由一个增至三个，来自全球各地的公司激烈争夺，何鸿燊持有的澳门博彩控股有限公司（00880. HK，简称“澳博”）夺得其中一个赌牌，另外两个赌牌由美国西岸赌王史蒂夫・永利（Stephen Wynn）和银河娱乐夺得。澳门博彩业格局变成“天下三分”。同年 12 月，吕志和与阿德尔森决定分开发展，向澳门政府申请将赌牌一分为二，并获得批准。随后，澳门政府容许每个赌牌持有者均可分拆手上的赌牌一次。何鸿燊的澳博公司就于 2005 年分拆了赌牌给女儿何超琼与美国美高梅（MGM）的合资公司，其中他们各持一半股份。永利于 2006 年初将分拆出的一张赌牌以 9 亿美元出售给何鸿燊儿子何猷龙的新濠国际发展有限公司（00200. HK，简称“新濠”）与澳大利亚 PBL 的合资公司。自此以后，澳门博彩业从“三足鼎立”变为“六雄争锋”。何鸿燊家族持有六张赌牌中的三张，勉强仍占着半壁江山。

现今，何鸿燊家族在澳门的博彩业务主要是澳博和新濠。澳博在澳门拥有 17 家娱乐场及 2 家酒店，其中最出名的就是葡京娱乐场和新葡京娱乐场。就娱乐场数目及博彩收入而言，澳博为澳门之最。新濠旗下有澳门的 3 间赌场，同时亦发展亚洲区彩票业务。

而银河娱乐旗下有澳门银河综合度假城、澳门星际酒店以及 3 家娱乐场。其中，投资 19 亿美元兴建的澳门银河度假城于 2011 年开业，拥有 2200 间客房、450 台赌桌及 1300 台老虎机。虽然规模和娱乐场数目尚不及澳博，但其发展势头却十分迅猛。

银河娱乐在 2010—2012 年间的营业收入增长率分别为 57. 5%、113. 8% 和 37. 8%（图 5. 2），可见上涨势头之猛，且大体高过澳博和新濠。同时，银河娱乐净利润的增长也相当可观。反观规模最大的澳博，无论收入还是利润的增长都有放缓趋势，2012 年其收入增长率仅为 4. 5%。

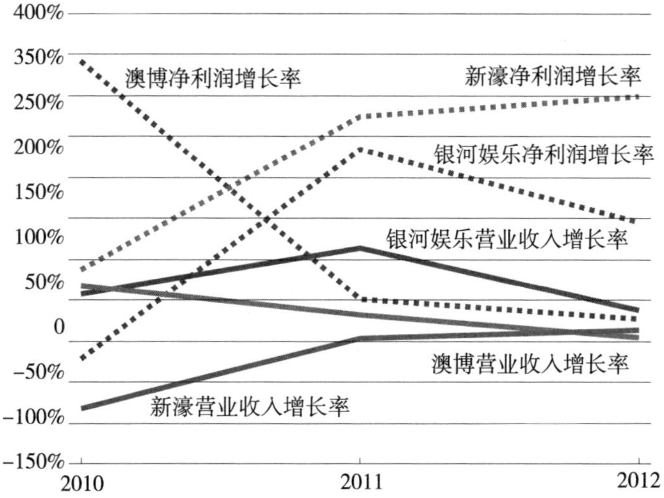

图 5. 2　2010—2012 年银河娱乐、澳博和新濠的收入及利润增速

近年，银河娱乐的业绩表现在行业内显得更胜一筹。从扣除澳门博彩业平均回报后的银河娱乐、澳博和新濠的股票异常回报率可以看到，银河娱乐自2008年以来在市场上表现良好，回报一路升高，近期达到232%，远超澳博的58%和新濠的55%（图5.3）。虽然3间公司表现都超过了博彩业均值，但很明显地可以看出，市场对银河娱乐的态度更为乐观，对其未来的成长潜力更有信心。

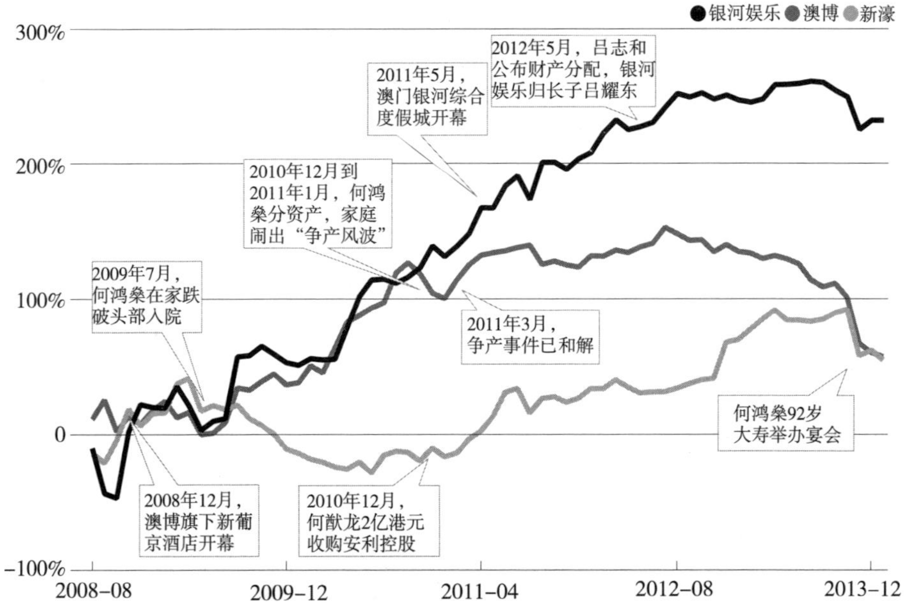

图5.3　银河娱乐、澳博控股和新濠国际的月累计异常回报

吕志和能够作为“新赌王”与叱咤澳门博彩业40年的何鸿燊并肩，不仅仅是因为运气。他有着过人的商业敏感度，懂得审时度势，把握机遇。无论是在烽火四起的战争中，还是在百废待兴的战后，他都再三敏锐洞察到时代的商机，并付诸行动。吕志和也将他的智慧运用在了赌牌的夺得上。吕志和之前一直从事建材及酒店相关业务，是一个赌业门外汉。2001年，澳门博彩业开放，吕志和选择与美国赌业名人阿德尔森合作，为银河娱乐注入了赌业经验。此外，吕志和分析澳门政府的用意，认为澳门政府开放赌权，并不只单纯想从一张赌牌变为三张赌牌，而是希望澳门赌业与国际接轨，且围绕

博彩业带来产业的多元化发展。无论是吕志和还是阿德尔森，都有丰富的酒店经营经验，这也正是澳门政府所看重的。因此，虽然吕志和在 21 个财团投标竞争中脱颖而出、夺得赌牌使众人大跌眼镜，但他的成功却非偶然。

虽说是赌业门外汉，但吕志和多年的商业实战经验也使他在赌场运营上颇有主张，支持创新。吕志和与阿德尔森合作获得赌牌后，在赌场经营策略上产生分歧，一年内就分道扬镳。阿德尔森想将拉斯维加斯的赌场原封不动搬来澳门，而吕志和则认为成功在于创新而非复制，他说："我们实事求是，不会你这样做我照样 copy，我们不会。"他携大儿子吕耀东将地产、酒店及中国元素揉捏入赌场的经营，打造亚洲风格的大型娱乐度假村，请梁朝伟、周润发担任代言人，赞助许冠文主持的《一掷千金》，以"中国式赌场"为卖点，将银河娱乐旗下赌场与其他赌场区分开来。

吕志和：清晰的传承安排

对于家族企业而言，家族治理、企业传承是基业长青的基石。近年来，银河娱乐增长势头能够赶超有 40 年赌业经验的澳博，与新旧两大赌王的家族治理和传承安排不无相关。

吕志和与妻子赵锦萍共育有三子二女（图 5.4），他们均在学成后回到家族企业，帮助父亲料理生意。在外界眼中，吕志和家庭关系和睦，从无不利传闻或报道。如今，吕志和已年过 84，对家产分配问题，他于 2012 年便公开表示已安排妥当。吕志和曾以创立人身份成立了家族信托，该信托持有银河娱乐股份，受益人包括吕志和、吕耀东及吕慧瑜；嘉华国际股份也由另一家族信托持有，受益人是吕志和、吕耀东、吕慧瑜和吕耀华。在家族信托持有的股份之外，吕志和本人直接持有的银河娱乐及嘉华国际的股权尚未分配。至于家族企业的下一任管理者，吕志和也已有所安排，预计将按地区及业务进行分配。中国澳门业务归长子吕耀东，美国业务归次子吕耀南，中国香港业务予三子吕耀华，本地酒店业务归长女吕慧瑜，人事行政业务由幼女吕慧玲打理。吕志和做出这样的接班部署，也是经过了对子女能力长期观察与考验的判断，而选择长子接任最重要的澳门生意，则经过了长时间的接班人锻炼。

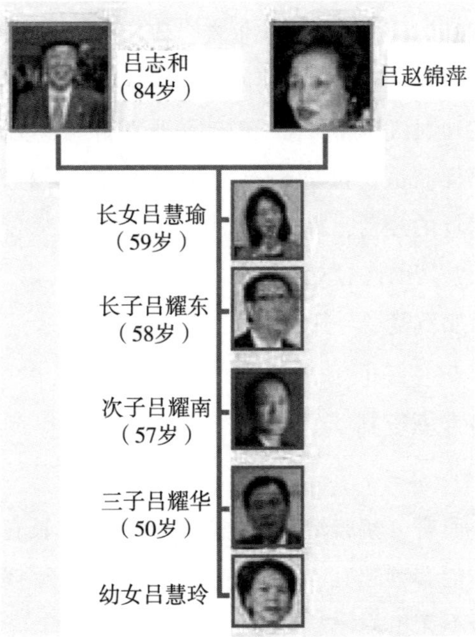

图 5.4　吕志和家族成员

长子吕耀东或成下一代澳门赌王

吕耀东 1955 年与嘉华公司同年诞生。幼时，吕耀东每次和兄弟姐妹去采石场玩耍时，总能看到父亲满头大汗、辛勤工作的画面，更目睹父亲做生意的不容易。

70 年代，吕志和计划安排安达臣大亚石矿场上市，一位董事见市场价位高，于是抛售持有股份，并将部分股份授予某一间洋行。不料，这间洋行竟想吞并整个石矿场。虽然吕志和在家中对生意上的难处只字不提，但吕耀东却明白父亲遇到了困难，身边也没有一个得力助手，于是立志长大学成后要进入家族企业，帮助父亲打天下。

便是这些儿时的小事，启蒙了吕耀东对家庭的担当和对家族企业的认同感。申请大学时，考虑到家里一直从事建材、建筑及房产，吕耀东选择了美国加州大学伯克利分校的土木工程专业。1979 年，他一拿到硕士学位便回到香港，加入嘉华集团，并认为这一选择理所当然："因为是大儿子，而且父亲非常需要帮手，所以不觉得自己当时有选择，而且中国人黄皮肤也是要为家族办事。"

吕志和并未给予吕耀东特权，而是让他从最基层的岗位做起。吕耀东第一份工作是在安达臣石矿场和工友们一同劳作，他从中发现这是深入了解石矿场运转流程的最佳方式。此后，他逐步走上管理层的阶梯，在 1987 年出任嘉华集团的执行董事，并在内地负责多处地产项目。

自从吕志和在 2002 年拿下赌牌后，吕耀东成了吕家澳门赌场业开疆拓土的主帅，而之前从事地产和酒店管理的经验为其进军博彩业奠定了扎实基础。看到一起竞标的大多数财团的投资计划都在澳门半岛，也就是何鸿燊的葡京酒店附近，吕耀东选择在当时十分荒芜的路氹区圈地 155 万平方米，建设大型度假村。从地产开发的角度，他认为路氹有极大的升值前景。

在对澳门银河度假城的定位和规划中，吕耀东与父亲一样，并不愿直接抄袭何鸿燊以赌场为驱动力的经营办法。虽然他十分欣赏拉斯维加斯的产业结构，认同在博彩之外应引入娱乐休闲元素，且澳门缺乏度假胜地，但其也不愿将拉斯维加斯原封不动搬来澳门。在吕耀东周游各国时，亚洲服务给他留下了最好的体验，"亚洲人有种独特方式让宾客和朋友感到喜悦"。同时，吕耀东发现，将来主要客户群是中国香港的中产家庭，也会有一部分东南亚客源，因此将度假村定位在打造东南亚风情的综合休闲娱乐城，引入世界知名的悦榕庄（Banyan Tree）、日本大仓酒店（Hotel Okura）等代表亚洲一级水平的品牌，让旅客不仅可以参与博彩，还可以躺下来晒日光浴或是在椰风蕉雨中享受美酒，从而拥有更完整的度假体验。吕耀东的创新亮点成功将澳门银河与竞争对手区分开来，使其成为银河娱乐最具增长力的项目。吕耀东现任银河娱乐的副主席。

吕耀东的兄弟姐妹

与大哥一样，57 岁的吕耀南同样持有加州大学伯克利分校工程学学士学位。1985 年，吕耀南在美国旧金山成立了 Stanford Hotels Group，该集团通过兴建及收购，全资拥有 13 家酒店，包括著名的希尔顿、喜来登、万豪等品牌。吕耀南同时以 Cresleigh Homes 品牌在加利福尼亚及亚利桑那州发展房地产业务。因在海外发展，估计吕耀南将继承吕家以上的海外酒店地产资产。

50 岁的吕耀华毕业于美国南加州大学工业及系统工程学系，1984 年加入嘉华集团。早年，他曾被父亲派往东南亚投资。吕耀华非常热爱建筑，许多地产项目从开发、设计到销售都亲力亲为，如今他掌管嘉华集团地产业务的帅印，任香港地产部的董事总经理。

59 岁的大姐吕慧瑜获得加拿大麦基尔大学商业学士学位，她于 1980 年加入嘉华集团，主要负责亚洲区的酒店业务。而吕志和的小女儿吕慧玲主要负责嘉华集团的人事及行政管理工作，或许未来才会接管主要的业务。吕志和打算将一些非上市资产留给她，包括收租物业。

吕志和深信人是靠磨砺出来的。他相信一个经验、条件不足的人直接担任高职并无好处。在他的严格要求下，五名子女经过在家族企业多年的磨炼，纷纷走上了不同业务的高管位置。吕志和对第二代的教育方式也影响了他们对下一代的教育，吕耀东就曾对孩子说，他并不勉强孩子一定要进入家族企业，如果加入，“要真正当自己是一个 manager（经理）而已，不是老板”。吕耀东自己也是“全心全意做一个全职的 manager”。

何鸿燊：家族庞大，豪门恩怨

比起吕家相对简单的原生家庭结构，年届 92 岁的何鸿燊共有四房妻室、17 名子女（图 5.5），家族拥有众多成员，据悉四房很少聚在一起。

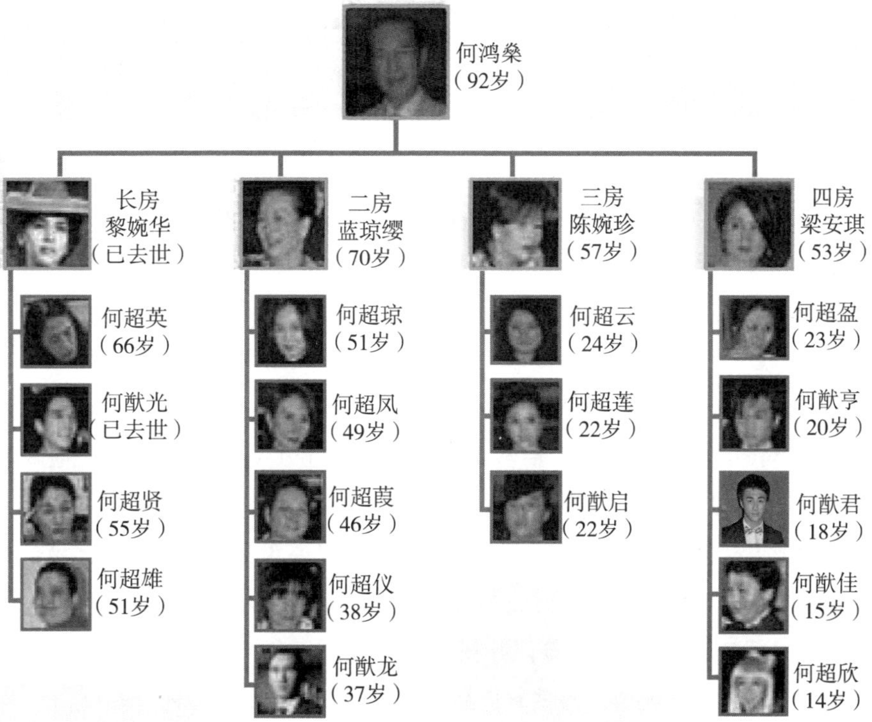

图5.5 何鸿燊家族结构

候选接班人

子女的能力与意愿是主宰传承能否成功的关键之一。何鸿燊儿女众多，但大多并未流露过接班意愿。四房之中，长房一向甚少涉足商界；三、四房子女还很年少而且都在求学阶段；与赌王业务关系最密切的可算是二房的四位子女，他们都是较有可能成为何鸿燊接班人的人选。

二房的长女何超琼是外界眼中赌王家族最精明能干的孩子。她在美国圣克莱大学主修市场学及国际商业管理，1983年毕业后，通过父亲介绍进入法国东方汇理银行实习，但觉得挑战性不够，于是离职后进入家族企业的慈善机构，投入募款工作，后来自己创业成立了天机公关公司，十分成功。何鸿燊很欣赏女儿的实力，邀请她回家族企业帮忙。

当时，何鸿燊拥有一家与香港中旅集团合资的“喷射飞航”公司，船队老旧、营运走下坡路，何超琼接手后，砸重金添购新船队，重新训练服务人员，将其做成了珠三角最成功的运输公司之一。何鸿燊愈发相信女儿的经营功力，在澳门赌牌由三变成六之时，便把澳博引进美国美高梅集团并分拆赌牌的重任交给了何超琼。2005 年，何超琼与美高梅合资成立了美高梅金殿超濠股份公司，以个人名义进军博彩业，脱离了澳博。同时，何超琼也任信德集团的董事总经理。

二房五子何猷龙也进入接班人考察之列。像大姐何超琼一样，何猷龙在 1999 年从多伦多大学商科毕业后，并未直接进入家族企业，而是自己拿着简历在香港找工作，最终进入怡富证券亚洲区衍生工具部。一年后，他入股 iAsia Technology（今汇盈控股，00821. HK），出任执行董事，将公司在香港创业板上市，并先后收购了 3 家科技公司。25 岁那年，他从父亲手上接过连续亏损 4 年的新濠国际，当时公司名下只有一间珍宝海鲜舫。他将珍宝海鲜舫改革并翻新，3 年后，新濠国际扭亏为盈。2006 年，新濠国际拿下永利分拆出的一张赌牌。现今，何猷龙任新濠国际的主席兼行政总裁。

争产风波满城风雨

何鸿燊也安排二房的另外三名女儿参与信德集团业务，累积了一定的经验，有些职位是主席或董事总经理，每人都有不同的职务，负责不同的领域，一切都好像已上了轨道。

然而，2011 年何家的争产事件却闹得满城风雨。吕、何两家事业表现差异的分水岭，与何家家族争产事件的时点也恰相吻合（图 5. 3）。2011 年 1 月 24 日，澳博发出公告，何鸿燊将他所持有的 31. 665%澳门旅游娱乐（简称“澳娱”，为澳博母公司）的股权全数转移，何鸿燊不再是澳博股东。二房、三房家庭成员获得相关股权，三太陈婉珍获得其中 50. 5%的股权，其余 49. 5%由二太何蓝琼缨的五个子女何超琼、何超凤、何超蕸、何超仪和何猷龙均等持有。然而，公告刚刚放出，1 月 25 日，何鸿燊就通过律师高国骏否认了这项公告，表示三太陈婉珍及部分子女不诚实，侵占他的家产，形容事件为“抢劫”。何鸿燊原意是将股权平分给四房。三太陈婉珍则读出一份由何鸿燊署名的声明，强调股权分配安排完全是出于真心诚意，绝无受任何人强逼或指使。

1 月 26 日，何鸿燊坐着轮椅在电视镜头前表示，“一家人不会告来告去”，不希望家庭问题闹上法院。但律师高国骏在电视声明后代表何鸿燊将二房及三房太太、多名子女等 11 人及相关公司告上香港高等法院，要求追回澳娱 31.665%的股权。1 月 31 日，二三房发表新闻稿，指赌王已知会各人，称看不到理由再继续诉讼，已撤回法律程序。

就当大家以为争产事件已告一段落之时，2 月 16 日，何鸿燊的代表律师高国骏将二房何超琼和何超凤告上法庭，称违反口头协议，要求二人立即归还股份，并向两人索偿。

3 月 10 日，何鸿燊全家联合声明事件已圆满解决，何鸿燊已终止对二房女儿何超琼及何超凤追回股权的诉讼。3 月 24 日，澳博公布，澳娱被争夺的 31.655%的权益，其中 0.117%由何鸿燊持有，6%由四太梁安琪拥有，余下 25.538%由何鸿燊家族成员拥有。四太梁安琪表示，澳娱澳博是大家均衡参与，每个人有不同角色，但未透露具体分配比例。

争产事件无疑影响了澳博，甚至波及信德和新濠，三家上市公司的股票累计异常回报率一直下跌，直至事件完结才止跌回升（图 5.6）。如今，家族争产案件虽已落幕，但却存有许多不确定影响。如果如梁安琪所说，澳娱股份被瓜分，那么何家就无人是大股东，这对于澳博的发展会有诸多阻碍。

家业传承宜早做安排

无论是老赌王何鸿燊，还是新赌王吕志和，都拥有着卓越过人的商业智慧及敢闯敢拼的勇气。而银河娱乐近年来也显示出惊人的爆发力，这在一定程度上体现出了家族治理、儿女培养及合理传承安排的重要性。

身为父亲，相信何鸿燊与吕志和都关照自己的子女，给予了他们最好的

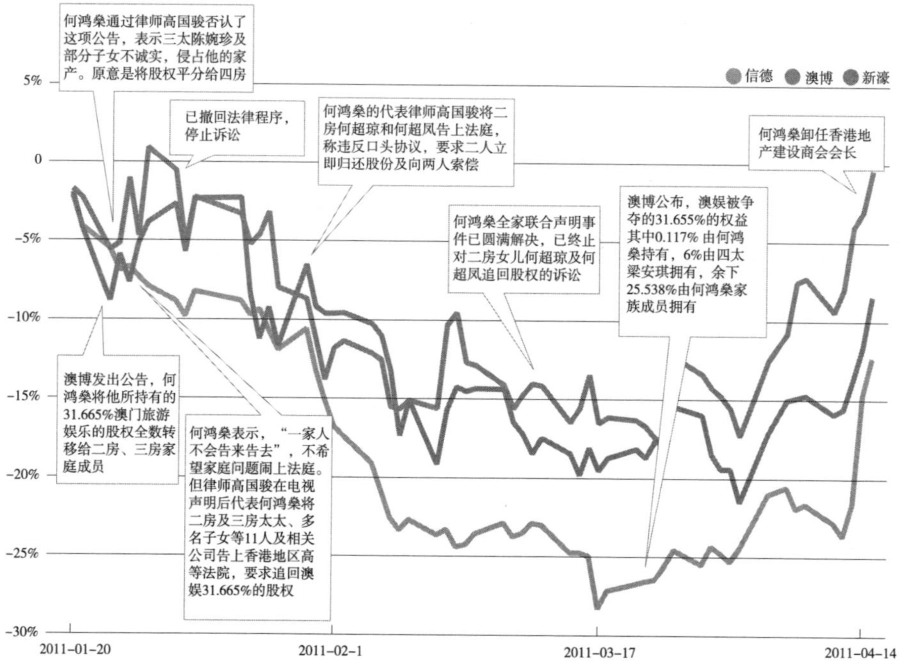

图 5.6　何鸿燊家族争产期间信德、澳博、新濠日累计回报率

生活和教育。不过，何鸿燊家族庞大，家庭结构复杂，其在世之日，争产事件尚还压下葫芦浮起瓢，未来澳博可能更会遭众多家人瓜分。反观吕志和，家庭结构较简单，对于传承有相对清晰的规划和安排，五个子女按地区和行业来划分产业，预期继承的业务间交集较少。两家上市公司交付信托的控股股权的受益人并非所有家人，而仅包括部分承担公司经营任务的家人。这些安排减少了子女间发生矛盾的可能性。当然，吕家的家业传承尚未完成，吕志和依然是嘉和集团的主席。当他真正完全退出，将管理大权交到子女手中，传承的考验也将真正来临。

对于中国内地的第一代企业家们，吕志和对子女的言传身教、对子女家庭认同感的启蒙值得借鉴。子女从小在家庭氛围中受到的熏陶，甚至会比斯坦福、加州大学等名校的培养对价值观有更大的影响。当子女回到企业，也需经过长时间与企业的磨合，才能发现子女能力、兴趣与企业最佳的契合点。吕志和在身体条件尚好的情况下安排好了业务及未来股权的分配，给自己及子女留有缓冲、准备及交替的时间，也显示出企业家们也应尽早开始安排家业传承。

第6章
台湾地区五大金控家族风云

范博宏　刘文琛

从单独执业到许可混业经营，从民营资本不可染指金融业到五大金控家族的诞生，台湾地区在两次“金融改革”期间，力推“大金企”概念，富邦国泰蔡家、新光台新吴家、中信辜家、元大马家与华南林家纵横政商两界，积极寻求兼并扩张，成为金融业新霸主。从五大金控家族壮大过程可以看到，台湾地区的“金融改革”为民营资本带来了巨大的红利，提高了企业的市占率，但政商关系的博弈风险亦在所难免。那些未能保持底线的企业家，家族声誉及百年基业双双受损。

2013年2月，台湾元大集团前董事长马志玲，因为背信及违反“证券交易法”等罪名，被台湾地区“高等法院”判处7年4个月的刑期。2013年5月，台湾望族辜家第四代接班人、中信金控前副董事长辜仲谅因为“红火案”被判处9年8个月的重刑。辜仲谅之弟、掌控开发金控的辜仲莹也在同一时期因金鼎证券购并弊案被判刑4个月。这些台湾地区金融界的重量级人物落马，究其原因，令人咋舌。自2000年民进党上台以来，陈水扁推动了两次“金融改革”，誓言要打造“具国际竞争力的台湾金融体系”。但事与愿违，两次“金融改革”并未显著提升台湾金融业的竞争力，反倒沦为其敛财工具，甚至被外界称为“骗局一场”。而台湾金控家族在“金改”时期收获滚滚红利，现在却有部分核心人物身陷勾结贪腐官员的不当行径中，更落得锒铛入狱、名誉扫地。

动荡年代一向是机会主义者的年代。20 世纪初，移居至台湾地区的各个家族开始经营生意，他们通过姻亲关系、政治及商业联盟，同时以家族企业相互持股的方式建立起庞大且强有力的关系网，逐渐发展成为雄霸一方的家族集团，旗下生意几乎涵盖各个行业。

但在 20 世纪 80 年代之前，台湾金融业却是少数还未被各大世家占据的处女地，也是众民营资本虎视眈眈的一个领域。21 世纪的第一个十年，在台湾两次“金融改革”期间，富邦国泰蔡家、新光台新吴家、中信辜家、华南林家与元大马家纵横政商两界，积极寻求扩张，成功突围，成就在台湾金融业的新霸权。随着规模的急遽扩张，在台湾地区规模最大的 10 家企业中，金融控股公司占到了其中的 9 家。2011 年，根据《天下》杂志的统计，台湾地区以“新五大家族”为首的 10 大家族财团共掌握了 13 大金融和商业集团，旗下共有 77 家上市公司，总市值超过 6 万亿元新台币，占台湾地区股市总市值的 1/4；另外，“新五大家族”旗下虽总共不过数百家企业，但其营业收入总和却占台湾地区 GDP 的 10%以上，足见其在台湾产业界举足轻重的地位。《福布斯》2013 台湾地区 50 富豪榜也由上述财阀家族牢牢把持着（表 6. 1），富邦蔡家的蔡万才家族以 85 亿美元资产高居榜单第 2 位；系出国泰蔡家的蔡宏图兄弟与蔡镇宇则分别以 29 亿、21 亿美元居榜单第 12、第 14 位；新光吴东进家族以 19 亿美元资产位列第 15 位；板桥林明成家族以 11. 2 亿美元占据第 31 位；而鹿港辜家的和信辜成允家族与中信辜家虽经历分家之殇，但仍分别以 14. 4 亿和 8. 75 亿美元身家双双进入榜单，分列第 24 和第 38 位（表 6. 1）。

表 6. 1　《福布斯》2013 台湾地区 50 富豪榜部分排名

排名	姓名	净资产（亿美元）	财富来源行业
2	蔡万才家族	81	金融
11	王永在	30	塑料
12	蔡宏图兄弟	29	金融
13	王雪红、陈文琦夫妇	25	手机

（续表）

排名	姓名	净资产（亿美元）	财富来源行业
14	蔡镇宇	21	金融
15	吴东进家族	19	金融
24	辜成允	14.4	水泥
25	徐旭东家族	14	多元化经营
31	林明成家族	11.2	金融
38	台湾中信辜氏家族	8.75	金融

数据来源：福布斯中文网站。

然而，经历了两次“改革”的台湾金融业长期绩效依旧不佳，国际化程度低下，社会各界无不摇头叹息。台湾“金融改革”与五大金控家族的故事，非常值得研究。

台湾地区两次“金融改革”

无论是在中国大陆还是台湾地区，金融业一直都是受到高度管制的行业，其中的三大基础产业为银行业、证券业以及保险业。在台湾地区原有“法律”的规定下，三者独立经营，不能互相控股。

1980年以前，台湾银行业一直受到严格管控，当局只允许建立公营银行，称为“公股银行”。直到1980年以后，台湾地区戒严令取消，台湾“财政部”才开始提出金融自由化和国际化的思想，希望通过解除利率管制和推动外汇市场自由化来振兴金融业。在证券业方面，台湾地区当局大幅放宽了资本管制并解除了经常账户的外汇管制，此前门可罗雀的台湾地区证券交易所也因此变得车水马龙，日均成交量从1982年的1.3亿元新台币增长到1989年的256亿元新台币，7年间翻了近200倍。在银行业方面，两项主要改革措施是：1989年商业模式公司治理“银行法”第41条对于银行存款与放款利率管制的取消，以及1991年核准15家新银行的设立（在1992年变成16家）。前者使得银行可以自由控制存贷款产品的价格，后者则意味着台湾地区银行业的正式开放。此后民营银行如雨后春笋数量剧增，但同质化程度却非常高，过分依赖存贷息差作为回报，导致银行业的杀价竞争，净资产报酬率由 20.79%的高峰降至 3.61%，同时资产报酬率由 0.9%的平均水准跌至 0.26%；逾期放款比率却危险地由 1995 年底的 2.88%增加到 2001 年第一季度的 8.28%。高逾放比及低回报都表明，台湾前期“金融改革”存在着明显缺陷，同时阻碍了本土银行家的资本积累，降低了金融机构的国际竞争力。

第一次“金融改革”（2001—2004 年）。由民进党“政府”推动的“一次金改”始于 2001 年。当时，台湾经济出现衰退，借款户财产缩水、财务吃紧，导致金融机构授信风险提高，进而影响到银行债权及资产质量。同时，由于台湾金融机构数量繁多，规模及市场占有率都偏低（表 6.2），影响了金融产业的发展及整体竞争力。为应对这些问题，自 2000 年底以来，台湾地区当局陆续通过了包括“金融机构合并法”及“金融控股公司法”在内的一系列“金融法案”，以帮助金融市场完善法制基础。随后，在 2001 年 6 月，陈水扁“政府”正式推动“金融改革”（在台湾地区称为“一次金改”），成立了“行政院金融改革专案小组”，目标旨在帮助金融业公司（特别是公股公司）改善“体质”：容许银行、证券及保险在内的三种金融事业联合经营，并希望在金融控股公司的管理之下，通过并购提升企业活力，改善整体产业业绩。

表 6.2　一次“金改”以前台湾地区金融业的具体情况

	银行业	证券业	人寿保险业	产物保险业	资产管理业
企业数	53	178	33	30	38
最大五家企业市占率	38%	25%	78%	48%	33%
最大十家企业市占率	59%	40%	90%	72%	58%

当时，陈水扁“政府”提出了“二五八目标”，即台湾地区当局以除弊为主轴，为金融机构提供首年免税的支持，以达成两年内金融机构逾放比率降到 5%以下、资本充足率提高到 8%以上的目标。同时，由于台湾金融机构

各家占有的市场份额都相当小，在“金融控股公司法”通过后，中小金融机构竞争变得困难，金控家族便开始想尽办法并购实力良好但经营出现困难的金融机构，希望自己“做大做强”，在并购潮中分享政策红利。

第二次“金融改革”（2004—2008 年）。2004 年，陈水扁连任台湾地区领导人，他再次接受体制外“经济顾问小组”的建议，开始推动二次“金改”，旨在促进金融机构的合并，期望能够创造出领导性银行，提升台湾金融业的国际竞争力。二次“金改”提出四大目标：在 2005 年前在台湾内部新成立三家金融机构，其市场占有率必须达到 10%以上；公股金融机构数目减半，由 12 家缩减到 6 家；在 2005 年底以前，台湾地区 14 家金控公司数目要减半；至少有一家金控公司要由国际资本来经营或者是在国际证券市场上市。依据台湾“金管会”的主张，台湾地区至少需要三家市占率高的领导性银行，来产生价格领导机制，实现理性定价，以结束十余年来的割颈竞争。再者，引进外资持有并经营一家规模较大的金融机构可提升台湾银行业的经营管理水平。

由于台湾地区的经济比重以中小企业为主，金融业便偏向“小而多”的模式发展。因此，二次“金改”追求“大金企”的概念，希望既解决行业内的恶性竞争，同时也能加快台湾金融业的国际化进程，建立起以台湾为总部的国际金融企业。在这一政策目标下，各金融企业加快了并购活动以确保自己不会被排除在“生还者名单”之外，但多次大型并购案却带来了股价负面波动的结果。同时，由于“政策”目标希望公股金融机构能够释放经营权，而公股与执政党的关系非常紧密，政商关系便成为了各金融家族在并购公股机构时所依赖的重要杠杆。

表 6.3　两次“金改”五大家族金融并购案

家族名称	消息首度披露日	交易完成日	被并购金融机构	并购规模（百万元新台币）	累积超额回报率（%）	争议问题
国泰蔡家	2002.08.12	2003.10.27	世华银行	114 600	9.40	“特侦组”查出4亿元新台币贿款，一审国泰并世华案及陈水扁家二代被控洗钱部分撤销，发回“高院”更审
	2005.06.28	2007.01.01	第七商业银行	3 812	-6.95	
	2007.10.02	2007.12.29	中联信托投资公司	20 300	-4.50	
富邦蔡家	2002.08.08	2005.01.01	台北银行	65 587	9.47	民营小型银行并购泛公股党产大型银行；受广泛舆论批评为“以小吃大”
	2003.09.09	2004.02.12	港基银行	18 878	-1.08	
台新吴家	2001.10.25	2002.02.18	大安银行	214 678	-24.6	
	2004.07.15	2004.10.18	新竹第十信用合作社	1 400	6.07	
	2005.07.22	-（注1）	彰化银行	36 568	0.76	“特侦组”认为“政策”在标售彰银过程中多次转弯，疑涉护航，未提起诉
新光吴家	2004.03.19	2004.09.30	联信商业银行	3 569	1.92	
	2005.09.30	2005.09.30	诚泰银行	20 000	2.14	

（续表）

家族名称	消息首度披露日	交易完成日	被并购金融机构	并购规模（百万元新台币）	累积超额回报率（%）	争议问题
中信辜家	2003.07.01	2003.12.01	万通商业银行	19 570	-9.61	
	2004.07.05	2004.10.01	凤山信用合作社	1 860（注2a）	7.17	
	2006.02.09	-（注1）	兆丰金控	260 000	• 2.23	辜仲谅一审被判“背信罪”有期徒刑9年8个月，至2013年底仍在上诉
	2007.05.31	2007.09.08	花莲区中小企业银行	8 098（注2b）	-8.51	
开发辜家	2005.10.05	-（注1）	金鼎证券	22 900	8.14	辜仲莹涉及内线交易和违反“金控法”背信等，二审判刑4个月，2013年底仍在上诉
元大马家	2005.01.05	2005.06.17	台南第七信用合作社	289	8.13	
	2005.08.18	2005.12.23	台南第六信用合作社	541	3.01	
	2006.06.01	2007.04.02	复华金融控股公司	83 500	3.16	“特侦组”查出元大京华证券购并涉贿赂2亿元新台币，马志玲未被以贿赂案起诉；另因背信及违反“证券交易法”等罪名，被台湾“高院”判处7年4个月的刑期
华南林家	2003.12.16	-（注1）	第一金融控股公司	55 400	-4.61	

注1：并购案已宣布放弃或未成功；/ 注2：并购为金融重建基金（RTC）对不良银行进行拍卖中购买：(a) RTC赔偿8亿元新台币；(b) RTC赔偿44.9亿元新台币。

五大家族的并购大战

在两次“金融改革”中，台湾企业家积极争夺民营和公股金融机构的并购权，五大金控家族也不例外，他们在两次“金改”期间共提出了19项并购案，在为企业带来更广泛金融业务的同时也提升了市场占有率（表6.3）。

然而，并购也未必为企业带来利益，当中不少争议与弊端招致公众反感，导致市场担心并购案的“不确定风险”（表6.3）。由于长久以来，台湾地区政商关系非常密切，同时金融市场仍然处于初步开放阶段，这意味着民营企业能够借政商手腕取得公股金融机构的并购权。假若要探讨各金控家族在“金融改革”的并购当中所获得的利益，我们需要知道他们是如何透过本人或家族与政治团体“搭线”，进而占得先机，或是从中牟利。

国泰与富邦蔡家——以小吃大

国泰蔡万霖家和富邦蔡万才家本为一家，1979年分家后，蔡万霖以所分得的国泰人寿为基础，成立了国泰人寿集团，后更名为霖园集团，但业务仍然以“国泰”命名。经过了蔡万霖和儿子蔡宏图两代的苦心经营，国泰蔡家在“金融改革”以前已经成为台湾第一大企业家族。2001年“金融改革”的号角吹响以后，蔡宏图开始筹组国泰金融控股公司（2882. TW，下称国泰金控），期望在这个新开放的市场拔得头筹，树立霖园集团的“国泰”旗帜。2001年，国泰人寿的营收与利润各占集团93%及86%，显见当时国泰尚缺乏银行与证券类业务。为改变这一现状，蔡宏图决定利用“金改”的机遇拓宽业务，以扭转国泰过分依赖保险业务的不利局面。

同出蔡家的富邦金控（2881. TW），在分蔡万才家以后也积极拓展自己在台湾地区的金融业务。蔡万才分家时获得国泰产物保险，并在1992年将其更名为富邦产物保险，与国泰一样以保险业务作为核心。蔡万才的儿子蔡明忠明白，自家集团的弱点在于市场份额低，虽然在产物保险是龙头，但寿险业务的市占率远低于国泰人寿的37%。因此，在出任董事长一职后，蔡明忠便积极寻找方法，希望在保险业务之外的金融市场上占据优势。然而1998

年，蔡明忠与弟弟蔡明兴却因为遭遇台湾地区的“地雷股风暴”，导致富邦集团该年度出现近百亿元新台币的巨额亏损。2000 年，蔡明忠与花旗银行结成联盟，以 230 亿元新台币的价格卖出富邦集团 15%的股权，并且换得花旗投信与花旗人寿的业务并购。由此，富邦金控重塑实力，应对即将来临的公股释权和金融业并购潮。《福布斯》杂志曾以“花旗集团的秘密武器”为封面标题来称许蔡明忠与蔡明兴兄弟，这也是台湾金融家首次登上《福布斯》封面。

在第一次“金改”中，蔡家两大掌门人蔡宏图和蔡明忠发生了一次为外界所瞩目的对阵。2002 年 8 月，霖园集团宣布国泰银行并入公股控制的世华银行，由于二者规模差距较大，这起并购因此成为了“金改时期”以小吃大并购案的代表。不过，这宗收购的焦点不只在于收购价值巨大，而在于民营资本并购官股金融机构时，当中所涉及的手段及利益关系。其实，在 2001 年间，富邦蔡家已布局世华银行多时，不但已取得世华银行两席董事，还花上百亿元新台币买进近 15%的股权；国泰蔡家不但只有一席董事，股权也只有一成左右。但蹊跷的是，最终国泰蔡家却反而得手。2008 年国民党重新“主政”。2009 年，台湾地区“最高法院检察署特别侦查组”（简称“特侦组”）开始侦办富邦、国泰两大家族的相关案件。他们的调查显示，陈水扁在第一次“大选”时获国泰蔡家“赞助”新台币 1 亿元，当上“总统”后又“援例办理”，自 2001 年至 2004 年，每年都以选举名义，要求蔡宏图赞助 1 亿元新台币，前后共接受了国泰 4 亿元新台币的现金。而富邦金控在陈水扁首度竞选台湾地区“总统”时，只赞助了 1500 万元新台币，相较于国泰蔡家，“两集团给付的金钱相去悬殊”。在这样的“交情”下，当蔡宏图与蔡明忠双双表达入主世华银行之意时，陈水扁直接指示当时的“财政部长”李庸三，表示支持国泰并购世华，还要人传话给原本较具优势的富邦蔡家，要求富邦蔡家放手。

与国泰蔡家不一样，虽然蔡明忠是陈水扁的同窗，父亲蔡万才也支持陈水扁，与民进党关系密切，但蔡明忠却没有一边倒地向绿营押宝。在 2000 年台湾地区“总统”大选中，蔡明忠是国民党“连友会”的发起人，并多次在媒体访问当中强调自己是“蓝绿组合”。

2002年对公股台北银行的并购取得成功就是富邦蔡家“风险分散”政商关系得法的明证。当时，台北银行经营状况良好，共有80家分行，因此吸引到国泰金控、公股开发金控（2883. TW）、元大京华证券集团（2885. TW）马家及中信金控（2891. TW）辜家的争相竞逐，但最后却为规模资产远不及台北银行的富邦取得并购权。由于台北银行的控制权在并购之前主要掌握在台北“市府”手中，而当时的“市长”正是蓝营国民党的马英九，因此与蓝营沟通在所难免。据同属国民党台北市“议员”杨实秋的说法，当时台北银行高层在言语中透露台北银行要并入富邦金控，而且允诺国民党“议员”，如果支持合并案，蔡明忠愿意赞助数千万元新台币作为政治献金。显然，政治介入帮助蔡明忠得到了台北银行。

这两宗并购案清楚地显示，在台湾地区金控家族形成过程中，政商杠杆发挥着巨大作用。不过，虽然并购台北银行后富邦金控一跃成为大台北地区的银行业龙头，但由于公股与民营企业间迥然不同的企业文化，台北银行的旧员工普遍存在不满情绪，企业士气需要长时间才能恢复。

新光与台新吴家——专业并购

新光金控（2888. TW）与台新金控（2887. TW）本同属新光企业集团吴家，分别由吴家第二代吴东进和吴东亮经营掌控。1986年经过家庭会议后，新光集团的家族事业被交于吴东进，为分家埋下了种子。到了1997年，吴家兄弟陆续脱手对方所负责公司的股份，以便理清兄弟之间的财产，被外界视为分家。2002年，由于管理风格不一加之关系紧张，兄弟两人决定各自成立金控公司，与其他金控家族一争高下。

长子吴东进在分家时得到的家业最多，主掌新光人寿、大台北瓦斯、财团法人新光吴火狮纪念医院等4家企业体，财力雄厚。但由于吴东进成立的新光金控的本行是保险业，为进一步扩展金融业务，新光金控分别于2004年及2005年对民营的联信商银和诚泰银行提出并购计划。这两项并购案的成功，尤其是后者，帮助新光金控迅速扩张了金融版图：其银行分行规模由37

家一跃上升至108家，信用卡持卡人数合计逾156万人，资产更迅速增加到逾1.2万亿元新台币，成为了寿险与银行业务并驾齐驱的金控集团，规模仅次于国泰金控。

吴东进在“金改”中得以成功并购联信银行及诚泰银行，有一位不得不提到的人物——林诚一。林诚一毕业于台湾大学法律系，是陈水扁的学弟，两人早在大学时期便交情匪浅。后来，林诚一成为诚泰银行的董事长，积极资助陈水扁的“竞选”活动，并借出价值20亿元新台币的土地作为其“竞选”总部，被视为陈水扁团队的中坚分子。其后他又以诚泰银行的名义发行“台湾之子”信用卡。根据台湾地区“检方”的调查，在吴东进并购的前夕，林诚一向陈水扁捐出1亿元新台币的政治献金。据台湾《商业周刊》的分析，吴东进有意并购诚泰，在陈水扁的压力下，林诚一才决定出售诚泰银行以换得更大利益。在并购以后，林诚一被吴东进留任，委任为新光金控的名誉董事长。2006年，林诚一更被“政府”委任为官股开发金控的董事长。

新光吴家在两次“金改”的6年间并非一帆风顺。在一次“金改”期间，吴东进曾面临重大财政困难。当时，新光人寿提拨巨额保险责任准备金，造成股价大跌，而后又因科技股泡沫危机出现单月大亏25亿元新台币的困境。吴东进清楚，市占率只有9%的新光人寿无法与市场份额占37%的国泰人寿相抗衡，因此选择了“专业并购”的方案——在相对封闭的银行业针对“小而美，大而好”的银行进行并购。最后，随着联信商银和诚泰银行并购案的成功，加上吴东进并未涉及有关政商关系的弊案，市场对新光金控恢复正面期望，在一次“金改”以后相对于台湾加权指数股价都优于大市。

台湾商业家族大都奉行“长子继承制”，以致作为三子的吴东亮并没有在分家之中继承到新光集团的“金鸡”人寿业务，但他分到的台新银行后来在台湾金融业却雄霸一方。1990年初，台新银行应银行业开放“政策”而成立，却是最后一家拿到牌照。没有政商人脉，也没有供应不断的资金，台新在成立初期以规模小、表现差、逾放比较高而“闻名”，成绩在大台北地区垫底。一次金改前夕，其仍处于不利形势，2001年台新银行的纯利率只有4.06%，远低于行业平均值的16.96%。

江湖中“金改”的风声此起彼落，吴东亮明白，如果再不改善台新银行的状况，在金融业开放中就会被对手吞噬；加上台新吴家旗下只有乏善可陈的银行和证券业务，因此其也开始进行“专业并购”，与具有广泛同质性的大安银行进行洽商。吴东亮希望通过扩大市场份额来改善经营，并在“金改”落实后共同成立金控公司。2002 年，台新银行成功并购大安银行，经营及获利能力也迅速改善，纯利率飙升至 16. 3%。另外，得益于吴东亮本人及其管理团队的专业管理理念，台新银行在两年间便蜕变成台湾银行业的领军者之一。2004 年吴东亮在银行业再下一城，成功并购业务相似的新竹十信，在二次“金改”前扩大了事业版图，台新银行分行数量增加到 101 家，台新金控的资本额更达到 9. 9 万亿元新台币的新高。

经过两次与中小型银行的合并，并配合二次“金改”“公股释出”的目标，吴东亮将台新金控的并购方向转向大型公股银行，以打造台湾第一民营银行。当时市面上与第一银行、华南银行并称为“省属三商银”的彰化银行因为超贷太多、财务不稳健，于 2005 年 6 月决定发行占总股份比例 22. 5%的特别股。除了台新金控、富邦金控、兆丰金控、开发金控等本土机构以外，新加坡淡马锡也参与了投标，其中淡马锡更聘请“双摩”（摩根大通与摩根士丹利）和台湾地区各大重量级经理人加入，担任财务顾问。令人意外的是，台新金控最后赢得了彰化银行的特别股竞标，成为其最大股东，随后更把股权比例提高到 32. 5%，根据两次“金改”后的“金融法”将彰化银行正式列为子公司。这一过程看似顺利，却是台新金控与彰化银行合并问题的开始。在台新金控成功竞标彰银特别股后，资本市场都认为标价太高，又适逢台湾金融业的“双卡风暴”，台新金控原本制定的发行全球存托凭证（GDR）的计划无奈搁浅，最后不得不依靠美国新桥投资和日本野村控股共同注资 310 亿元新台币渡过难关。但如此一来，台新金控的外资持股比率一下子剧增到 45%，为日后的治理问题埋下地雷。

毋庸置疑，吴东亮凭借魄力及野心带领台新金控达到历史高位，但缺乏政商背景成其软肋，台新金控与彰化银行的合并计划迟迟得不到批准，即使在 2008 年政党再次轮替后，也没有得到“财政部”、“金管会”和公股对合并的同意。台湾“政务次长”曾铭宗公开宣称：“如果同意这项整并案，将严重违背大众利益。”从中标日起计，台新金控的月累积超额回报率半年下跌了约 60%，这反映出公众及市场对台新金控并购未能取得成功的失望。难怪 2013 年 6 月股东会时，吴东亮坦言：“彰银问题是拖累台新金股价长期因素，也是‘我们心里的痛’。”

台新吴家在并购彰化银行一事中可谓“前门失火，后门有贼”，不但并购遥遥无期，更因动用大量资本，引来了占 45%股权的外资，倘若外资瞬间撤离，台新金控便岌岌可危。这也再一次证明，在政商关系紧密的地方，政策红利的获得是需要一定的政商手腕作为支持的，否则并购可能成为企业的灾难。幸好，由于新光与台新吴家都实行“专业并购”，只并购“体质”良好、业务相关度高的银行，这在很大程度上帮助两家金控公司在刚开放的市场中立足。

台湾中信辜家——并购致声誉遭受重创

2003 年，正积极于一次“金改”中拓展领地的辜家发生了“达裕开发公司跳票事件”，辜濂松选择与癌症复发的叔父辜振甫“宁静分家”，正式把中信辜家定性为金融事业家族，与辜振甫一支、和信的生产事业完全分割开来。

虽然手持和信金控的叔父辜振甫带有明显的深蓝政治色彩，但中信辜濂松及其长子辜仲谅却与李登辉和陈水扁非常亲密。一次“金改”开始后，辜仲谅洞悉先机顺利取得金控公司牌照，成立中信金控，将中信保经、中信证券、中信保全纳入其中，建立起金融业大象企业。与其他金控家族一样，中信金控也积极寻求并购，并于 2003 年以 195. 7 亿元新台币并购万通商业银行全部股权。值得玩味的是，辜仲谅在得知台湾“财政部”已不愿意再发出银行分行执照的情况下，认为收购万通的综合效益相当高；舆论却指出，万通银行盈利能力堪忧，且并购案中涉及大量政商手段，由此带来“不确定风险”。事实证明，并购后中信金控的纯利率及股东权益报酬率（ROE）分别急降 12%和 10%，股价表现也不及大市。

并购会为企业带来规模，却不一定带来收益。“金融改革”开放了金融市场的并购，辜仲谅却在并购中遭受重创。然而在看到富邦金控与台新金控都积极并购公股银行后，辜仲谅决定带领中信金控成为台湾最大的金控企业。2004 年中信金控再次出手，购并长期亏损的公股凤山信用合作社，并公开宣布要买进兆丰金控 10%股权，但为了避免收购成本因消息外流而上升，中信金控在“政府”核准前，就借子公司中信银行以逾 3.9 亿美元购买了巴克莱银行发行的结构债，同时委任自己控制的顾问公司要求调整结构性债券的投资标的，从而购买兆丰金控 3.97%的股份。此外，为了令公股妥协，辜仲谅将 1000 万美元作为政治献金汇入了陈水扁家族的海外账户，而在此之前陈水扁已经收下了辜仲谅 2.9 亿元新台币的政治献金。所谓“天网恢恢，疏而不漏”，同年“特侦组”开始对这宗全台湾最大的金控并购案进行调查，发现中信金控的几位高管出现内线交易和背信的违法行为。原来，辜仲谅在宣布并购后，又经由子公司红火赎回这些结构债，其中获利 3047 万美元（约新台币 10 亿元），辜仲谅与妹夫陈俊哲共同侵占了其中的 3 亿元新台币。不愿面对司法的辜仲谅马上躲到日本，著名的“红火案”由此而来。2007 年，辜仲谅终于回台接受审判，直到 2013 年，“法院”二审判处其 9 年 8 个月的有期徒刑，现在此案仍在台湾地区“最高法院”上诉中。政商关系帮助辜仲谅拿下了“金改”以后的桥头堡，却让他与家族的百年声誉蒙尘。

至于中信辜家二子辜仲莹，未能继承到中信金控，却在一次“金改”时获取了本属国民党党产的中华开发金融控股公司（2883. TW，下称“开发金控”）的控制权和经营权，这成为了中信辜家的第二道财脉。在 2002 年前，开发金控表面上是民营企业，但实际上是国民党的党营事业。离开了权力核心的国民党打算出售业绩不佳的党产股权，以确保有足够的流动资金作为选举经费。而辜仲莹在 2004 年通过台湾中国人寿与台湾中信证券，大举加码收购市场上开发金控的股权，并在最后拿下了其经营权。这一举动无疑帮助国民党提升了政治影响力，但令陈水扁大为不悦。后来在前“行政院副院长”蔡英文的主导下，开发金控公股明确规定，辜家董事席位不可过半，以此消弱辜家与国民党的影响力。

雄心壮志的辜仲莹在成为开发金控的总经理后，想要一口气拿下国民党的另一党产——中央投资旗下的复华金控。其时，另一金控家族元大金控马志玲也希望将复华金控收归自己名下。原本辜仲莹已经胸有成竹，因为无论在财务还是管理经验上，辜仲莹掌管的开发金控都略胜一筹。据国民党党部透露，国民党其实已经和辜家签约，但因为陈水扁“总统府”的介入，最后被元大马家抢下复华金控。如此看来，辜仲莹很有可能在开发金控收购案中得罪了“总统府”；也有分析指出，元大马家也运用了相当的政治手腕讨好陈水扁。时移势易，2007 年前后陈水扁“内阁”改组，蔡英文下台换上了邱义仁，变成了对辜仲莹有利的政商形势。辜仲莹运用各种渠道争取有利于自身的政治砝码，并在“府院”高层的力挺之下，令“财政部”从不许中信董事席位过半，退让到中信董事席位不超过 2/3 的门槛。不过，这些都还无法让辜家满足。最后中信辜家拿下 8 名董事、2 名独董、2 名监察人的绝对优势席次；相比之下，公股仅取得四董事一独董一监察，中信集团不论从形式上还是实质上，都取得了 2/3 以上的席次，正式取得了开发金控的控制权。2013 年 6 月，开发金控进行 11 席董事改选，公股只剩下以台湾银行为代表的最后一个董事席位，公股对开发金控的控制已是名存实亡。

2005 年 10 月，开发金控与旗下子公司宣布已购入占金鼎证券总股量 16. 15%的普通股，成为第二大股东，目标是吞下金鼎证券，将其在证券业的市占率从 2. 2%提升为 4. 2%。当时市场也颇为看好这一行动，开发金控在公布并购后累积超额回报率节节上升，相对于台证指数 15 日内增长 8%。

不过，被并购方金鼎证券对开发金控的行动非常不满，甚至发出“恶意并购”的警告表明会进行“反收购”，并制定了多项策略，规划与环华证金、第一金证券、远东证券进行四合一合并案，以稀释开发金控对金鼎证券的控股比例。然而开发金控得知这项讯息后，为求顺利入主金鼎证券，采取了诸多违法操作，当中更滥用政商手腕以达到并购目的，例如，涉嫌违反“证券交易法”强制公开收购的规定，利用开发国际、大华证券等开发金旗下公司，向环华辜仲谅证金股东取得环华证金 20%以上的股权。2009 年“台北地检署”侦办开发金控并购金鼎证券一案，认定辜仲莹和开发金控策略长等 4

人违反“金控法”，涉及内线交易，从中牟取暴利，当中辜仲莹从开发金控中获利1.4亿元新台币。同年辜仲莹又被“特侦组”查出在2004年入主开发金控期间，协助陈水扁之妻吴淑珍洗钱5400万元新台币，以换取公股对董事局席位的退让。最后辜仲莹被判解除其开发金控董事及总经理职务，并命开发金控改派其他自然人代表接替其银行董事职务。虽然辜仲谅及辜仲莹两人都正在对案件提出上诉，但“特侦组”的证据及“法院”两次审判结果都指向同一个结论，提高了结论的可信度。中信辜家拥有深厚而庞大的政商关系网，兄弟两人在“金改政策”目标的掩护下滥用政商关系，对企业做出违法的恶意并购，结果引火烧身。

元大马家——“金改” 中的黑马

与其他家族金控的本行不同，元大马家的马志玲是从证券业发家。台湾解除戒严以后，买卖股票成为全民运动，马志玲抓紧机会建立自己的证券公司。2004年初，一次“金改”渐入尾声，各金融集团都已经建立起自己的金控公司，有些甚至已经达成了各种大大小小的并购。到了2005年，马志玲得知当局不会再发出金控牌照，而自己手上仍然一无所获后，心急如焚。如前文所述，复华金控的并购权本来是由辜家二少的开发金控所有。然而券商龙头元大马志玲，不单算盘打得精，同时深谙弯腰之道，在短时间内成功地从辜仲莹手中把复华金控抢到手，也与剑拔弩张的复华金控大股东握手言和，从而避开了一场流血大战。

2004年，马志玲的元大京华金控开始在市场上买进复华金控股份，正式打响了复华金控的并购战。复华金控当时的股权结构相当微妙：国民党中央投资公司持股近20%、公股台湾银行与土地银行共持股14%，民进党上台后党股与公股各吹各的号，再加上元大马家的进场，三股势力并驾齐驱。2003年底，陈水扁“竞选”连任，当时他和民进党锁定国民党党产的议题穷追猛打，“行政院”为此还成立了“政党不当党产归还政府专案小组”，借行政力量对国民党施压。而国民党为了摆脱政治困境，同时也希望争取更多的政治资源，秘密地谋求脱手党产，当中业绩不佳的复华金控正是首选。元大马家得知中信辜家二少辜仲莹暗中表示有意购买国民党中央投资公司，便马上布局希望抢到手。在大家争相抢夺党产的形势下，如此复杂的一笔交易，陈水扁成为了当中的重要角色，马家巴结第一家庭不可避免。2009 年，台北“法院”在审理二次“金改”弊案时各证人和盘托出整件收购案的秘密。元大马家当时有两大布局，可谓十分周全。首先，没有既定政党背景的马志玲利用民进党“立法委员”作为重要管道，以“打击党产”为名，软硬兼施，透过内部关系干预国民党出售自家党产的决定，导致辜家与国民党的交易最终功败垂成。另一方面，元大马家掌握秘密谈判的进度，确定了出手的时间和力度。马志玲在得知辜家已经跟国民党签约以后，请妻子杜丽萍直接前往玉山官邸提供政治献金，要求陈水扁和吴淑珍的支持。2006 年 6 月，马志玲宣布元大京华与复华金控合并。同年 9 月，元大在复华金控的董事会改选中，一口气取得 2/3 的董事席位，确定了元大京华证券与复华金控的合并案。

马志玲的政商手腕在元大收购后的董事长人选确定过程中体现得更为淋漓尽致。马志玲当时向媒体宣布，由台湾前“财政部长”、“驻 WTO 代表”颜庆章，代表元大角逐复华金控董事长，而非他本人。这招“以退为进”，其实是出于马志玲的精心计划。颜庆章是台湾当局属意担任复华金控董事长的人选，在政治层面，他具有平衡政党与大股东势力的作用；在经营层面，14 家金控执照出自当年担任“财长”的颜庆章之手，请来拥有充分政商地位的他担任复华金控董事长一职，对元大马家的加分作用不言而喻。

后来政党权力交替，马志玲与扁家已经建立的政商关系开始失效，“特侦组”也开始对当中的政商弊案进行调查。陈水扁涉及的二次“金改”“元大并复华案”三审判处陈水扁 10 年有期徒刑、剥夺公权 8 年，并处罚金 1 亿元新台币，当中马志玲涉及的 2 亿元新台币政治献金被追缴没收。与此同时，“检方”查出，马志玲夫妇误导旗下上市公司元京证券，大量买进旗下元大投信股票，将元大的结构债损失转嫁给元京证券，因此被控“背信罪”，二审重判 7 年零 4 个月，更指出当中可能涉及了更多的政治弊案，此案目前仍在上诉当中。

政商运作为马志玲在“金改”期间带来了重大利益。但马志玲在当中涉及的弊案也令元大马家的声誉蒙上阴影。

华南林家——百年基业立足不成

板桥林家也是台湾传统五大家族之一，他们从满清时代开始便拥有众多土地及雄厚的政商资源。今天，林家第七代嫡系单传林明成掌管华南金控，希望以金融事业拓展林家家族企业的另一番景象。然而林明成脚下站着的，是一个尴尬的位置：华南金控虽然资产规模大、却深深受制于官股；虽然资格老，但却守成有余变革不足。较之其他家族，华南林家更为保守，是带着“守业”的心态来经营金控业务。

林明成的父亲林熊征创办台湾华南银行时，与第一银行和彰化银行合称为“省属三商银”，由此可知华南银行公股的本质，林家也必须与国民党保持良好关系才能夯实基石。林明成与前国民党主席连战是从小一起长大的朋友，在政权交替以前，与蓝营关系亲密自然能够带来先机。1998 年华南金控举行董事选举，官股与民股的席次比例为 9 比 6；到了“金改”的前夕，政商关系帮助林明成获得连任，官股与民股的董事席次比例更悄悄变成 8 比 7，意味着华南金控董事权争夺战即将上演。但在陈水扁当选台湾当局领导人以后，形势发生变化，要保持同样的政商关系需要向民进党靠拢。林明成便铺路宴请“总统府机要秘书”马永成，开始搭起与绿营的关系。随着关系的深入，林明成逐渐变成民进党台湾智库的幕后大金主，成功使得公股点头同意其担任华南银行董事长。上任后，林明成颇具野心地想要缩减公股数量，从而取得真正的经营权。

“金融改革”执行后，华南银行率先获得台湾“财政部”批准，成立华南金控，业务急速扩张。2003 年公股第一金控公开“对外招亲”，林明成看准时机，希望赢得同属公营企业的第一金控，认为合并后将会成为台湾最大金控，同时两者皆是“同父同母”的企业，合并难度也不会很高。第一金控属台湾“财政部”所有，当时董事长谢寿夫和“财政部长”林全对这宗合并企划案，尤其对于林明成的野心，都持怀疑的态度。他们认为，第一金控未来很有可能会与华南金控一样，慢慢变成林家膝下的金脉，因此积极反对林明成对第一金控的合并计划。

合并案的失败使林明成更专注于华南金控的发展，也更加坚定了其获得华南金控实质经营权的决心，但这意味着他必须要与官股再次进行大战。林明成清楚，要取得经营权就必须获得更多股权持有人的支持，新光吴家便是他认为第一个可以与之合作的家族。新光与华南金控渊源颇深：新光吴家是华南金控的原始股东，吴东进夫人许娴娴长期以新光人寿慈善基金会的身份担任华南金控董事，吴东进的长女吴欣盈又嫁给了林明成的儿子林知延，吴家与林家可谓亲上加亲，于是，新光吴家手上持有的华南金控股权便成为林明成的筹码。然而新光吴家加上林家所持有的华南金控权股未能达25%的并购法定下限，而公股却占33%的股权。

2013年华南金控董事席位争夺战的前夕，台湾地区“财政部”高层与林明成协商达成和解共识，公布“公民股”双方“不打仗”，林明成同意不争取华南金控的董事席位的大多数，同时让出董事长一职，退居华南金控副董事长继续参与经营，但仍然兼任华南银行的董事长。时至今天，作为最大民股股东的林明成还是无法取得华南金控的主要控制权，将多年经营的华南金控并入林家资产仍是一个不知何时能实现的希望。

台湾“金融改革”发人深省之处

中国内地的金融改革正紧锣密鼓推进，正如中共十八届三中全会《决定》中所述，中国内地未来要“允许具备条件的民间资本依法设立中、小型银行等金融机构”，未来一段时间我们可以预见在中国内地成立的民营银行数目可能会急速上升，有如台湾地区一次“金改”前民营银行林立的情况。如果政府同时开放利率市场，根据台湾地区的经验，存贷利差在竞争下将会缩窄，从而引发银行同业的激烈竞争，乃至逾放率急速膨胀的情况。因此，中国内地的金融改革或可借鉴台湾地区的经验教训，为未来金改中的一些风险做足准备。

过去台湾地区金融机构资产品质不佳，普遍存在逾放比偏高、资本充足率不足等问题。自国民党“执政”时代开始，到陈水扁首个“任期”内，“政府”都将“金融改革”列为重点之一。台湾地区的一次“金改”虽然一定程度上改善了银行体质，不过鉴于金控公司和银行数量仍然过多、规模也无法与跨国金融机构相比，陈水扁在第二“任期”内，推动了二次“金改”。但我们可以看到，由以陈水扁为代表的贪腐官员主导的“金融改革”并没有提升金融业的良性竞争，仅为对金融业虎视眈眈的商业家族们带来了契机。台湾地区金控家族以政商手腕与政党联结，为自己企业带来金控公司的经营权，赚取了丰厚的“柜底利润”，各个家族迅速以兼并公营企业和党产手段取得台湾金融市场的寡占权，建立起金融家族王国。然而，在台营运的外商银行分行数目却由 2001 年的 44 家减至 2008 年的 38 家，至今只剩下 36 家。由此可见，两次“金融改革”并未给台湾地区金融业的国际化带来积极作用，相反，寡头垄断市场与官商关系的密切性使得外资望而却步，最终减慢了台湾地区金融国际化的进程。众多研究也指出，跨国企业对有金融弊案发生的地区都是抱着非常负面的态度。

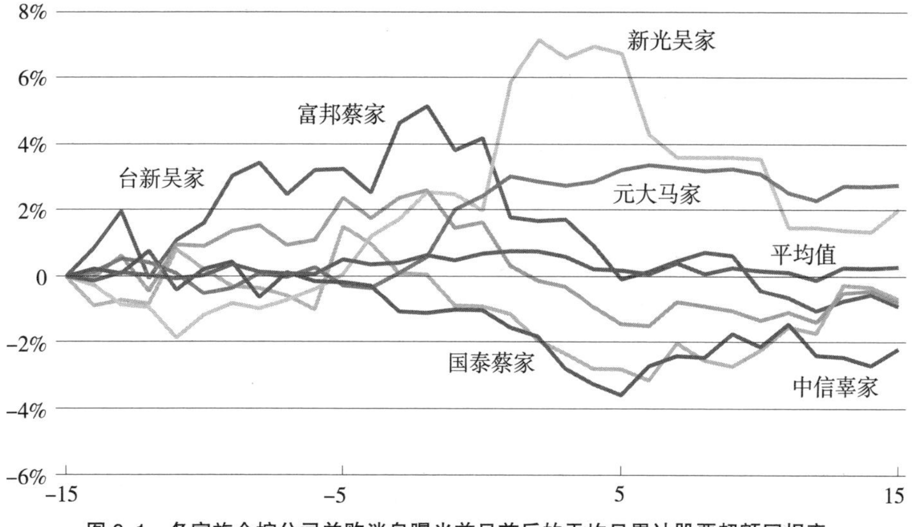

图 6.1　各家族金控公司并购消息曝光首日前后的平均日累计股票超额回报率

注：开发辜家、华南林家的并购案未成功，因此并未计算在内。

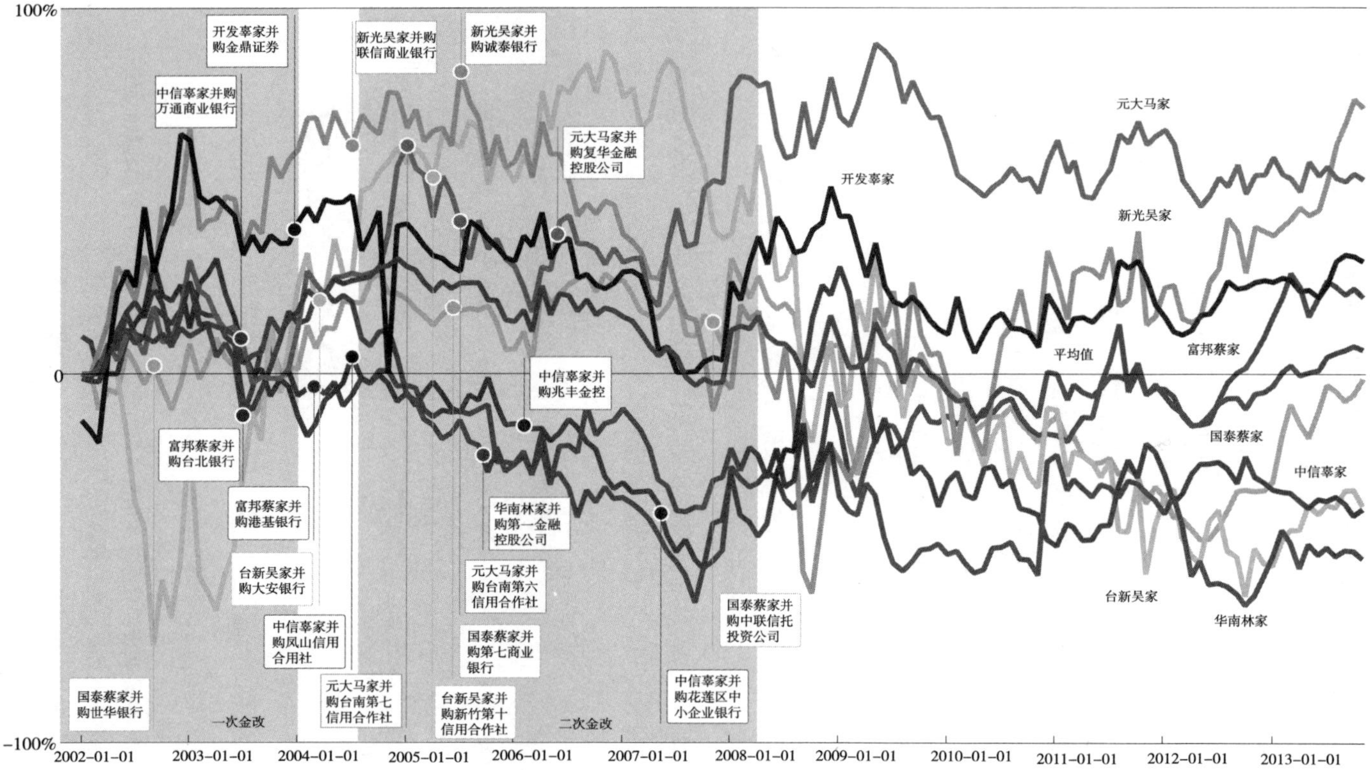

图6.2 各家族金控公司自一次“金改”迄今的股票月累积超额回报率

注：台新吴家并购彰化银行早于金控公司成立以前，故未能于图中显示。

事实上，五大家族发起的诸多金融并购，平均而言并没有得到市场的正面评价。自 2004 年 9 月二次“金改”迄今，台湾地区共发生了 48 宗金融并购案，但综合来看“金融改革”引起的并购案好坏参半，这些并购事件首度曝光前后 15 日的累计异常回报率趋近于零（图 6.1）。另外，长期而言，五大家族主导的金融事业业绩表现更是良莠不齐。从 2002 年一次“金改”到今年，五大家族的月累计股票异常回报率平均也趋近于零（图 6.2），与先前并购宣布时市场的反应非常一致。

我们看到，台湾这五大家族企业为了获得“金融改革开放”的“政策”红利，依靠本身的政商关系进行集团式并购，虽然长期绩效各异，但总体而言对台湾的金融业没有显著的提升助力，这当中一是因为缺乏职业竞争优势，二是被收购原官营银行员工的官僚文化难以融入家族文化，三是因为台湾地区政治斗争造成了官股与家族股权之间的抗衡斗法。这些教训都十分值得借鉴。

金融市场的改革开放可以为民营资本带来巨大的政策红利，为一些公司带来更高的市占率，但在政商关系的博弈下，最后取得金融牌照或并购银行业务的资本是不是最有经济效益的经营者，从台湾地区的经验看来，答案不是肯定的。台湾经验告诉我们，对民营企业家而言，政商关系是一把“双刃剑”，可以作为工具但也可能伤害自己。在政策红利的诱惑下，企业家运用政商关系时必须保持底线，这样无论在金融改革的路程上成功与否，也能实现家族企业的永续经营，捍卫家业。

第二部分

家族治理与股权设计

导读

豪门恩怨是媒体喜爱报道、大众喜欢谈论的话题。大众的好奇心，也就到此为止，但是这一问题的重要性却远不止于此：家族不和，企业便很难在家族内延续发展，这不但是家族，而且也是社会的损失。商业家族如何设置家族治理以凝聚家族向心力，调和各方利益，有效解决纷争便是本部分要深入讨论的议题。

家族治理是家族成员共同实践并遵守一套明文或不明文的规定。这些规定是形成家族成员间的关系与互动的依据。家族成员对彼此间有了预期，可助达成共识，避免纷争。最有效的家族治理建立在一个家族认同并愿遵守的价值观之上，而家族价值观往往塑造于家族所处的文化环境。我们在“筹谋家族治理，避免同室操戈”一文中列举了许多中外案例说明以上的观点。

家族治理情况也是传承规划时的一大参考因素：若家族成员间关系淡薄，规划的原则应是“分”；若家族治理情况优良，方可考虑将传承往“合”的方向规划。我们以三星集团李氏家族为例，在“从三星家族斗争看家族企业传承规划”一文中将对此原则加以详述。

但是西方的家族治理工具能适用于中国的家族吗？我们还没有答案，我们的观察是西方的家族治理并没有在华人家族中被广泛采用。我们认为主要的原因是中国人传统的家族治理是家长制的垂直权威管理，这与西方人人平等沟通、投票表决的横向治理有极大的差异。依赖家长权威的家族治理相较于投票表决制其实非常有效率，但是家长会犯错，尤其不利于现代日趋复杂的商业环境。并且现在中国家庭的子女多受西方思想影响，并不认同无条件地服从家长权威。受中国传统文化影响但又在新旧价值差异与日益复杂的商业环境冲击下的中国家族，急需一套适用的家族治理工具。我们会对这个问题做一番讨论。

家族斗争，常伴随企业股权的争议。企业股权的转移，是终结家族纷争的重要手段。例如，不久前香港镛记酒家的甘氏家族斗争，关键原因便是一个有缺陷的股权设计。我们在“解决家族纷争，传承规划应考虑可转让的家族股权”一文中，讨论了保持家族企业股权流动性对解决家族纷争的益处。而将企业上市，则在增加股权流动性之外，厘清了资产的价值和内容。对于企业资产和族内成员结构复杂的家族而言，上市往往可以对家族及企业起监督、平衡和梳理作用，帮助家族达到基业长青的长远目标。我们在“股票上市与家族企业传承：香港周大福珠宝与镛记酒家的经验”一文中用两个家族的故事说明了这个道理。

家族企业的股权常因世代传承而日趋分散于不同家族分支成员的手中。或者因为企业发展而股票上市，经过一番股权融资后家族股权日趋稀释。家族股权分散的缺点是企业难以有效控制，需要付出代价去调和股东间的利益冲突。为了避免家族股权稀释，丧失控制权，可以使用几项常见的股权机制，如家族股权回购计划，以有限的股权提升控制权的股权设置；如股权金字塔、交叉持股及双层股权结构。在“从‘小肥羊’的短暂资本市场之旅看民企上市与创始人退出”一文中，我们看到了企业创始人如何运用这些设计兼顾融资与对企业的控制，虽然最终没有成功，而成为一个创始人退出的案例。

另一种常见的股权传承方式是家族股权信托。创业者在退休前将企业控股股权交付信托，由银行担任托管人，家族后代不直接持有股票而是成为股票收益的受益人。股权信托的优点是家族股权得以长期集中于信托内不致分散，因此家族得以跨世代控制企业，而且若是家族后代无管理经营能力或兴趣也可以通过信托聘请职业经理人管理企业。因为这些优点，有许多在香港地区的商业家族成立股权信托，信托产品也普遍被私人银行与家族顾问推荐。然而股权信托却对企业的长期发展有着无法忽视却鲜为人知的缺点。我们对香港近 70 家由信托控股的企业的研究发现，由信托控股的企业的业绩表现并没有较好。反而，当家族受益人结构复杂或人数众多时，有信托控股的企业业绩表现较差。我们怀疑家族信托对业绩的不利影响主要来自两方面。第一，家族成员在有纷争歧义却无法调和的情况下无法以转让股权的方式解决问题，因此家族不和谐长期拖累企业的绩效。第二，家族受益人往往希望多发放股利或变卖资产以尽早套现，他们对长期投资企业兴趣缺乏。果然，在我们的研究中发现了这些证据。家族信托在某种意义上将家族企业转化为“国有企业”。家族股权因由信托持有，在有效期内不能转让，家族受益人就如同国企员工伴有吃“大锅饭”的心理。国有企业存在的掏空行为与低效率，在由信托控制的家族企业中也常被发现。“股权信托治理不良，澳大利亚首富家族对簿公堂”一文则阐述，公司治理和家族治理面临的困难不会随着家族信托的使用而消失，家族信托能成功的重要条件，是要有良好的家族治理机制来调和家族受益人的关系与利益，否则在无法出售股权退出的情况下，家族纷争将拖垮企业。

第 7 章
筹谋家族治理，避免同室操戈

范博宏　俞欣

从开创阿迪达斯、彪马、阿瑞娜三大品牌的达斯勒家族的冲突，到香港地区镛记甘氏兄弟的对簿公堂、新鸿基地产郭氏兄弟的豪门内斗，众多家族一直备受内部纷争的困扰。打造和谐家族，有赖完善家族治理机制；同时，通过家族委员会与董事会的双层规划制度、将家族业务分拆等制度建设，也可隔离家族纷争对企业的干扰。而当歧异无法弥合时，分家分产是最终的选择。

日前与一位企业家谈如何延续企业的品牌，他的看法却是，延续企业家家族的精神远比延续企业品牌重要，因为家族无形资产不像企业品牌那么容易被破坏和侵犯，更何况，如果家族不和，企业能否存续也是个问题。企业品牌与家族精神孰轻孰重及彼此的关系是一个重要的题目，我们日后再谈，现在要谈的是损害家族精神的最大敌人——家族成员自己。

在豪门恩怨中，胜利者、挑拨者、渔利者与被牺牲者所显露的人性丑恶与光明面，是传媒喜好报道、民众茶余饭后热议的话题。对于当事者而言，一旦争端公之于世，常意味着事态严重。若是家族纷争影响企业经营，甚至摧毁企业，对家族与社会都是一大损失，承受争斗之苦的家族十分需要方法脱困，暂未有此问题的企业家亦应筹谋家族治理，以防未来陷入争斗的泥淖中。但我们的社会除了提供律师、法官、心理医师与社会新闻版面，还能有何协助？

谈到如何维系家族精神与家族和谐，笔者的企业家朋友的答案是教育，我们十分赞同。2010 年一项对近 2000 家欧洲中小企业的调查发现，企业经营者家族的冲突，并非全是家族成员间的关系问题或个性差异所引起，有 40%的冲突，起因是家族成员对企业的战略看法歧异（图 7.1）。可见家族冲突的防范与解决，不能只限于心理层面，亦应以哲学的基础与科学的方法在家族及企业层面做长期努力，提升治理水平，以助基业长青。

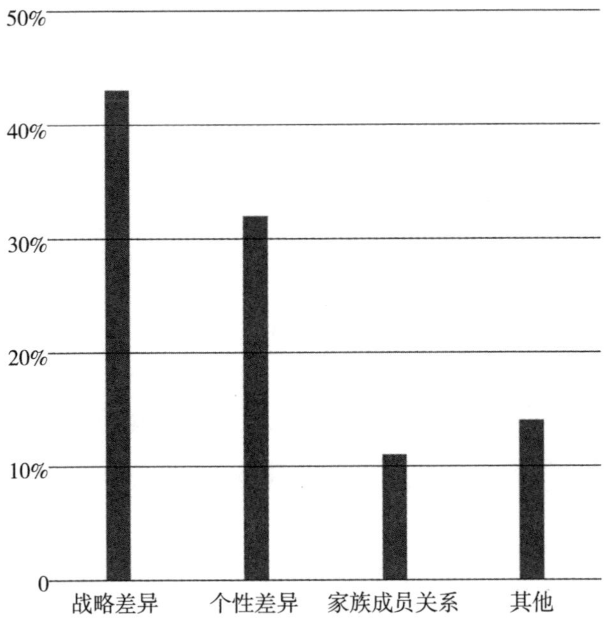

图 7.1　企业内家族人员冲突的原因

内斗：撕裂家族，伤害家族事业

香港号称美食天堂，其中烧鹅又是一道广受大众喜爱的地道粤菜。在众多以烧鹅为招牌菜的餐厅中，镛记酒家算是最出名的一家。其创始人甘穗辉炮制一手美味的烧鹅，于 1942 年开办镛记酒家。经过半个世纪的经营，镛记成为世界著名的餐厅，每天接待来自各国的游客，数百个座位几无虚席，且几乎每桌必点烧鹅。1968 年，镛记就被美国《财富》（*Fortune*）杂志选为世界 TOP 15 食府，是唯一上榜的中式食府。最近镛记再为香港民众关注，是因为甘穗辉去世仅数年，其二子便对簿公堂。

甘穗辉老先生退休后，长子甘健成成为镛记第二代掌舵人，他不断创新，赢得了“国际烹饪艺术大师”的称号。经过两代人的努力，甘氏家族凭借“卖烧鹅”，积累的资产至少超过 20 亿港元。除了估值超过 10 亿港元的镛记大厦外，现金接近 9 亿港元，这还未计酒家的商誉和其他全资拥有的物业。甘穗辉去世后，甘穗辉夫人和 4 位女儿持有镛记 100%股权，其中甘健成和甘琨礼分别通过离岸公司持有 35%的股权，而三儿子甘琨岐、甘穗辉太太和甘美玲各获 10%股权。三儿子甘琨岐去世后，其 10%的股权给了老二甘琨礼，此后，甘美玲亦将 10%的股权赠予甘琨礼。甘穗辉太太则将 10%股权给了老大甘健成。至此，甘健成和甘琨礼的股权分别变为 45%和 55%。甘健成表示，由于大股东甘琨礼做出多个对自己不利的决定，兄弟已无法继续合作，因而要求甘琨礼购买自己手中 45%的股权。然而，甘琨礼一直没有正面回应。2010 年 3 月底，甘健成向法院要求，将所有家族资产、镛记酒家的母公司镛记控股清盘。该项请求于当年 7 月底获批准，而甘琨礼的上诉则在 9 月被驳回。

如果甘琨礼有足够的财力收购甘健成手中 45%的股份，那么镛记还将继续由甘氏家族经营。如果出售给第三方，不仅家族企业不复存在，镛记酒家能否顺利经营下去也值得担忧。即便酒家可以持续经营，镛记的声誉能否独立于创办家族而续存，镛记烧鹅的技术是否随酒家的出售而出售，都是未知数。有消息称，甘健成正在寻觅铺位，准备另起炉灶。同室操戈，不仅分裂了家族，也可能分裂家族企业。

分家：解决家族冲突的重要方法

甘氏家族内讧继而分家的经验并不是特例。人与人相处，因人性弱点

（如偏见、妒忌）或经济、价值观的差异必有摩擦，家族成员反目成仇远比追求和谐容易。在家族缺乏凝聚力的前提下，分家是常见的选择。一本名为《家族战争》（*Family Wars*）的书中，收录了 20 多个西方商业家族成员间的斗争故事，其中，达斯勒（Dassler）家族斗争是一个惊心动魄的例子。令人惊讶的是，从这个家族两代人的矛盾中衍生出了 3 个世界著名的运动品牌：阿迪达斯（Adidas）、彪马（Puma）以及泳装品牌阿瑞娜（Arena）。

阿迪达斯的创办人阿道夫·达斯勒（Adolf Dassler）1900 年生于巴伐利亚北部的赫佐格奥拉赫小镇，从小就热爱跑步。他的父亲是一位鞋匠。继承了父亲制鞋手艺的阿道夫从制鞋作坊起家，于 1920 年成立了阿道夫·达斯勒鞋业公司。1924 年，他的哥哥鲁道夫（Rudolf）加入，组建了达斯勒兄弟运动鞋厂，并成为 1928 年阿姆斯特丹奥运会上德国队的主要运动鞋供应商。1936 年的柏林奥运会，美国田径史上最辉煌的运动员之一欧文斯（Jesse Owens）获得 4 枚金牌，他穿的正是达斯勒兄弟生产的运动鞋。

虽然公司发展一帆风顺，但是达斯勒家族内部却是矛盾重重，兄弟二人在性格和意识形态上的不合愈演愈烈。哥哥鲁道夫外向、独断，只希望享受生活；而弟弟阿道夫谨慎、刻苦，一心一意做最好的鞋。二人的妻子性格也有很大差异，阿道夫的妻子自负又异常固执，使原本就已紧张的家庭关系更加充满火药味。随后出现的德国纳粹政党、第二次世界大战，使兄弟二人的政见差异更为凸显，加剧了家族的分裂。鲁道夫甚至相信，他在第二次世界大战期间加入纳粹德军后被美军俘虏，是阿道夫告的密。终于，兄弟俩在战后分割了公司财产，并于 1948 年分别注册了自己的公司——阿迪达斯和彪马。整个赫佐格奥拉赫小镇的居民也由此被分割成了两派，人们在谈话之前总会低头看一看对方穿的是哪家公司的鞋，以确定其属于哪个阵营。由于兄弟间罅隙颇深，这两家公司从没停止过激烈的竞争，最著名的争端是 1958 年瑞典世界杯期间，彪马对阿迪达斯的广告口号提起诉讼。

随着家族的第二代成员进入企业，家族冲突也延续了下来。阿道夫的儿子霍斯特（Horst）到法国的阿尔萨斯建立新的分公司。获得成功的霍斯特野心勃勃，企图控制整个家族，最终，他背弃了家族及家族企业，于 1973 年成立了 Arena，成为世界泳装市场的领导者。而鲁道夫与两个儿子闹得更加不可开交。其长子阿明（Armin）能力很强，但是与性格暴烈的父亲关系很僵，鲁道夫于是剥夺了他的继承权，将公司和家族财富传给能力较差的小儿子格尔德（Gerd）。阿明后来通过法律途径夺回了彪马的大部分股权，成功重返公司，并将彪马从德国推向了世界。

达斯勒家族斗争的后果竟是造就了运动服装界的三大品牌巨头，这是否颠覆了“家和万事兴”的古谚？其实，分家是一项重要的家族纷争解决方法。在家族成员歧异过深、关系无可修补的情况下，解除家族合约是止损的最后做法。虽然从达斯勒家族的故事中，我们看到仇恨有时可以造就辉煌的事业，但大部分的情况是，仇恨不但伤害家族，且伤害家族事业。那么，除了撕裂家族之外，家族争斗有没有其他的解决出路？

家族治理：确立家庭规范，避免家族与企业崩解

要避开家大业大伴随的纷争，家族治理是一项重要的功课。其要点是建立家族成员间互动的行为准则，明晰解决争议的权利归依与奖惩后果，借以形成彼此互动交往的预期，从而避免争议的发生。

例如，中国传统家庭成员的权利义务与彼此间的尊卑关系受儒家思想规范，而父兄辈对奠基于此传统的家规执行与家族成员间纷争的解决有最高权力。这种奠基于传统的家庭规范绝非中国仅有，经营现存于世的最古老家族企业——日本法师温泉旅馆的 Hoshi 家族，对子女的婚姻选择亦有严格的规定。笔者在研究泰国 150 家大企业选择家族的婚姻对象时也发现，他们仍深受家族父辈影响，有高度的政商联姻情况。这些家庭规范虽然会牺牲部分家族成员一时的权益，然而已有许多社会学家与经济学家指出，对家族、企业与社会而言，这是成本最低的治理，因为不需依赖昂贵的正式法律产权制度。越来越多的研究证据支持家族企业的重要优势之一，是在新兴市场正式制度薄弱的环境中，以传统家族治理取得效率与竞争优势。

经过新中国成立后一系列社会运动的中国内地，传统文化的影响已不复

从前。如今企业家的思想与价值观依归于何处，我们并不清楚，但却清楚父母已无法左右子女的思想与决定，在独生子女政策下，父母甚至无法左右子女的人数。在这样的条件下，中国企业有没有家族传承，形成家族企业的条件令人疑虑。然而，中国却如其他新兴市场般，因体制薄弱，在短期内没有形成股权分散、职业化经营的足够条件。在此两难情况下的最可怕后果，是企业仅能存活一代，无以为继，在第一代企业家凋零后，一切又需新一代卷土重来。在此预期下，我们的企业家视野可能较窄较短，不愿为一个事业做长期经营的打算，甚至有人铤而走险，大干几票生意，炒卖几次金融、房地产商品，以暴发户身份退场。巨额的财富也可能令企业家与家族成员迷失自我，造成家庭纠纷。

但我们也有理由相信，未来的情况未必如此悲观。从山西海鑫集团李氏家族的突发性传承经验可以看出，传统文化仍影响国内的家族与企业。海鑫集团创办人李海仓在 2003 年突然遇袭死亡后，其 72 岁老父李春元以大家族长辈的地位顺应中国传统，推举当时年仅 22 岁的李海仓长子李兆会继位，并调解李海仓的兄弟与共同创业者的反对声，重新安排他们在企业的位子或出路，避免了看似必然的家族斗争与企业危机。在香港，近年来新鸿基地产的郭氏兄弟纷争也幸得母亲以长辈地位居中调解，使家族与企业暂不致崩解。反观如镛记甘氏家族般因内斗而解体的家族与企业，常常因为长辈去世，缺乏共同的价值与权威去规范后辈间的关系与权利义务。

家族规范的确立，除了建基于传统，尚需在家族内、在企业中树立共同信仰奉行的价值体系。因此，这一代（也是第一代）的中国企业家，除经营事业外，还肩负树立价值观的重任。首先，要在家族中树立规范权利义务、调解分歧的机制；然后，以这套家族治理机制作为企业未来可持续发展的优势条件。此价值体系建立的要点，是其必须树立在全体家族成员、员工与其他重要利益相关人现在与未来都认同的基础之上。仅靠创办人的个人魅力凝聚的企业一般不能持久，可能在创办人离开企业不久（最长是数十年后）就会消散无形。共同的价值观，不但可以凝聚家族成员与非家族员工的向心力，而且可以令企业顺利度过未来无家族成员参与经营的非家族经理人领导时期。

许多成功企业，都有成文或不成文的、规范家族成员的规定。意大利的Monzino家族世代生产销售乐器，已有260年历史。其家族规定，唯有热爱音乐、至少会奏一样乐器，且不为致富而工作的子孙，才有资格就职于家族的事业。日本传承400余年的万字酱油家族规定，各家族分支每一代仅可选派一名成员进入企业工作，经过内部竞争后，严选其中一名为企业下任领导，并且两任领导不可由同一家族分支成员担任。这些规范，不外乎是为了避免父辈退休后子孙争权夺利，伤害企业发展。

家族治理，亦刚亦柔。在刚性的家庭与企业规范之外，亦可有柔性的精神感召。笔者2009年初在北京访问了荷兰的哈克（Hak）家族第三代长子。哈克家族以农业起家，初期生产加工马铃薯等农产品，后来研发生产农业机械，今为荷兰主要农机企业之一，正在河北省筹办一个农业机械园区。笔者问哈克先生："家族留给您最重要的资产是什么？"他回答是奠基于基督教教义的家族精神。笔者请他举例，他说："我上大学前，父亲要我准备一份求学的开销预算。我做好了预算给父亲看，他说好，我支付你30%的费用，其余的你自己想办法。我于是在求学期间打工筹措不足的开销。大学毕业后，我必须自己找工作，处处碰壁，好久才找到一份工作。"笔者问："这似乎与基督教没有直接的关系？"哈克说："宗教的影响不一定是透过上教堂做礼拜。家庭对我的影响使我从小就知道要对自己负责。我看到父亲对员工很好，经营事业是对员工、对社会负责。我现在也这么想，并且教育员工对职责负责。"家族通过言传身教影响了哈克先生的价值观，他也以同样的方式在影响他的子女与企业员工，而这一价值观的来源是其家族所在地荷兰的主要宗教。

一些商业家族特别强调其家族历史与民族历史文化的脐带关系，并且以此教育家族成员与企业员工。这样做，比起创办人的个人感召来得更长久且更深厚。如智利海运企业Ultramar Agencia Maritima的控股家族来自德国，他们在移民南美洲后，要求其子弟与企业员工坚持日耳曼文化中的讲究效率、准确、守信、诚实，其结果是为全世界与南美有航运与贸易往来的生意人提供了高质量的服务，并且无法被当地其他“因地制宜”的竞争者模仿。

Ultramar 的成功，靠的不是有形的船舶货仓，而是无形的、奠基于日耳曼文化的家族与公司治理。这一案例也启发我们了解文化碰撞所能带来的商机。文化无优劣之分，善于运用文化优势可带来商业价值。Ultramar 在南美的成功，与其他善用文化差异带来的商业成功类似，例如美国的麦当劳，瑞典的宜家家具（IKEA）。谁说中国人没有文化的商业输出？遍布世界的中国城（China Town）是怎么回事？中国企业可以有更多更好的文化输出。

家族委员会与董事会：降低家族纷争冲击企业的制度建设

投资于家族核心文化的建设与传承，可使家族成员间的关系更为紧密，有助于基业长青。酱料王国“李锦记”已顺利传承到第四代，目前正在积极培养第五代成员投入家族企业。李氏家族以和睦而受到关注，然而，其传承亦非一帆风顺。

“李锦记”传到第二代时，创始人李锦裳的三个儿子就对企业的发展产生了分歧。二子李兆荣和三子李兆登认为，企业已经发展良好，不应该再冒风险进行扩张，而长子李兆南及其子李文达则对未来的发展信心十足。在双方意见无法调和的情况下，李兆南付出很大的代价，买下了其他成员的所有股份。兄弟不和对李兆南造成了相当大的冲击，在李文达 44 岁时他便退居幕后，让儿子全面接手管理公司。

李兆南共有两子六女，女儿们无意于事业，长子李文达继承了家业，而另一个儿子则从事金融服务工作。李兆南退休后，李文达给了弟弟相当可观的公司股份，并且委以重任，希望兄弟俩能够同心协力打理蒸蒸日上的公司。但是很快他们就面临了一场几乎和父辈如出一辙的分裂：兄弟俩一个积极创新，一个满足现状。虽然通过法律途径，李文达最终获得公司的所有权，但为此付出的代价也极其惨重：资金捉襟见肘，亲人之间的关系剑拔弩张。

经过两代家族成员的分裂，家族的第四代非常重视亲情的维系。李氏家族设立了反映家族精神的“家庭宪法”和家族成员相互交流的平台——“家族委员会”制度，以使家族固守的理念稳妥地传递到下一代。

从李锦记家族的案例，可以观察到家族委员会与董事会这两个在家族与企业层面的治理平台。这是西方家族企业中常见的双层规划（dual planning）制度。家族委员会由家族各分支的代表组成，有时也有非家族的职业咨询人士。其设置目的是协调家族事务，整合家族对企业重大经营事项的意见。而董事会由家族股东代表、企业经理层与独立董事组成，任务是代表所有股东监督企业经营与提供咨询。这种双层的治理机制，可助家族对企业进行有效控制，并隔离家族纷争对企业正常经营的干扰。不过，双层规划在家族成员规模不大时较为有效；当家族成员或分支众多时往往失效，并且也可能因被较积极于家族与企业事务的分支成员主导而失去整合家族意见的功能。

当有志企业经营的家族成员较多时，常见的举措是家族将事业集团化，把不同业务划归不同的子公司，由不同的家族成员经营，但由共同的母公司控股。这种组织设置有利于各家族成员有自由挥洒发展事业的空间而不彼此干扰，并分享母公司的资源与无形资产，同时受母公司的协调与制约。

而当各家族分支无法整合企业经营的歧异时，分家分产是常见的做法。内地的新希望集团即在 1995 年被一分为四，由刘永好等四兄弟分别经营。香港一个有 80 年历史的家族企业，亦在 20 世纪 80 年代将家族事业一分为四，由不同分支经营，但通过交叉持股的股权设置，仍保持各家族与事业分支的合作互惠——每一家族分支拥有 75%的事业股权，其余 25%的股权由其他三个家族分支平均拥有（图 7.2）。

另一种常见的情况是家族长期未分家，但企业的家族股权因世代交替，在日益增多的家族成员间稀释。在家族成员众多时，双层规划制度难以发挥效果，常见的做法是修剪枝叶（tree pruning），由经营企业的家族成员将其他成员的股权购回，以实现控股，甚至绝对控股。这种家族管理层回购股权的案例，在欧洲历史较悠久的企业中比较常见，在中国香港，利丰集团亦是

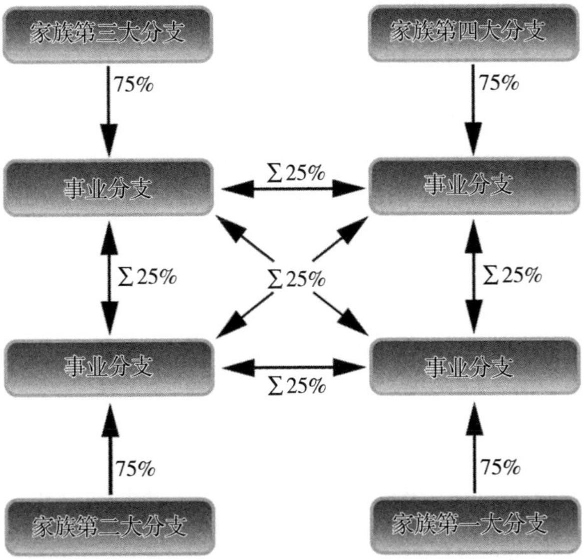

图 7.2　分家后的交叉持股结构

一例。对近 2000 家欧洲中小企业的调查也发现，大多数家族冲突最终经由改变股权结构得以解决（图 7.3）。

再反观镛记甘氏家族的股权结构，甘穗辉给两个儿子相同的股份，除了公平的考量，还要求二子齐心；给女儿 10%的股份，意在以家族事业照顾女儿的经济。虽然这一股权划分明确，但经营权平均划分的缺陷是，有效的企业控制依赖于二兄弟和谐齐心的假设。同时，明确权威的长期缺位，弱化了兄弟二人对企业的有效控制，纷争的产生与激化也就不足为奇了。而女儿因仅能有股息却无实质的投票权，可能宁愿出售股权套现而不愿慢慢地领取股息。此案例凸显创始人用心良苦的股权设置，在后代不和谐时仍不免分崩瓦解。但家族股权买卖转让，不失为斗争的最终解决机制。

不少香港企业家将企业控股股权交付信托机构，借以保障企业长期由家族控制，并借企业的共同利益将现在与未来的家族成员捆绑为利益共同体。但股权信托的盲点，是忽略了家族不和谐的严重后果。家族信托不是家族和谐的保证，反而会在家族成员（信托受益人）发生严重争斗时，因信托股权

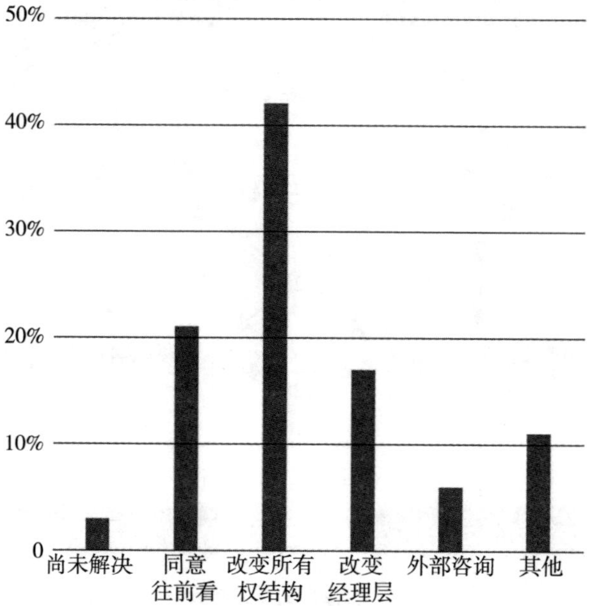

图 7.3　家族冲突的解决方式

通常不能在短期内转让，当事人无法以出售持股方式退出家族企业，使企业可能因家庭纠纷长期无法解决而受严重影响。新鸿基地产的创始人郭得胜设立的家族信托基金，即由于不可出售股权的安排，使得郭炳湘、郭炳江和郭炳联三兄弟通过股权的内部转让或者出售进行分家变得非常困难。

在中国新兴市场的体制下，家族企业就算引入西方董事会的组织形式与股权设置，如果没有良好的家族治理，也难保家族和谐与基业长青。忙于追求事业发展的企业家们，要经常想想自己赖以成功的基础在哪儿。就从多回家吃晚饭与妻儿团聚做起吧，这可对未来的基业长青大有助益呢！

第8章
从三星家族斗争看家族企业传承规划

范博宏　张天健

三星李氏家族的斗争教训告诉我们，传承规划应考虑家族治理，以及家族人员结构与家族成员继承家业的能力及兴趣。接班人选拔应有公开透明的机制规则，且不宜操之过急。

2012年情人节，韩国三星集团创办人李秉喆的长子李孟熙做了件不浪漫的事。其向法院递交一纸诉状，指责三弟李健熙私吞遗产，将其父生前以他人名义信托的部分财产转至个人名下。其中包括三星电子、三星生命、三星爱宝乐园3家公司的股票，总价值约6.35亿美元。随后，李秉喆的二女儿李淑熙提出类似指控，要求李健熙返还价值1.68亿美元遗产。李孟熙时年81岁，李健熙70岁，已是古稀、耄耋之年的老者为何仍为家产争斗？

1938年，李秉喆创立三星商会。最初公司主要业务为海产品及蔬菜水果出口，20世纪50年代逐步拓展至制造业。1969年，三星电子成立，后逐渐成长为集团最大子公司，目前已是世界营收规模最大的电子公司。经数十年发展，三星集团成为韩国第一大企业，包括59家非上市、19家上市子公司（图8.1）。目前，三星涉足电子、机械、化工、金融等领域，有20种产品全球市场占有率居首。2011年，三星电子在《财富》杂志世界500强中高居第22名，三星生命排名333，三星物产位居492。2010年，三星集团营业额达2201亿美元，超过以色列、爱尔兰等国的GDP，与中国香港GDP（2233亿美元）几乎在同一量级。

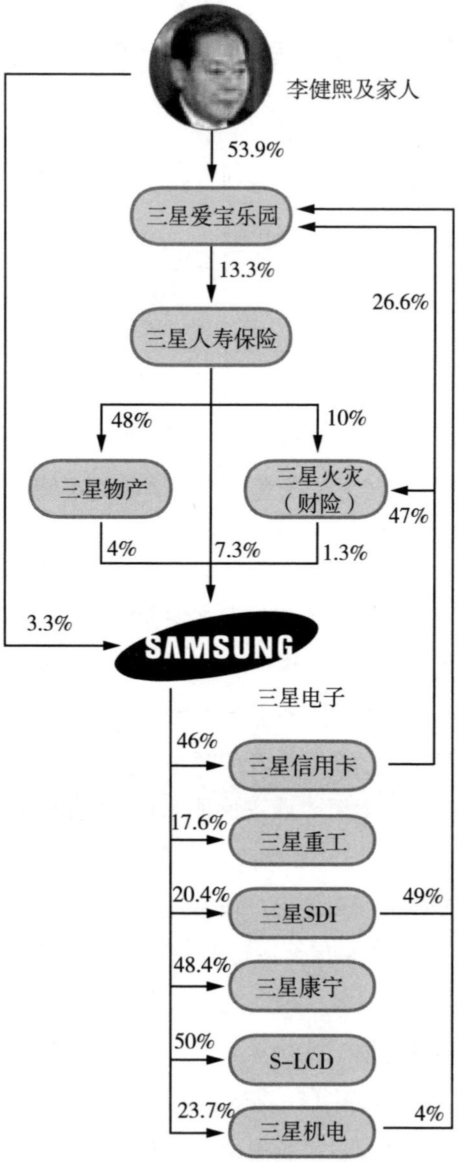

图 8.1　三星集团简明架构

管理模式：帝王式管理

三星集团虽然已快传承到第三代，但管理模式仍是中央集权的帝王式管理。据说李健熙开口时，无人敢说一个“不”字。这种模式的优点是决策果断高效、进取心强，特别适合竞争激烈、发展迅速的电子行业。当竞争者还在反复商讨应该开发哪种技术时，李健熙已经在听取多名工程师意见后果断拍板，三星电子迅速崛起并超越索尼正得益于此。

然而，独裁管理也有风险。李健熙独子李在镕曾大额投资 IT 业，20 世纪 90 年代末 IT 泡沫破裂后，不得不依靠集团子公司注资才脱离窘境。即使李健熙本人也曾出过“昏招”，他曾大举进军汽车行业，但恰逢全球汽车业兼并高潮，初生的三星汽车难以生存，最终被雷诺收购。即便如此，当初对进入汽车业持谨慎态度的一些董事依然被辞退。三星主要子公司的董事多是李健熙的亲信，即使是外部董事，也多和三星有业务联系。

股权结构：　金字塔与交叉持股

三星集团与日韩财阀、华人财团一样，股权结构复杂（图 8.2）。其中，旗舰事业三星电子超过一半的股权由国外机构及个人持有，李健熙、李在镕父子直接持股量不足 4%（图 8.3）。但通过金字塔与交叉持股，集团各子公司间紧密相连。交叉持股及复杂的金字塔结构使家族成员在拥有有限股份的情况下，最大程度上控制整个集团，同时，此复杂的结构可在一定程度上规避税收。

三星创办人的传承规划

三星集团创办人李秉喆共有 8 名子女（图 8.4），长子李孟熙曾任三星电子副会长，一度被认为是三星集团接班人。但李秉喆仍在世时，李孟熙在继承权竞争中已经败给了弟弟李健熙。李孟熙被“废黜”后在北京“隐居”，李健熙成为集团主要继承人，得到了三星集团旗舰——三星电子。李健熙的独子李在镕预计将接手三星电子。

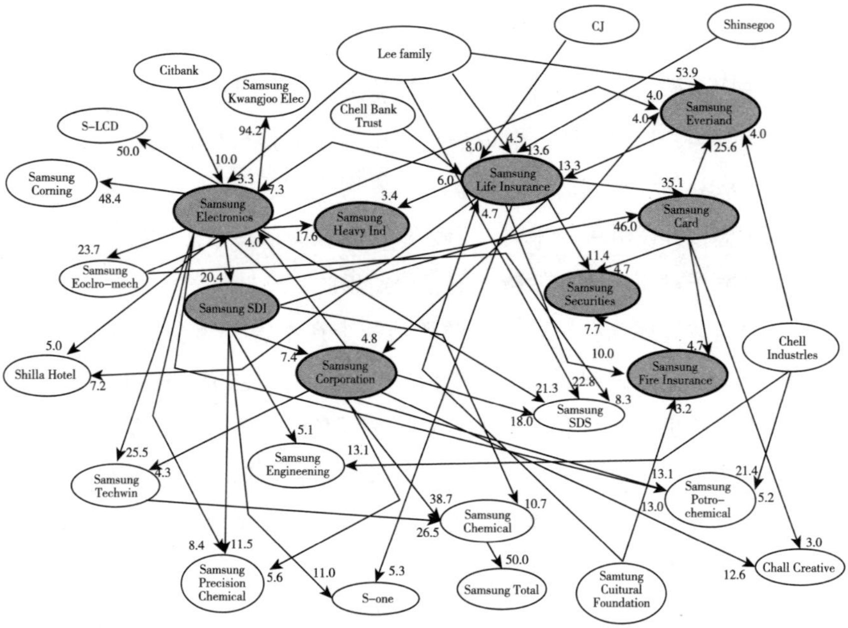

图 8.2 三星集团 25 家子公司股权结构（单位:%）

图片来源:《当索尼遇到三星:如何超越 VS 如何反超越》,张世真著。

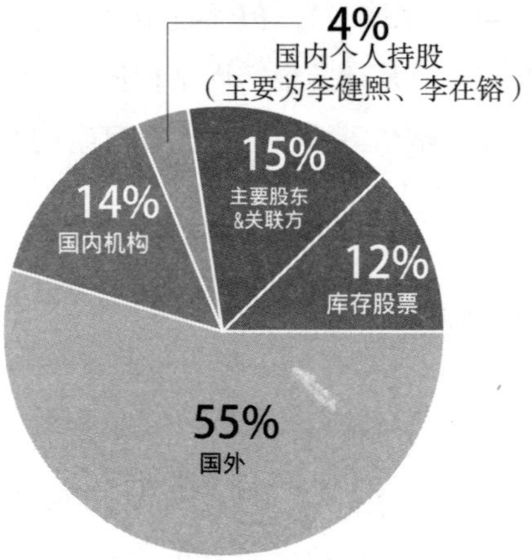

图 8.3 三星电子股东分布

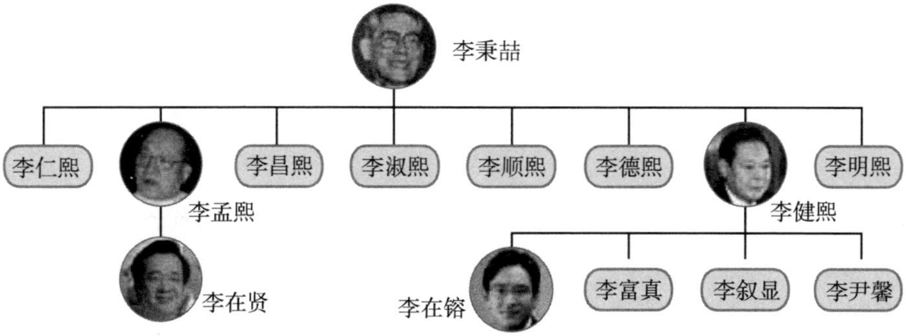

图 8.4　李秉喆家族

李秉喆于 1987 年去世。在其去世前十余年，李秉喆曾召集子女在日本召开家庭会议，商讨财产分配。最终核心财产主要留给幼子李健熙，包括三星电子、三星物产、第一毛纺织。其他子女只获得非核心财产（表 8.1）。值得注意的是，长子李孟熙本人并未获得任何财产，遗产归其妻孙福男所有。

从这一安排可明显看出，李秉喆有意扶持幼子上位，同时削弱其他子女，特别是长子对公司的影响力。可见，李秉喆对日后的家族内斗有一定预见，也欲通过一名后代的强势地位来维护企业的稳定。当然，其他子女也得到了一定的补偿。

一般来说，创办人的强势足以维护家族及企业的稳定，而第二代中往往无人可以复制此强势领导地位。李健熙虽是“富二代”，却颇具创业者的狂热。据说一旦李健熙陷入思考时，可长达 48 小时不睡觉，但一开口发言，便直指问题核心。当他在美国看到三星电子产品被摆放在角落里后，毅然决定改革，“除了老婆孩子一切都要变”。正是他的“疯狂”成就了今天的三星电子。2010 年智能手机及平板电脑普及以来，三星

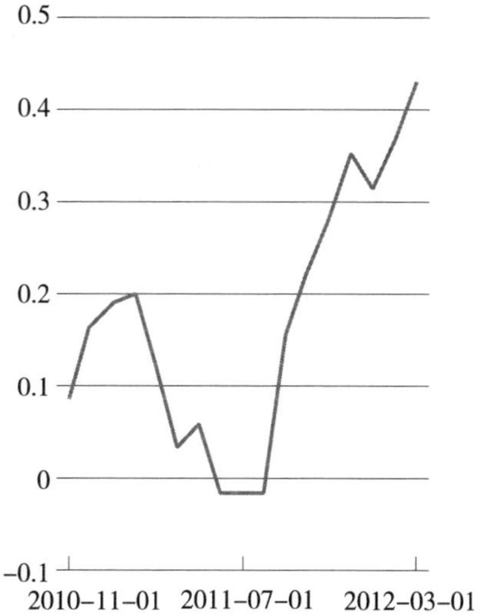

图 8.5　三星电子累计月超额回报收益

电子的股票收益率也一路上扬（图 8.5）。

家族斗争导火线

三星内斗的导火索是长子李孟熙声称发现李健熙私吞父亲未公布的遗产，要求“分一杯羹”，随之引来二女儿李淑熙加入。虽然长女李仁熙表示“弟妹们争夺父亲遗产让人感到很羞愧”，但其他兄妹立场尚不明确。李秉喆偏袒幼子显而易见，但奇怪的是，居然有一部分遗产以他人名义隐藏在信托中，而且只有幼子李健熙知悉。李健熙后来将这部分财产归为己有似乎也“顺理成章”。或许，李秉喆早有意将这部分财产传给李健熙，但为了表现得不过分偏袒幼子，因此选择不公开。也或许李秉喆不希望幼子过早得到大额财产，要经过磨炼才能得到完整份额。

另外，李家长孙、李孟熙之子李在贤掌控的 CJ 集团曾是三星的一部分。1994 年，李健熙将三星集团母公司之一的第一制糖公司转交给李在贤。第一制糖后更名为 CJ 集团。在李在贤的带领下，CJ 逐渐从食品公司拓展成为一个大型集团。目前 CJ 主要涉足四大领域：食品及食品服务、生物制药、媒体娱乐以及零售物流。然而，随着 CJ 集团的日益扩张，李在贤却与李健熙嫌隙日深。早在 1994 年，李健熙的私宅闭路电视系统的摄像头曾对准隔壁李在贤私宅正门。2012 年 2 月底，CJ 集团向警方报案，称三星派职员监视李在贤，并试图跟踪。虽然双方否认事件与遗产纠纷有关联，但两家公司的敌对很容易让人联想到如今两个家族分支之间的“交火”。

违反儒家思想是斗争根源?

《华尔街日报》引用一些观察家的观点，认为三星内斗源于创办人忽视儒家传统，传幼不传长。的确，西方企业传承常选择在第二代“民主化”，反观三星的传承是因循传统世袭制度，却反传统的选幼子而不选嫡长子继承“帝位”，目的是“复制”一个强势的创办人。笔者更以为李氏家族斗争的主因是早前传承过程中过度激烈的竞争，加上创办人先因循传统将长子列为继承人，后又废黜，令其心存芥蒂。继承人之役最终结束后，却因亲属关系还必须在同一屋檐下，彼此的勾心斗角长期延续，怨恨因此越积越深，隐藏的财产曝光后便引发强烈的嫉妒及争斗。韩国“经济总统”李健熙的能力有目共睹，李孟熙即使对继承权不死心，也只有空想的份。但从未公布的遗产突然暴露，自然勾起了他的旧恨。与其说争产是为钱，不如说是为了一口气。

表 8.1　李秉喆遗产安排

继承人	继承遗产
长女：李仁熙（Hansol 集团顾问）	高丽医院、全州制纸、新罗酒店等
长子：李孟熙（前第一肥料集团董事长）	三星火灾（财险）的股份（后置换为 CJ 集团股份。CJ 脱离三星，李孟熙之子李在贤任 CJ 总裁）
次子：李昌熙（已故）	第一化纤
二女：李淑熙（已故 LG 集团旗下食品制造商 Ourhome 会长具滋学的妻子）	
三女：李顺熙（西江大学教授妻子）	
四女：李德熙（嫁给庆尚南道大地主家）	
幼子：李健熙（三星集团会长）	三星电子、三星物产、第一毛纺织
幼女：李明熙（新世界集团会长）	新世界百货、朝鲜酒店

对华人家族企业的启示

华人企业家往往对其家业传承讳莫如深。三星李氏家族的斗争教训，让我们体会到，创办人经慎重考虑后即使可以剥夺某子女的继承权，也不可以剥夺其知情权。接班人选拔应有公开透明的机制规则，鼓励良性竞争，对退下的家族成员补偿并安排出路，否则将埋下日后争斗的种子。另外，接班人选拔不宜操之过急，必须让他们由最谦卑的低位做起，充分考察所有可能继承人后再做决定。变换家族继承人，无论长幼，都可能埋下后患。

三星李氏家族的传承经验，也让我们体会到传承规划应考虑家族治理。若家族成员关系淡薄，传承规划的原则是“分”。有优良的家族治理，传承才有朝“合”的方向规划的条件。另外应考虑家族人员结构与家族成员继承家业的能力及兴趣（图 8.6）。

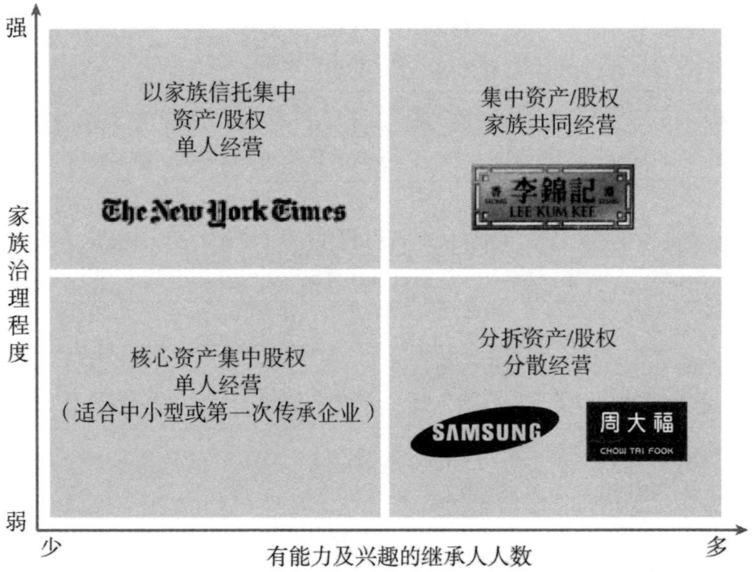

图 8.6 家族企业传承规划示意图

其一，若家族关系和谐，家族治理优良且多名家族成员有经营能力与兴趣，可集中股权但保持股权转移的可能性，由多名家族成员共同经营。如拥有家族宪法的李锦记李氏家族便是按此方向规划。

其二，若家族仅一人甚至无人有能力经营，且家族治理佳，则可集中资产与股权，如成立家族信托，分开经营权与所有权，让有能力经营的家族成员或职业经理人管理企业，不参与管理的家族成员作为信托受益人。但须注意信托治理，并保持日后解除信托转移股权的弹性，以便因应未来家族与环境的变化。例如，美国的奥克斯家族以有解散年限且规范受益人投票权的家族信托长期拥有并经营《纽约时报》达 120 年之久。

其三，若多名家族成员有经营能力，但家族治理一般，则传承规划宜保留日后分配资产与股权的弹性。三星就是一例。另外如中国香港地区郑裕彤家族近日将周大福上市，集团形成新世界与周大福两大上市板块，众多家族成员分别参与其中一板块的经营或持有股权。

其四，若家族有一人能力出众，但家族治理弱，则可将企业控股股权交由此成员并由其经营家业，其他成员分配企业外的财产，或仅分配少数企业股权。这也是中小型企业或第一次传承的企业中较常见的模式。

据说，韩国人一生无法避免三件事，死亡、税收和三星。三星集团或许可在大多数时候呼风唤雨，但是，在家业传承这件事上，三星却和绝大多数的东亚家族企业一般，难逃家族斗争的威胁。中国企业家不可不引以为鉴，谨慎规划传承。

第 9 章

解决家族纷争，传承规划应考虑可转让的家族股权

范博宏　张天健

紧锁家族资产与股权的传承规划往往有碍家族纷争的解决，反而保持家族资产的可流动性有助于解决家族纷争与降低纷争对企业营运的影响。在规划企业传承时，企业创办人应考虑家族治理、股权结构及公司治理等更广泛的范畴。

近年来，亚洲商业家族争产事件频发，看来许多家族都缺乏良好的家族治理与传承规划。凡事预则立，不预则废。欠妥的传承规划及伴随的家族纷争对家族及企业将产生恶劣的影响。笔者数年前一项对 250 家中国香港地区、中国台湾地区及新加坡家族企业的研究早已发现，家族企业传承过程中企业业绩严重下滑，以股价计，调整过大市变动后平均达-60%，也就是企业每 100 元的市值在传承过程后平均仅剩下 40 元。

伴随传承的家族纠纷产生的一大原因是新旧两代的价值差异。中国传统上是将主要财产传予长子，或许对其他子女不公，但在客观上保护了家业，避免纷争。然而，新一代家族成员受两方价值观影响，推崇公平、民主与个人主义。新旧价值观的差异让家族治理与传承规划更加困难。从中国香港地区与中国台湾地区的案例来看，在我们找到保障家族世代和谐的方案前，紧锁家族资产与股权的传承规划往往有碍家族纷争的解决，反而保持家族资产的可流动性有助于解决家族纷争与降低纷争对企业营运的影响。

紧锁企业股权的家族信托令家族纷争悬而不决

新鸿基地产（00016. HK）是香港地产业巨头，创办人郭得胜生前将新鸿基约42%的股权转入永久性家族信托，信托及下属资产在任何情况下均不得解散。信托受益人包括郭得胜妻子及三名儿子。郭氏三兄弟共同经营新鸿基集团。2008年，长子郭炳湘与两个弟弟因故不合。郭得胜遗孀以家业为重，免去长子的公司职务。作为家族信托受益人，郭炳湘上诉法庭，状告家人，要求恢复公司职位。2010年，新鸿基宣布郭氏家族信托进行重组，将郭炳湘剔除出信托受益人名单。重组后，郭炳湘表示事件对其不公，将继续抗争。

由于永久信托紧锁家族股权，家族成员无法以售出股权退出。所以，信托其实延长了家族内斗，也使企业在内斗中蒙受损失。另外，郭氏虽然使用西式信托，但家族治理仍依靠中式大家长权威。中西合璧有时效果并不理想，虽然郭老太出马，内斗也依然持续，何况她年事已高。因此，家族信托必须辅以有效的家族治理，否则信托强大的捆绑性可能阻塞矛盾解决渠道。

一些非永久信托通过设定有效年限，在保持若干年股权结构稳定的同时，为未来提供灵活性。1935年，以《纽约时报》出版人命名的奥克斯信托成立，持有纽约时报集团50.1%股份，受益人为奥克斯的独生女儿、女婿及外甥。信托有效期至女儿去世，之后股份将在第三代的4名后人中平分。1986年，第三代的4名兄弟姐妹分别成立了4个家族信托，有效期至第三及第四代最后一名家族成员去世后的21年。一般来说，非永久信托主要为代际传承提供灵活性。有效期太短会失去紧锁股权的意义，归根到底，信托离不开家族治理。

以慈善基金会隔离家族纷争对企业的打击

前中国台湾地区首富、台塑集团创始人王永庆精于言传身教。在其影响下，女儿王雪红只身创业，如今已成为台湾地区新富之一。尽管王永庆对教育子女有独到之处，但因家族分支众多，家族治理颇不到位。王永庆也十分清楚三房 15 名家人在其去世后免不了为财产起纷争，于是将大部分台塑股份转移至一个慈善基金会——长庚纪念医院。

这一股权结构成功避免高达 50% 的遗产税，也使企业免受家族内斗影响。2011 年，王永庆长子王文洋状告三房，追讨父亲遗产。由于所争遗产不在基金会范围，对台塑集团经营没有影响。通过慈善基金会控制企业，任何家族成员将无法从企业资产中获益，所有基金收益必须再投资或用于慈善。家族成员只能在 15 人理事会授权下进入管理层。15 名理事中，只有 5 名系家族成员，其他成员为外部职业经理及董事。

通过慈善基金会隔离家族与股权，同时将家族及外部经理人纳入制度化经营轨道，台塑集团大有可能实现永续经营。当然，这或许是一个例外，毕竟将股权全数赠与慈善基金恐怕是很多创业者及后人不能接受的。

不分产的“家族社会主义”不易长久

地产及赌业大亨霍英东虽然没有设立信托，但据报道，其在遗嘱中规定家产必须保留在同一屋檐下，不得分家。长房次子霍震寰被任命为遗产执行人，每月给家人派发定额“薪水”。长房十余人如今仍群居在霍老留下的沙宣道大宅中，霍氏后人只能开“公车”接送朋友。霍老还禁止二、三房子嗣参与家族企业。即便如此，内斗还是在长房中爆发了。

2011 年底，长房三子霍震宇起诉二哥霍震寰企图私自霸占遗产。霍英东的传承设计和郭氏信托一样，都没有设立家族成员退出机制。当次子希望购买其他家族成员份额时，家族内斗随之发生。霍氏内斗仍未解决，同时家族产业受到影响。但相对郭氏，霍家的问题更易解决，毕竟在法律上拆解一个永久性信托相当困难。而霍氏一旦决定分家，在法理上操作较易。

直接持股与上市有利于以股权转让解决纷争

2004 年，香港镛记酒家创办人甘穗辉去世，将镛记控股公司股份分给长房妻儿，长子甘健成及次子甘琨礼分别得到 35%，妻子麦少珍、幼子甘琨岐、幼女甘美玲分别取得 10%。2007 年，幼子甘琨岐去世，将其 10%的股权转赠二哥甘琨礼。2009 年，母亲将其 10%股份赠与长子甘健成。后甘琨礼取得四妹的 10%股权，总股份达 55%，超过兄长的 45%。甘健成指二弟成为大股东后安插子女入董事会，企图“夺权”，引发了两兄弟间矛盾。

矛盾发生后，兄长甘健成提议二弟买断自己的股份，或自己买断二弟股权。一旦一方得到所有股份，另一方自然退出，还可通过卖出股权的现金另起炉灶。家族成员间或虽仍有芥蒂，但矛盾不会对企业产生影响。这正是直接持股优于信托的一大方面。

然而，甘氏之前的股权流动主要以赠与为主，不存在估价问题。由于没有上市，甘家两兄弟对于股价市值存在分歧。甘健成认为镛记总资产达 15 亿港元，甘琨礼方面估价为 13 亿港元。由于 2 亿港元差价迟迟谈不拢，导致内斗持续了两年多。甘健成要求法院判定出售股份，否则就将母公司清盘。

股权流动性为解决矛盾提供了最直接的途径。但由于镛记未上市，股权估值阻塞了股权买卖，拖延内斗，影响饭店名声。最近，倍受瞩目的周大福上市似乎是考虑到家族人口众多，一旦发生内部摩擦，可通过股权转让解决问题，而已上市的股票将不存在估值问题。

传承规划要点

“礼失求诸野”，相对内地，港台地区对中国传统价值观的保护反而更好。因此，传承对内地家族企业将是更严峻的挑战。从以上港台地区的经验，我们可以总结出传承规划的一些要点。

家族治理

没有共同的价值观及目标，家族后人往往没有兴趣参与经营或接手企业，就算有先进的法律工具也无法阻止家族与企业分崩离析。成员拥有统一价值观的家族更容易延续。比如日本法师旅馆秉承以柔克刚的哲学，小小一个温泉旅馆居然传了46代，1300年。

共同价值的建立需要创办人言传身教。四季酒店创办人伊萨多·夏普曾说："如果无法身体力行，那么最好不要宣传你信奉任何价值。"共同价值的维护需要一套明确共同价值、整合家族利益及解决冲突的机制，一些家族企业甚至设有家族宪法。同时，这一机制必须规范家族成员的参与及退出企业。不过，基于西方价值体系的解决方案有时并不合适，如何将西方家族治理工具改良运用于中国，是中国家族企业面临的一个十分重要的课题。

股权结构

上述案例中，创办人多期望通过某种方式紧锁财富及股权。而家族成员基本希望在创办人去世后得到属于自己的"公平"的一份财产，随之而来的法院诉讼几乎难以避免。家族内斗对企业的影响程度不同。前两例中家族内斗严重影响了企业，但王永庆的巧妙设计最小化了企业所受的影响。

在股权设计中，家族治理程度是一大决定因素。一般来说，家族治理度低的适合直接持股，家族治理度高的可考虑使用信托。在家族治理薄弱，但认同财富属于社会的前提下，可以釜底抽薪，将资产锁定在慈善基金中。若不能保证家族成员齐心，可由后人直接持股，甚至在其他条件允许时上市，日后通过股权交易调和家族利益。

公司治理

即使家族企业的继承人拥有与父辈一致的价值观及热忱，也未必是经商人才。因此，建立一个强大的管理团队，并辅以高效的公司治理，可有效监督管理。虽然相关法律制度仍有待完善，但职业经理人可以很好地解决家族企业人力资源问题。笔者发现，由后代执掌的华人公司在财务方面更加透明，各方面更加制衡。由于后代多受西式教育，接班人相对创办人更易接受外人治理公司。

任用职业经理人、家族退居幕后，在一定程度上可以避免家族内斗。假设新鸿基郭氏及镛记甘氏均通过董事会严格实行经理人筛选，那么，由经营权引发的矛盾会得到缓解。即使不能完全避免，至少不会导致家族股东势不两立。由经营权引发的冲突最后往往通过改变所有权解决，伤筋动骨。若任用职业经理人，或许可直接变更经营权结构，在解决矛盾的同时避免伤及家族成员间感情以及公司所有制结构巨变。当然，职业经理人的聘用监管必须依据严格的公司治理章程，有条件的企业可通过上市加强对职业经理人的监管。

综上所述，中国企业的创办人多希望后代团结一致、不分家分产。然而，这往往是创办人的一厢情愿，因为家族成员，特别是那些不参与企业经营的，通常希望变现退出。西方以协调家族成员关系及利益为目标的家族治理模式也可能与中华文化不契合，难以实施。因此，家族内斗往往在创办人刚去世甚至尚未去世时就爆发。

中国企业的创办人正尝试不同的方法解决这一问题，取得的效果参差不齐。不成功的企业传承会导致公司股价大幅下跌。在规划企业传承时，企业创办人应考虑家族治理、股权结构及公司治理等更广泛的范畴。家族治理是在本质上尝试凝聚家族成员；股权设计可以规避、调节矛盾；公司治理在一定程度上可缓冲家族内部矛盾。

第 10 章
股票上市与家族企业传承：周大福与镛记酒家的经验

范博宏　张天健

周大福上市与镛记酒家不上市的经验显示，当家族及公司均较为复杂时，宜选择上市。上市未必就是为了套现，将家族资产上市甚至整体资产上市有助于厘清资产内容与价值，降低以股权转让解决家族纷争的交易成本，对家族及企业起平衡、梳理、监督作用。毕竟，基业长青才是家族企业的长远目标。

2011 年 12 月 15 日上午 9 点半，86 岁的郑裕彤目不转睛地盯着港交所内的电子大屏幕，其麾下最有价值的资产——周大福珠宝集团（01929. HK）正式挂牌上市，总市值近 1300 亿港元，是不折不扣的巨型企业集团。

郑裕彤生于广东顺德，是香港珠宝、地产大亨，旗下的新世界发展（00017. HK）已在香港上市 40 年。周大福由周志元于 1929 年创办，1956 年传给女婿郑裕彤。80 余年来，周大福成长为中国最大的珠宝零售商，但一直都是私人公司，此番上市对郑裕彤的重大意义可想而知。

开盘后，郑裕彤忍不住站起来望着屏幕。遗憾的是，周大福股价一度冲高后，迅速跌破发行价。彤叔一言不发，活动尚未结束便匆匆离去。郑裕彤曾说周大福上市是“割爱”，但投资者似乎并不“爱”，为何还要“割”呢？

周大福为什么上市?

一般来说，上市自然是为了融资。但招股说明书披露数据显示，过去 3 年周大福现金流与总资产比率呈升高趋势（图 10.1），周大福并不缺钱。或许中国内地业务的扩大需要更多资金？但郑家表示，“公司也好，店铺也好，回本很快，根本不需要那么多现金”，“新股集资过多现金回来，对公司不一定最有效率”。可见集资并非周大福上市的主因。郑裕彤长子郑家纯强调，“上市是我们的心愿”，究竟是什么心愿呢？

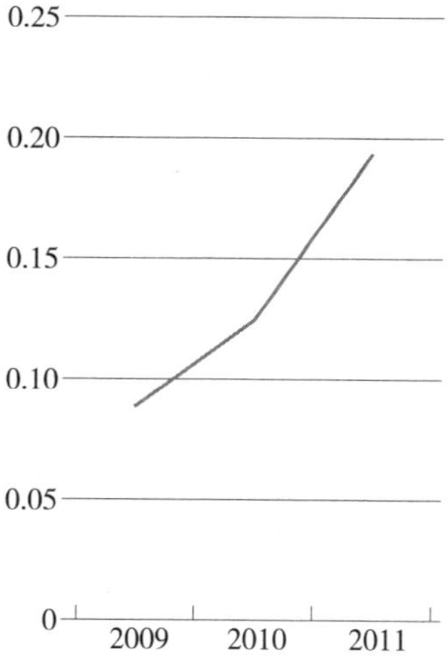

图 10.1　周大福现金流与总资产比率

众多媒体纷纷关注周大福上市后，郑裕彤能否超越李嘉诚成为华人首富。郑裕彤素有“鲨胆彤”之称，或许有和李嘉诚一博高下的想法。但他本人似乎对上市颇为反感，曾表示“上市很麻烦”，“不喜欢”披露太多。况且恰逢全球股市低迷，选择此时上市并非冲击首富的最佳时机，周大福上市后李嘉诚仍稳坐头名也在情理之中。所以，成为首富应不是郑裕彤的最大心愿。

郑裕彤当时 86 岁，比李嘉诚还大 3 岁。和许多企业家一样，郑裕彤最担心的无疑是如何交班。1989年，长子郑家纯接班新世界集团，但几年之内就导致公司债台高筑，郑裕彤被迫复出。继承人不力是一个问题，但若有太多得力继承人也有隐忧。如今，郑家第二代已纷纷进入公司（图10.2），当中不乏得力干将，大有在未来全面接班之势。另外还有多位旁系亲属在周大福任职，例如郑裕彤的两名侄子郑锦标及郑锡鸿分别任非执行董事及董事会名誉顾问，郑裕彤兄长郑裕伟亦担任周大福董事会名誉顾问。众多郑家人参与企业经营，尽管为企业解决了人力资本不足的问题，但复杂的利益冲突问题也相伴而生。

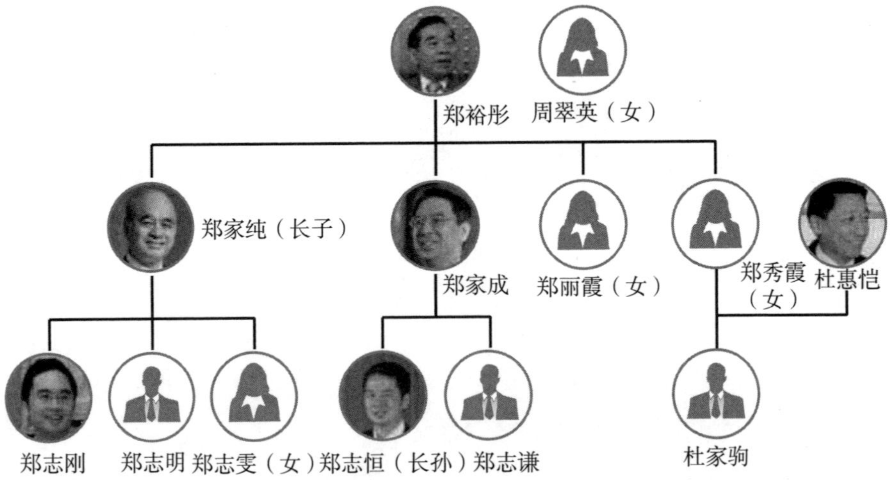

图10.2　郑裕彤家谱（有删减，主要包含在公司任要职的直系亲属）

不但家族复杂，郑氏商业帝国更加复杂（表10.1）。简而言之，郑裕彤家族企业集团可分为周大福及新世界两大分支（图10.3）。除了周大福集团，新世界集团是郑裕彤家族控制的另一巨型集团，其规模与周大福不分轩轾。两集团各自又有复杂的结构。以刚上市的周大福珠宝集团为例，资产重组后，集团架构依然很复杂（图10.4）。面对庞大复杂的家族及企业，如何平衡多方利益是一个难题，而上市可能对舒缓这一问题有帮助。

表 10.1　周大福、新世界的公司规模

2011 年	总资产（港元）	营业额（港元）	市值（港元）	雇员人数
周大福	29 048 700 000	35 042 500 000	135 000 000 000	22 357
新世界	229 115 400 000	32 882 000 000	56 380 000 000	45 000

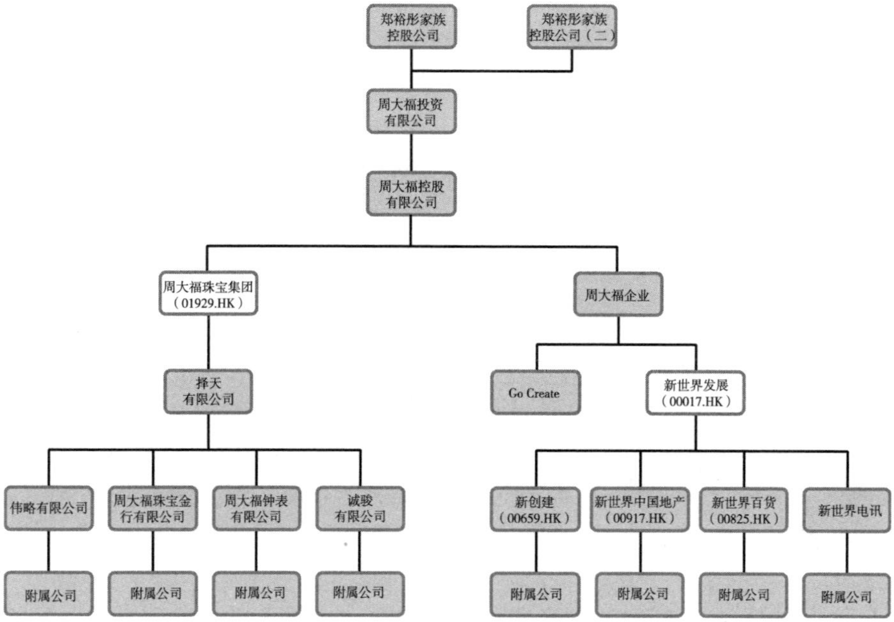

图 10.3　郑裕彤家族企业架构

首先，郑裕彤后人可根据两名儿子大致分为两支，周大福上市可以平衡两大集团及两大家族分支的利益关系。新世界上市已久，如果周大福不上市，一个是公众企业，一个是“暗箱”，可能引发猜忌。另外，家族控股公司也一分为二（图 10.3），目的是区隔两个家族分支的权利。今后，两支第三代人会分别接手周大福和新世界。据悉，长孙郑志恒是郑裕彤钦点的周大福接班人，而郑志刚将会掌管新世界。

既然周大福与新世界同为上市公司，两家族分支对其分别掌管事业的表现能较清楚地反映在公司股价上，他们也各自能透过股价升值与股利发放得到与其表现匹配的回报。但若周大福不上市，家族成员就必须通过顶层家族控股公司评估表现，支付薪酬与分配股利。这在大家长郑裕彤仍主持顶层控股公司时还可行，一旦郑裕彤退休，若周大福的股权不借由上市下放到第二、三代而仍由没有郑裕彤的家族顶层控股公司董事会决定，家族第二代以下众多分支间在无完善的家族治理与坚实的家族关系下，非常容易引发争端。另外，由于非上市公司董事薪酬不公开，也会引起误会。两家都成为相对透明的上市公司后，公司财务报表公开，不会因为家族成员间可能的猜忌引发不必要的矛盾。

其次，上市可以增加管理层透明度。在遴选继承人时，两家上市集团公司周大福及新世界都可以有一个公开、公正的标准。上市公司引进的管理与公司治理体制也对家族与职业经理人有更好的监督与激励。

更重要的是，上市为家族股权的内、外部转让提供了可能性与流动性。长远来看，有的家族成员会持有股份，但不参与企业经营；有的无股份，但参与经营；有的既有股份又参与经营；当然也有既无股份，又不参与经营的。由于家族成员众多而且人各有志，这四批人会随着时间推移发生流动。经营权变换相对容易，股权转让对非上市企业来说则会遇到较大困难。有的股票可能想卖但一时无人接手，有的想买但买不到，企业上市后则可基本规避这一尴尬局面。

最后，由于不上市的股票与资产难以估价，买卖时容易引发矛盾。有时家族不幸发生内斗，本可通过股权或资产买卖迅速平息纷争，但因为没有客观的市价，双方讨价还价可能导致内斗旷日持久，对家族和公司都带来毁灭性打击。

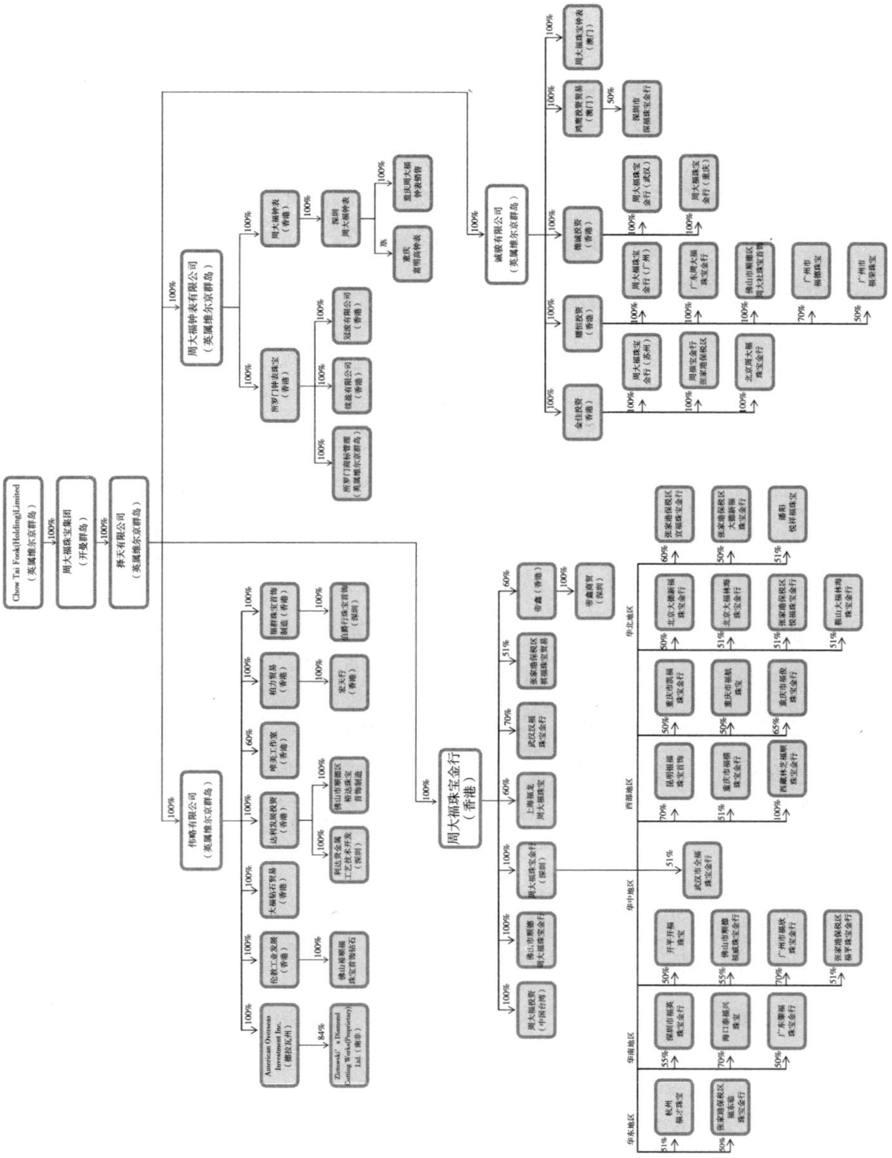

图 10.4　周大福珠宝集团有限公司组织架构

镛记为什么不上市?

谈到这里，我们要将另一家香港家族企业与周大福做一番比较。香港镛记酒家以烧鹅驰名海内外，由已故的甘穗辉一手创办。相比郑裕彤家族企业，镛记酒家资产并不复杂，总资产仅约 15 亿港元，2011 年营业额约 1.9 亿港元。甘氏家族相较郑氏也简单一些。镛记也一直都是私人公司。家族第二代曾建议卖出部分股份，但母亲认为酒家是丈夫一生心血，不该轻易卖给外人。

2004 年，甘穗辉去世后，甘穗辉夫人和 4 位儿女持有镛记 100%股权，其中甘健和甘琨礼分别通过离岸公司持有 35%的股权，而三儿子甘琨岐、甘穗辉太太和甘美玲各获 10%股权。三儿子甘琨去世后，其 10%的股权给了老二甘琨礼，此后，甘美玲亦将 10%的股赠予甘琨礼。甘穗辉太太则将 10%股权给了老大甘健成。至此，甘健成和甘琨礼的股权分别变为 45%和 55%。大哥萌生退意，要求二弟买断自己的股份，但遭到拒绝，遂向法院要求清盘母公司。如今诉讼仍在审理中，也不断爆出更多内幕，致使家丑外扬。

虽然内斗产生诸多问题，但既然主要当事人仅两名，分别代表两个家族分支，在理论上可通过股权买卖快速解决。这在客观上也说明镛记不上市自有道理。毕竟伴随上市而来的信息披露以及与公众分享公司权利都是很多家族企业不愿面对的。

镛记总资产不过是郑裕彤家族企业的一个零头，甘家人口也比郑家少很多。即使如此，因为股价谈不拢已导致家族内斗，不得不由法院协助分家分产。很难想象在周大福没有上市的情况下，家族几十号人若发生混战会是何等情况，就算是香港的清官也难断庞大繁杂的家务事。虽然镛记不上市在理论上是合理的，但已发生的内斗与法庭诉讼更能凸显庞大的周大福上市的必要性。

家族企业上市的两大考虑因素

从周大福和镛记的故事中不难看出，企业资产和家族结构越复杂越应该上市，企业和家族都高度复杂的往往整体上市。我们也可以在其他香港家族企业中发现类似规律（表10.2）。在考察家族复杂程度时，我们不仅考虑家族成员人数，还统计家族代数和企业继承人人数。其中家族人数包括在企业中任职或不任职的所有已知家族成员。测量资产复杂程度时，我们观察资产规模及营业额。

表10.2　香港家族企业上市情况

股票代码	公司名称	家族人数	家族世代数	继承人人数	2010年总资产（港元）	2010年营业额（港元）	是否上市
00001	长江实业（集团）有限公司	13	3	2	328 633 000 000	32 863 000 000	是
00012	恒基兆业地产有限公司	15	3	5	230 312 000 000	7 092 000 000	是
00017	新世界发展有限公司	15	3	3	199 609 900 000	30 218 600 000	是
01929	周大福	15	3	3	17 010 300 000	22 933 600 000	是
00242	集德集团有限公司	29	3	17	27 164 333 000	3 097 249 000	是
–	美心集团	11	3	1	未知	8 393 000 000	否
–	镛记酒家	12	3	2	1 500 000 000	190 000 000	否
–	恒香老饼家	≈7	3	2	未知	未知	否
–	奇华饼家	≈5	3	1	未知	未知	否

总结香港家族企业上市情况，可绘出家族企业上市决策图（图10.5）。

当家族和公司都相对简单时，企业不必上市。当家族及公司均较为复杂时，宜选择上市。随着企业和家族的发展，公司往往从私人的变为公众的，然后整个集团也逐渐成为公众公司。这一点已在郑裕彤与香港其他的家族企业集团得到很好的印证。需要提醒读者的是，我们仅从企业传承角度考量上市与否的问题，但一家企业是否上市有其他影响因素，我们为便于分析在此姑且忽略这些其他因素。

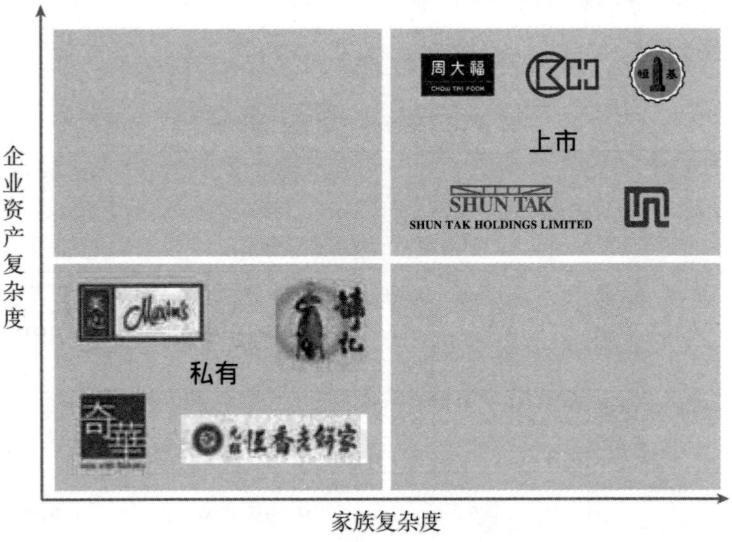

图 10.5　家族企业上市决策图

集团整体上市还是部分上市？

中国与东亚其他国家的华人家族企业大部分以集团模式经营，并选择让部分资产上市。我们从周大福与镛记酒家的经验看到，未上市的资产价值不清，股权与资产分割转让都不容易，拖延了家族斗争解决的时间。当家族成员结构日趋复杂后，将家族资产上市甚至整体资产上市有助于厘清资产内容与价值，降低以股权转让解决家族纷争的交易成本。

虽然融资是多数公司上市的主要原因，但上市未必就是为了套现，上市往往可以对家族及企业起平衡、梳理、监督作用。融资套现往往是短线行为，家族企业基业长青才是长远目标。从这一角度看，周大福跌破发行价、郑裕彤成不了首富都无伤大雅。

第 11 章
从“小肥羊”的短暂资本市场之旅看民企上市与创始人退出

范博宏　张茹

小肥羊的成长奇迹始于张钢财散人聚的价值观，以管理层为核心的分散股权，支撑小肥羊迅速成为中国餐饮业的黑马；而股权金字塔杠杆作用，则保障了创始人在公司引入风投、上市直至退出过程中的控制权和主动权。上市不到4年便退市，“嫁入豪门”的小肥羊虽然前途未卜，但张钢等创始股东却携丰厚的回报全身而退。

2012年2月2日，内地首家在香港上市的中式餐饮连锁企业——“中华火锅第一股”小肥羊（00968. HK）在港交所除牌，结束了其短短3年零7个月的资本市场之旅，成为百胜餐饮集团（YUM. NYSE）的附属公司。

回顾小肥羊的发迹史，其前身是成立于1999年8月的“小肥羊饭店”，于2001年7月完成连锁店整合以及股份制改革，变身为“内蒙古小肥羊餐饮连锁有限公司”，又在2006年6月引入外资风投3i和Prax Capital，并于2008年6月12日登陆港交所主板，上市筹资近4.6亿港元；2009年3月25日，百胜集团接手风投所持13.92%股权，同时向控股股东收购6.07%股权，以近20%的持股量成为小肥羊第二大股东；两年后，即2011年5月3日，小肥羊发布公告称，百胜集团将以6.5港元/股的注销价格（溢价30%）、总额近46亿港元现金完成对小肥羊的私有化，之后其总持股量达93.2%，剩余6.8%股权则由小肥羊创始人张钢和陈洪凯持有；中国商务部于2011年11月批准了此项私有化申请。

从个体餐饮店，到港交所上市公司，直至被百胜私有化，小肥羊只用了12年。如果说小肥羊的上市源于创始人的远见和管理团队的运筹帷幄，那么“嫁入豪门”是精心设计还是命中注定？以股权换资金和人才是为了企业快速成长，但是出售套现又如何理解呢？一个用心经营的创业者是要与企业共存亡，还是该急流勇退，见好就收？

创始人张钢：稀释股权融资，兼顾控制权

1999 年 8 月 8 日，“小肥羊饭店”在包头开业，30 张桌子、50 名员工、400 平方米的餐馆，加上一份秘制的不用蘸料的火锅配方，小肥羊的传奇故事从此开始。由于生意火爆，仅两个月后，小肥羊在包头的第二家分店开业。此后，小肥羊平均每 3 天就有一家新店开张，截至 2003 年底，门店数就跃升至 610 家，营业额逾 30 亿元、年消耗羊肉 3 万吨。2005 年 10 月，商务部公布的中国餐饮百强榜，小肥羊以 43.3 亿元的营业额（2004 年）名列第二，排名第一的是肯德基、必胜客的母公司——百胜餐饮集团。

小肥羊创始人张钢出生在内蒙古包头的一户普通人家，小肥羊前任首席财务官王岱宗曾对媒体表示，张钢深谙财散人聚之道，舍得以股权招揽人才。张钢的开放胸怀，使得小肥羊褪去了家族企业的色彩，多元化股权结构，为他赢得了一支忠诚的团队。

权益融资一直是小肥羊迅速扩张的支柱。据其 2008 年年报及招股章程显示，2006 年公司有息负债为零，2007 和 2008 年的资产负债率分别为 37% 和零。1999 年 8 月第一家小肥羊开业时，注册资本 50 万元，张钢和多年好友陈洪凯各占 60% 和 40% 股份；而 2008 年小肥羊上市时，张钢的股份已经被稀释到 12.97%。2006 年引入私募之前，小肥羊经历了三次大规模的股权稀释过程：（1）以原始股价格购买股票或者赠送股份的方式吸引了一批高管，如小肥羊总裁卢文兵、总经理寇志芳、副总裁李保芳、首席品牌官张占海等；（2）针对分店经理的私募行为；（3）2005 年，以低价购买方式实现中层管理人员持股计划，同时吸纳了部分社会资金。截至 2005 年底，公司总股

本达到6370万元，登记股东达到49人，管理层和店经理以上的员工都是股东。

很多民企在发展过程中受制于资金和人才的不足，而控制人对于控制权的执着往往又极大地限制了企业的选择空间。张钢对于股权的“舍得”，不仅为小肥羊吸引到优秀的管理人才和发展资金，更通过这种分享的股权机制，实现管理层和公司利益的捆绑，短时间内做大了企业，吸引了有声望的国际私募的关注。

此外，在股权稀释融资之余，精明的张钢也提前做出了“杠杆控股”准备：引入“被动投资者”并设置中间层的金字塔控股结构。根据小肥羊招股说明书，2002年12月，随着新资本不断注入，小肥羊股东数量的增加使得两位创始人合计股权由100%稀释到56%，绝对控股权受到威胁。在张钢的安排下，呼和浩特区的加盟商李旭东所拥有的加盟店变为直营店，李旭东因此获得13%的不完整权益股权。作为“被动投资者”，李旭东在股东决议时，必须与张钢、陈洪凯投相同意见票，从而使得张钢、陈洪凯可控股权比例上升至69%，为小肥羊进一步吸收新资本释放了一定的空间；2005年12月，小肥羊股东多达49位，凭借李旭东11.81%的被动投票权，两位创始人仍然保有51.91%（25.04%+15.06%+11.81%）的绝对控股权（图11.1）。

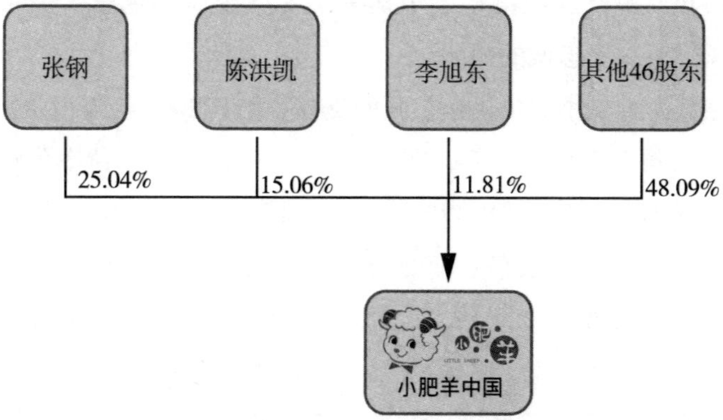

图11.1　2005年12月小肥羊股权结构

为了达到在香港上市的目标，2006 年 7 月小肥羊引入 3i 和 Prax Capital 两家私募基金，3i 和 Prax Capital 分别出资 2000 万美元、500 万美元，获得小肥羊 20.25%、5.06%的股权（图 11.2、图 11.3）。为引进战略投资者，小肥羊进行了以下重组：（1）通过向现有全体股东发行新股的方式，将小肥羊全部资产注入 2006 年 4 月在英属维京群岛（BVI）注册的离岸公司“中国小肥羊”。（2）2006 年 1 月，以张钢为首的 10 位主要股东在 BVI 注册成立了 Possible Way，余下 39 名股东（由公司员工及第三方人士组成）则于 2 月成立了 Billion Year，两家公司于 5 月分别认购了“中国小肥羊”8205 万股和 1795 万股，持股量分别为 61.28%、13.14%；其中，张钢、陈洪凯和李旭东合计拥有 Possible Way 58.26%的股权。（3）以“中国小肥羊（BVI）”为主体，承接 3i 和 Prax Capital 2500 万美元的投资。

通过“被动投资者”的“加数杠杆”和金字塔中间层的“乘数杠杆”，张钢在不断稀释股权融资的同时，兼顾了创始人的控制权。作为“带头大哥”，他深谙财散人聚之道，以股权稀释为小肥羊扩大了发展平台；而作为一个精明的企业创始人，他灵活运用杠杆保障了自己对公司的绝对控制权。

上市推手卢文兵

上市是企业发展方式而非目标。2002 年，张钢力邀时任蒙牛副总裁的孙先红考察小肥羊，当时主管蒙牛投融资和上市的副总裁卢文兵作为孙先红的陪同，与张钢有了第一次接触。此后，孙、卢以每股一元入股，分别持股 3%、2%。2004 年，在张钢的多次诚意相邀之下，卢文兵放弃了他在蒙牛可观的期权，空降小肥羊，担任上市副总裁一职。

卢文兵上任后发现，他面对的其实是一个大型个体餐馆，只不过是加盟店比较多而已。

早期由于缺乏资金，张钢选择了“加盟为主，直营为辅”的发展策略，除了直接发展加盟店，小肥羊还发展了一些总代理、区域总代理，总代理有权管理和发展加盟店。由于各地分部先成立，总部后成立，整个小肥羊集团

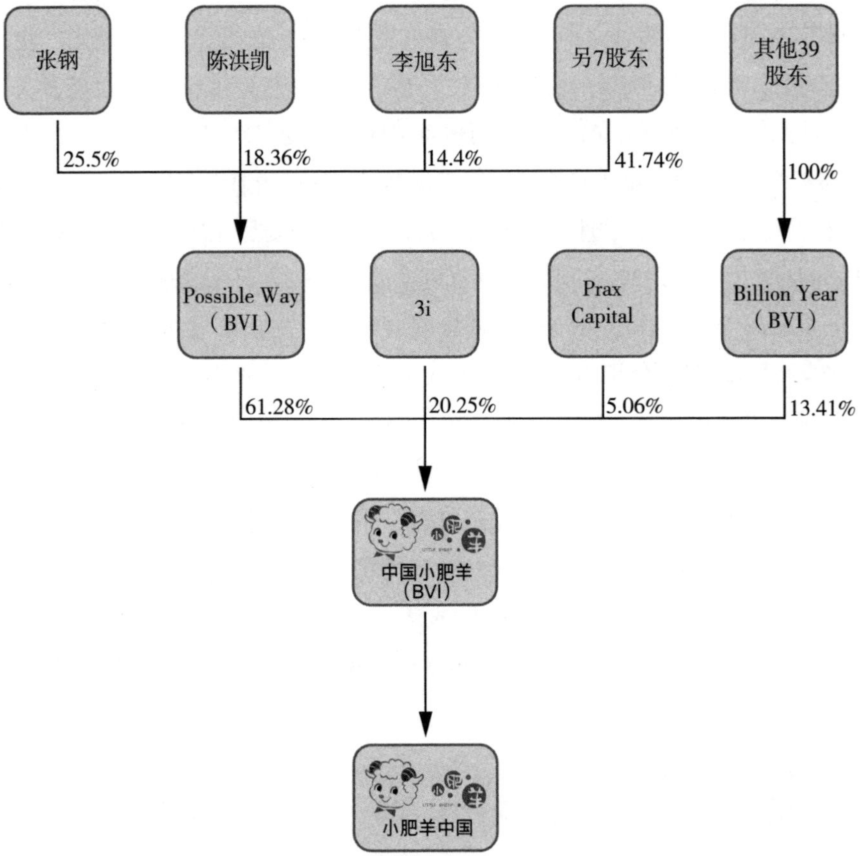

图 11.2　2006 年 7 月小肥羊股权结构

诸侯分治、管理混乱。在这样一种“类传销网络”的粗放式扩张中，小肥羊的总部、后台形同虚设，各级管理人员素质参差不齐，各门店都有各自的经营发展思路，外有各种假羊李鬼（如“小尾羊”、“小白羊”、“小绵羊”、“味味羊”）横行，整顿和规范势在必行。

在张钢的放权下，卢文兵对小肥羊的整个管理系统进行了大刀阔斧的改革。2004 到 2007 年间，小肥羊调整加盟政策为“以直营为主，规范加盟”，运用“关、延、收、合”四字诀整顿加盟市场。“关”：取缔不合格店面。

“延”：对经营情况较差但能积极整改的店面限期整改。“收”：一方面收购经营有序、盈利能力强的店面，并纳入直营店的管理体系；另一方面逐步收回各级到期总代理的代理权，并且不再续签合约。2006 到 2007 年间，小肥羊共支付了近 1.7 亿元，收回 30 间加盟餐厅，前 27 间餐厅的平均收购成本为 57 万元，而最后收购的三家代价分别为 342 万元、360 万元和 540 万元。根据招股章程，小肥羊回购的这 27 间店在 2007 年获得的利润占利润总额的 41%。“合”：与好的加盟商、代理商以参股、控股等方式合作，例如与原甘肃总代理合作，将其收编为总部下属的分公司，共同开发西部市场。截至 2007 年 5 月，小肥羊公司的连锁店数量已由最高峰时期的 721 家减少到 326 家（直营店 105 家，加盟店 221 家）。2007 年 5 月 28 日，小肥羊公司重启加盟战略，自此进入“不唯数量重质量”的发展阶段。

在这场清整运动中，大规模的信息化建设起到了至关重要的作用，而这又起源于卢文兵对财务的规范以及强势总部的构建。起初，小肥羊的财务部门实质上只是一个财务清算公司，核心理念就是“家庭联产承包责任”，各地分公司各入各的账，总部只是记账而已。另一个更加现实的问题是，餐饮业的就业员工普遍文化素质不高，甚至店经理都可能不会用电脑。

为了突破中餐难以标准化、规范化的痼疾，固化商业模式，使得小肥羊通过复制做强、做大，卢文兵在小肥羊强势推行 IT 系统：2004 年底小肥羊从直营店开始，安装财务信息系统，实现了从原料到产品、从库房到餐厅的全流程监控；2005 年，新组建的信息中心与软件服务商一起开发了小肥羊中餐连锁运营管理系统，并以“平均三天一家新店”的速度在各大店面推广。2005 年 7 月开始，小肥羊的财务“就一个声音，那绝对是总部”。2005 年底，小肥羊的财务报告顺利通过安永的审计。涵盖了 OA 办公系统、餐饮前/后台系统、EAS 供应链系统、资金分析系统等信息化改革的实施与推进，大大提升了总部对订单、收银、物料、采购、库存的管控能力。

在公司管理架构方面，卢文兵针对创业股东、中高层管理者、普通员工分别采用了不同的改革方法：（1）构建规范的董事会，引进具有实业经验的独立董事——不同于国内企业多聘请学者当独立董事，小肥羊聘请了汉堡王

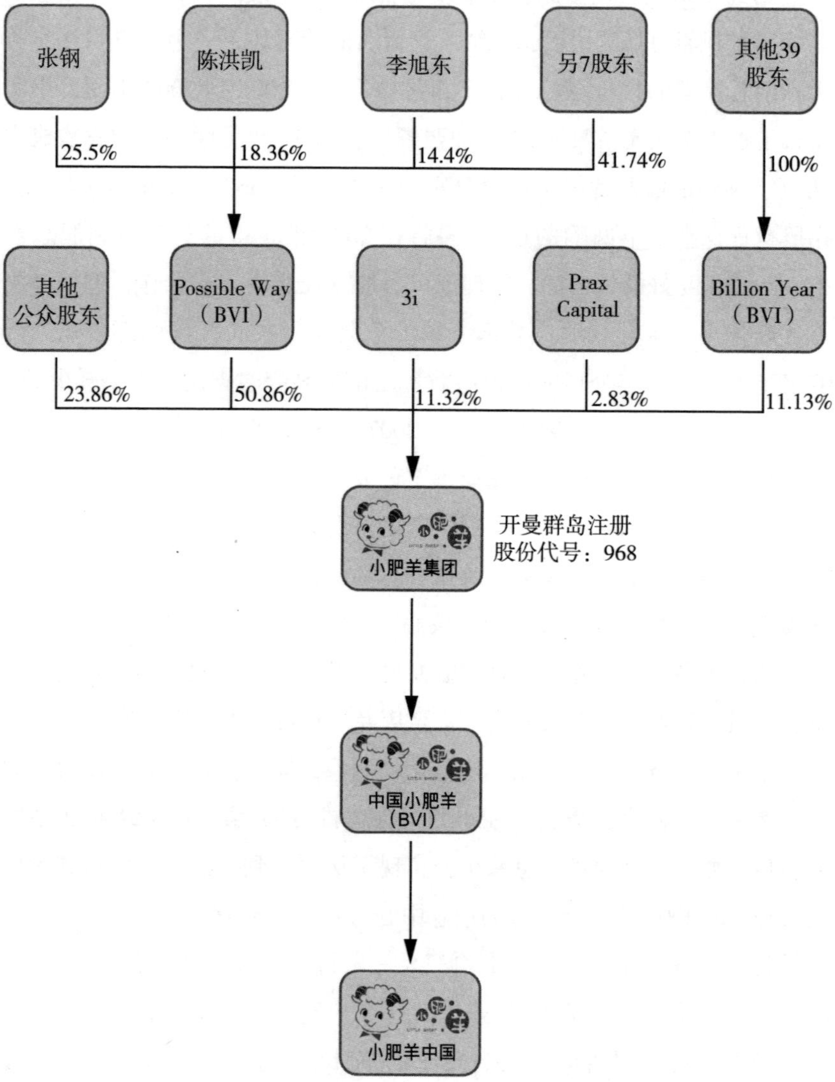

图 11.3　2008 年 6 月 12 日小肥羊 IPO 时的股权结构

企业国际总裁、肯德基香港澳门公司的 CEO 等人，他们的管理经验和理念，对小肥羊原始股东代表选出的董事进行了潜移默化的培训；新鲜血液的注入、专业主义的介入对小肥羊创始股东的视野、思维观念、决策体系产生了巨大的冲击；（2）公开招聘，中高层大换血——卢文兵将原小肥羊中高层经理全部降级，对外进行公开招聘，鼓励原中高层经理参与竞聘，以强势而又市场化的方式换掉了大多数中高层管理人员；（3）严格的奖惩制度，辅之以培训教育——对于普通基层员工，规范从整顿考勤开始，军队式的随机抽查点名以及严格执行的惩罚制度，一改其散漫的工作纪律，而培训和教育也逐步提升了基层员工的整体素质。

整顿加盟店、规范财务、推进信息化以及董事会、管理层的重新架构，都是为小肥羊快速发展铺路。不过，资金短缺的小肥羊，扩张寸步难行。2004 年，卢文兵从农业银行为小肥羊争取了 3000 万元无抵押贷款。然而到了 2005 年上半年，资金仍然捉襟见肘，跟不上小肥羊快速扩张的步伐。与董事长张钢沟通之后，卢文兵大胆提出：增资扩股。最终，小肥羊以每股 5 元的价格募集了 7000 万元，而这 7000 万元又被放到了农行的账上，在卢文兵的运作下，农行又贷给了小肥羊 7000 万元。2006 年，卢文兵成功为小肥羊引入 3i 和 Prax Capital 公司，获得了 2500 万美元的风投资金。2008 年 6 月，小肥羊上市，筹资近 4.6 亿港元。

几次增资扩股，既多样化了小肥羊的股权结构又发挥了激励作用：（1）吸收管理层入股，入股价格接近于老板入股时的股权价格；（2）吸收自然人入股，借力于亲朋好友，但入股有一定的溢价；（3）对于子公司和一些加盟店而言，小肥羊公司控股 51%～70%，同时允许当地的区域老总和店经理入股 30%～41%，但是必须严格遵照小肥羊的管理模式。此外，通过将资本融资和银行融资联合起来，直接融资的效应又得到了进一步放大。

有了坚实的资金作后盾，小肥羊强大的后台系统得以建立：2004 年，小肥羊调味品公司成立，拥有全世界第一条全自动火锅汤料生产线；2005 年 8 月，小肥羊锡林浩特肉业基地建成投产，9 月，巴彦淖尔羊肉基地奠基……如今，小肥羊不只拥有自己的羊肉供应基地、辣椒生产基地、调味料研发生产基地，孜然、枸杞等生产基地，还配套建立了全国最大的羊肉运输系统，做到食材的集中采购和统一配送；由于羊肉需要冷藏，小肥羊物流公司又是国内羊肉冷链储运第一大企业。大后台既保证了产品质量安全，更保证了小肥羊所有分店口味统一，成为小肥羊标准化中不可或缺的一环。

上市，是张钢“三顾蒙牛”邀请卢文兵空降的目的。因为有上市的目标，小肥羊暂时放缓了扩张的脚步，规范财务与管理、注重质量和效益，推进信息化并建设完善了后台系统。此外，小肥羊“管理化”的股权结构，增资扩股与银行融资的巧妙嫁接，也保障了企业各项管理决策的落实。上市对小肥羊到底意味着什么？从小肥羊的经验来看，上市是一个企业发展的方式而不是目标。借上市帮助企业规范经营，融资，提高知名度，引进人才。

职业经理人与创始团队的对抗

2006 年 6 月，随着 2500 万美元风险投资的注入，王岱宗作为 3i 集团对小肥羊项目的主要负责人，进入小肥羊董事会，担任非执行董事。此外，汉堡王前副总裁尼什·坎基瓦拉和肯德基香港公司行政总裁杨耀强，亦作为 3i 代表，成为小肥羊独董。2007 年 10 月，王岱宗从 3i 离职，正式担任小肥羊执行董事兼首席财务官，主要负责财务、战略规划以及人力资源管理工作。在他的主导下，小肥羊成立了战略规划中心，发布了《投资和融资管理制度》，建立和完善了一体化薪酬体系。同年，杨耀强出任小肥羊执行董事和首席运营官，不仅将国际餐饮业经验带进小肥羊，更促成了百胜中国事业部成为其第二大股东。根据小肥羊 2008 年年报，王岱宗和杨耀强分别获得了大量股票期权，拥有上市公司第一大股东 Possible Way 1.63%、1.03%的股权。作为小肥羊与国际资本的对接人，王岱宗和杨耀强对于小肥羊的涅槃重生功不可没。

变身公众公司后，张钢在管理上更为放权，他常年驻扎海外考察市场，很少涉足小肥羊的具体经营；而王岱宗和杨耀强在小肥羊的工作重心亦由助力上市转向日常经营。两位非内蒙古籍职业经理人试图在上市公司推行“百胜模式”，却遭遇了原始股东强大的阻力，无法真正有效地把一些管理改革工作推行到地方。在百胜集团参股后，小肥羊曾推动过一个名为“餐厅信息优化管理”的项目，但终因授权体系不统一，执行难度太高而不了了之。为了加速扩张，小肥羊在二、三线城市的授权一直高于一线城市，如天津地区的授权范围一直大于北上深等地区，华北地区的重要城市都归属天津分公司。隶属不同的分权体系之下，很难在后台真正建立起一个从物料采购，到预算、销售预测，再到仓库库存配比的完整供应链管理系统；但若管理、采购、营销等涉及供应链的权力逐步上收，发挥集团的作用，势必会伤害到小肥羊地区特许商、加盟商的部分利益。

职业经理人和创始团队之间的分歧和矛盾日益激化：创始团队频频攻击职业经理人浪费和开店不力，而职业经理人也指责创始人团队没有远见，只关注短期利益。“领头羊”张钢必须在兄弟和职业经理人之间做出选择：支持谁，否定谁？

这场风波最终以职业经理人的出走收场：2009 年 12 月 2 日，杨耀强离开小肥羊，而王岱宗也在 2010 年 9 月 30 日辞职。离职后的王岱宗曾对媒体表示，他无法融入内蒙古籍高管的圈子，而张钢则与圈子里的兄弟私交甚好，他对管理层的信任远不及对兄弟的信任。但孙先红以张钢游历世界、眼光超前的开放精神进行反驳。保全创始团队兄弟与企业效率对张钢其实是两难的选择。

2010 年，小肥羊全年营业收入同比增长了 22.6%，达到 19.25 亿元，但息税前利润率却同比下降了 2.7%。除了增长瓶颈，小肥羊还遭遇了“出海”困局：2009 年 12 月 11 日，小肥羊宣布，以总代价 34.5 万美元，向合作伙伴 Wang Fang 悉数转让美国小肥羊的 69%权益；转让完成后，美国小肥羊将不再为小肥羊附属公司。而此前，小肥羊已相继转让了加拿大、日本的控股公司股权；至此，小肥羊已退出除港澳地区外在海外的全部直营业务。供应链和管理能力无法跟上小肥羊的发展，职业经理人又无法推动太多的改革，也许正是此时，张钢萌生了“卖羊”的想法。

风投融资之外的正效应

2006 年 6 月底，小肥羊与 3i 和 Prax Capital 签订了“2011 年到期的可赎回、可转换债券”——投资机构可在2011年收回2500万美元并获得一定利息；小肥羊管理团队承诺业绩年复合增长率不低于40%，否则将向投资人割让一定数量的股票作为补偿；此外，在组织机构方面进行调整以更好地保护投资者利益：董事会增加3名有一票否决权的执行董事（两名来自3i，一名来自Prax Capital），另有两名来自肯德基和汉堡王的高管出任公司独立非执行董事、由蒙牛副总孙先红任监事。2008年5月小肥羊上市前夕，上述债券转为3390股原始股，占上市前已发行股总数的25.31%（20.25%+5.06%）。2009年3月25日，小肥羊发布公告：百胜集团收购3i和Prax Capital所持13.92%（11.32%+2.6%）股权，同时向控股股东收购6.07%股权，收购价为2.4港元；至此，两家风投彻底退出小肥羊。

对于小肥羊而言，3i和Prax Capital带来的效用远远超过2500万美元。内地民企在香港上市一般要有外资入股，这也是卢文兵为小肥羊引入3i和Prax Capital的重要原因；而小肥羊在财务、管理架构等各个方面的规范也源于引进风投的压力。除去外资身份的光环，3i和Prax Capital进驻董事会，为小肥羊提供帮助和咨询，也为小肥羊穿针引线吸引了职业经理人杨耀强和王岱宗的加入。风投套现后百胜集团的接手，虽然是出于保护小肥羊股价的考虑，但也为百胜最终私有化小肥羊埋下了伏笔。想要成为百年老店的小肥羊，在王岱宗、杨耀强两位职业经理人无奈出走以后，因为风投公司与百胜集团的接洽，重新见到了梦想的光芒。如果小肥羊品牌能够在百胜旗下做大做强，那么两家风投公司对于原始股东的淡出、企业经营管理的职业化，是起到了推进作用的。

百胜接棒小肥羊创始人套现退出，瞄准上游

“小肥羊要做中国的百胜”，这是张钢的梦想，也是小肥羊人的梦想。2009年3月25日，百胜以产业投资者身份进入小肥羊，引起了民族品牌流失的争议，百胜对外声明：百胜参股小肥羊，不是经营者合并；交易完成后，百胜也没有通过合同方式取得对小肥羊的控制权，或者对小肥羊施加决

定性的影响，公司也没有宣称要继续增持。而小肥羊的高管当时也表示，“百胜承诺不会参与小肥羊的日常管理事务”。一方面，百胜参股前期的目的只在于获取信息；另一方面，张钢在小肥羊拥有高度话语权，百胜也希望处好关系。

此时，新的投资人没有带来管理改善，而此前外部引进的职业经理人又无法推动进一步的改革。火锅业进退两难，上游羊肉养殖业却一片光明。2004 年，张钢和卢文兵筹建的小肥羊肉业公司，原本只是作为后方平台，却意外受到了市场上对优质羊肉有需求的其他客户的青睐，2009 年公司对外销售额超过了 1 亿元。2010 年 5 月，小肥羊肉业公司正式改制为内蒙古小肥羊食品有限公司，专注于生态养殖、羊产业精深加工等产业链上游，从后台走向市场前沿。

2011 年 5 月 3 日，小肥羊发布公告，百胜集团将以总额近 46 亿港元现金私有化小肥羊，其旗下调味品业务也一并出售。通过私有化交易，张钢、陈洪凯和其他创办人及管理层，合计向百胜售出约 3 亿股小肥羊股份，以收购价每股 6.5 港元计算，他们获得共计 19.5 亿港元。而根据 2011 年小肥羊中期报告，小肥羊食品有限公司已于 2011 年 4 月从上市公司独立，独立后上市公司持股量降至 30%。截至 2011 年年底，小肥羊食品公司在锡林郭勒、巴彦淖尔、呼伦贝尔三大羊源核心区拥有生产基地，掌握内蒙古草原 50%的屠宰份额。

抓住时机，套现退出，转战上游。张钢的选择与当年朱新礼计划出售汇源给可口可乐投身上游果树种植业、牛根生将蒙牛卖给中粮进而创建现代牧业的思路不谋而合。

小肥羊“外嫁”百胜，对于张钢而言，他既没有亏待兄弟，又有了二次创业的资金；对百胜来说，原创始人的留任也许只是一个过渡，保证小肥羊能够顺利交接，实现百胜在中国本土化布局的关键一步；而对于小肥羊，百胜这张绿卡未必能为小肥羊漂洋过海助力，但其在全球餐饮业深厚的门店管理经验、充沛的人才储备、高超的供应链整合能力以及雄厚的财力有条件能为小肥羊持续领跑火锅业保驾护航。

对中国民企的启示

12 年，小肥羊一路狂奔，成就了中国餐饮业的龙头企业，在管理和制度改革上超越了无数家族企业和民营企业。创始人张钢的胸怀和视野、上市推手卢文兵的强势和机智、职业经理人的无奈、风投的角色以及“杯酒释兵权”的私有化解决方案，或许能给中国民企更多的思考与启迪。

首先，小肥羊的成长奇迹始于张钢财散人聚的价值观，以管理层为核心的分散股权，支撑小肥羊在短时间内成为中国餐饮业的黑马；而股权金字塔杠杆作用，则保障了创始人在公司引入风投、上市直至出售退出过程中的控制权和主动权。与风投签订的可转债、对赌协议，实则是一场华丽的冒险。其次，小肥羊选择在香港上市，不仅有助于在国际上宣传和推广公司业务，更跳出国内上市与再融资的层层行政审批，且在退出方面也有优势，港交所规定控股股东禁售期仅为 6 个月，相比 A 股的 3 年禁售期要短得多。然而，香港的监管机构、投资者和媒体公众的较高要求，也让小肥羊在规范管理、推动信息化上付出了可观的管理、税收成本。

上市不到 4 年便退市，“嫁入豪门”的小肥羊虽然前途未卜，但张钢等创始股东的创富故事却已有完美结局。面对日益激烈的竞争环境以及荆棘丛生的改革之路，张钢抓住时机，把“羊”卖了个好价钱，转战上游蓝海，开始了新的冒险。张钢毕竟是个创业者，有做强做大的雄心，但没有做长做久的坚持。对其他不追求庞大但愿精深持续发展的企业家而言，对外融资、引进风投、上市都不一定是明智的选择。

第 12 章
股权信托治理不良，澳大利亚首富家族对簿公堂

范博宏　李悦强

由于创办人和第二代对信托治理和家族治理两方面的疏失，澳大利亚莱恩哈特家族围绕家族股权信托发生内斗。考虑以家族信托传承家业的中国企业家要避免重蹈覆辙，一方面要谨慎选择信托受托人或管理人，制定一套信托控制权的传承机制，并成立信托管理委员会；另一方面，家族治理也必须同时进行，以传递家族价值观与维系良好的家族成员关系。

近日，澳大利亚采矿业巨头吉娜·莱恩哈特（Gina Rinehart）家族的两代人围绕家族股权信托发生内斗。无独有偶，香港新鸿基集团郭氏三兄弟均为其父所成立股权信托的受益人，亦争斗兴讼，如今三人均卷入贪腐官司，家族名誉受损。

不少中外企业创办人在退休前不直接将股权交给子女，而采用信托的方式传承企业股权。这一做法的初衷都是希望自己辛苦创建的企业与积累的财富能造福子孙，并在后代手中发扬光大。然而我们研究发现，信托并非家族企业传承的万灵丹，反而有许多为华人家族忽略的副作用。特别是华人企业创办人，他们虽然引进了西方的信托，却忽略了必要的信托治理和家族治理，结果不但未能令家族与企业长青，反而埋下了许多隐患。因此，我们有必要就此问题多做一些案例解剖。

莱恩哈特家族：因争夺信托管理权发生内斗

2011年9月6日，澳大利亚首富、女强人吉娜·莱恩哈特欢欢喜喜为幼女吉妮亚（Ginia）庆祝25岁生日。不过不久之后，吉娜却有件不愉快的事情，她突然多了一个身份——被告！原告竟是她的另外三位子女，贺普、毕安卡和约翰（Hope，Bianca，John）。起因是三名子女不满母亲对家族信托的处理，于是发起诉讼。一场酝酿多时、错综复杂的家族内斗由此展开。

吉娜·莱恩哈特其实是个"富二代"，其父朗·汉考克（Lang Hancock）于1955年成立了汉考克钻探公司（Hancock Prospecting Pty Limited，简称HPPL）的前身，并一路发展采矿业。作为汉考克的独生女，在接手父亲的采矿王国后，吉娜通过长期经营，令集团业务更上一层楼，如今HPPL的价值已逾10000亿美元，吉娜亦借此成为澳大利亚首富。如今，其坐拥180亿美元的财富，位列福布斯排行榜第29位。吉娜育有四名子女，吉娜的父亲于1992年去世之前，就为他的四名孙辈成立了一个信托，四人均是信托受益人，信托更以他们的名字命名为Hope Margaret Hancock Trust，信托受托人（trustee）为他们的母亲吉娜。该信托拥有HPPL约23%的股份，资产价值约为40亿美元。这笔资产由该信托拥有，直至吉娜的小女儿吉妮亚年满25岁。

本来，吉妮亚25岁生日的那一天（2011年9月6日）就是该信托的到期日，但是就在前一天，吉娜的子女准备从母亲手中接管信托时，吉娜却要求子女签下一份同意书，让她继续做信托的受托人，即不把信托管理权交还给子女。吉娜认为子女对于打理企业完全缺乏能力和经验，她提到："子女都明显没有足够和必要的能力、技术、知识、经验、判断力或负责的工作态度和良好的道德去管理这么一个庞大的信托，尤其是该信托乃HPPL集团的大股东之一。"

原来，吉娜的子女们多为纨绔子弟，一向只顾享受奢华的生活。他们身着名牌，度假频繁，享用着价值数百万美元的豪宅。吉娜认为，现在并不适合把信托交给他们管理，最应该做的是逼他们上班，让他们好好体会到以往休闲度假般的生活模式和生活态度远不足以承担企业大任。同时吉娜还提醒子女，若他们现在接手该笔财产，将会面临 1.42 亿美元的资本利得税，这必然令他们破产。因为他们不可以出售信托里的资产，或是向信托借钱，所以得自掏腰包来缴税，如此巨大的数额他们是拿不出来的。因此，吉娜要求子女交出信托管理权，以免家族企业因为他们缺乏责任感、缺乏企业和信托经营管理经验而受到牵连。

吉娜不顾父亲遗嘱，拟定了一份同意书要“富三代”们签署，意图继续担任信托受托人。同意书中还包含了一项不起诉协议，以及子女不会要求查阅信托的财务数据和营运状况。但子女并不接受，没有签署同意书。然而，吉娜却已于 9 月 4 日（信托到期日前两天）自行以信托受托人的权力，延长信托的期限至 2068 年。届时，吉娜如果还活着，将是个 114 岁的人瑞，而子女中的 3 名原告最年轻的也已经 83 岁。后代当然不愿意 80 多岁才接班，家族争斗随即爆发。

吉娜的 3 名年长子女贺普、毕安卡和约翰在法院对母亲提出控告，要求罢免吉娜的信托受托人职位。他们提出多项指控，包括吉娜只给他们不足一个工作日的时间去考虑是否签署同意书，认为吉娜有意逼迫他们就范。又指控吉娜威胁他们，“不一定以受益人（子女们）的最大利益为大前提，除非受益人（子女们）签下同意书”。加上吉娜擅自延长了信托的期限，并在隐瞒此事的情况下，要求子女签下同意书，她的行为被 3 名子女认为极具欺诈性，充满虚伪和不诚实。

吉娜独子约翰的律师控诉，约翰虽身为受益人，但无法得到任何有关信托的财务资料，甚至有时竟然收不到信托理应定期发放的红利。约翰的律师认为，吉娜要求儿子约翰听从她一些与信托无关的指示才发放红利是很不合理的，不再适合担任信托受托人。

此外，吉娜也被指意图向子女提供额外利益，作为让他们撤销法律控诉的交换条件。2006 年，吉娜曾透过一个约定（Hope Downs Arrangement）答应将于 2011 年 9 月 6 日（信托的原到期日）后，把铁矿项目税后盈利的 1/4 分给她的 3 名女儿。她的儿子约翰之前试图要求吉娜不再担任信托受托人，但于 2007 年最终放弃。此后吉娜也把他包括在此约定之内。

虽然吉娜的3名年长子女都“造反”了，不过幼女，也就是刚满25岁的吉妮亚，一直和母亲保持同一阵线，并认同其哥哥姐姐都不适合掌管信托。吉妮亚指称，兄姐们的所作所为对事情全无好处，反倒是暴露了他们的贪婪、嫉妒和自私。她提出：“这根本就是一个属于家庭内的私人事务，他们实在不应该把它弄得如此街知巷闻。”

这次吉娜家族内斗闹上法庭，不但使家庭成员间的关系受损，家族也成为了澳大利亚人茶余饭后的话题。幸好4位孙儿女的信托只占家族企业23%的股份，吉娜个人持有51%股份，事件对公司控制权影响不大。不过家族和谐及企业名誉受损已成事实，这些伤害在短期内确实是难以弥补。

信托治理：信托结构的设计

其实，当年汉考克所设立的信托结构极其简单，只是把一笔预留给4位孙辈的企业股份交由信托保管并由女儿管理，在孙辈全都年满25岁之后就交给他们。汉考克没有考虑未来会发生什么，例如家族与企业会如何变化，所以对未来的可能变化没有预留任何相应措施。但是随着时间的推移，一些隐患开始浮现。假如当时信托成立人能未雨绸缪，为信托结构做较完整的设计，提前为信托的管理制定好长远规划，也许今天家族后代所面临的问题不会发生。

有些家族信托的受托人是银行，但是银行只能执行公式化的信托规定，如收益分配。银行显然不能执行复杂的决策，例如行使企业投票权，甚至经营企业。因此，信托成立人常在信托之外成立信托管理公司，并将信托资产的决策权交到该公司，并由家族成员担任该公司的管理人，做企业决策。反观吉娜，被身为家族信托成立人的父亲汉考克指定为信托受托人，意味着其有全权直接管理信托下资产、进行股息分配等，可谓大权在握。因此，受托人或管理人的角色至关重要。若其能力有限，或让私心左右其决策，家族与企业就可能面临危机。例如吉娜以受托人的身份，更改信托期限，又要求儿子约翰服从一些与信托无关的指示才可获得信托理应定期发放的红利等。企业家选定信托受托人或信托公司管理人时必须深思熟虑，除了要有能力外，还要特别注重其人品，以免所托非人。吉娜是汉考克唯一的女儿，信托交由她管理虽是合情，但是观察其后她对子女的极度强势与缺乏诚信，我们也应思考是否有更合理的方法。

与其将家族与企业命运押在一名信托管理人身上，不如成立一个信托管理委员会，其优势在于对信托下资产进行决策时，可吸纳集体意见，集思广益而做出最有利的决策，更可防止单一管理人权力过于集中，避免其为一己私利而做出对家族或对信托不利的事情。委员会可以包括家族每个分支的受益人代表，透过彼此约束，遏止对家族不利甚至是不合法的决策。委员会更可邀请非家族成员的中立人士，提供专业、公平、公正的意见，目标就是要做好对信托有效的管理，平衡家族内各成员的权力与利益。

虽然上述两项措施可以解决“一人独大”和“青黄不接”的问题，但吉娜延长信托期限的举动又带来了另一个问题。吉娜延长信托的年期至 2068 年，届时吉娜已 114 岁，且不论她是否恋权，或子女未成才也好，都意味着吉娜有意续当信托受托人直至魂归天国。但总有一天她会离开的，那么届时信托的控制权又交予何人呢？现在吉娜的幼女和其他三名子女已经出现不和，很难想象他们将如何一同和谐地接手信托。吉娜并没有设立一套信托的传承机制，假如她辞世，那接下来是谁说了算呢？

一些大家族成员在家族重心或长辈还健在的时候已经开始闹不和了，如新鸿基地产的郭氏三兄弟，要母亲出手调停才可。郭老太年过八旬，随时都可能无力继续管理信托，届时又由谁说了算呢？群龙无首，或是多人觊觎权力，都不是好事情。应在信托条款中预先将决策权交接方式规划好，例如前述的成立管理委员会集体决策。

家族治理：家族人才培育与和谐

吉娜继承了父亲的企业，成为了信托受托人，眼里就只有信托和企业，忽略了对基业长青更为重要的家族治理。吉娜的子女从小生活奢华、挥霍无度，如今更是不知悔改，这显然是吉娜专注于事业却疏于教养子女的后果。

在给子女的一封邮件中，吉娜以讥讽的语气指出，子女诉讼毫无必要，因为从 2012 年 1 月起，子女获得的分红将比之前更多，足以维持他们的豪宅及无止境的度假。以物质为诱饵期望子女放弃对更多物质的追求也算无奈之举。纨绔子弟或许对企业经营缺乏追求，但对物质的追求却是无止境的。归根到底，这是“富二代”没有把“富三代”教育好。家族信托只能锁定有形资产，无形财富则需通过家族治理传承。家族信托这个法律工具能否成功，很大程度上取决于家族治理的优劣。由于吉娜家族治理不善，“未来接班人”如此不堪，即便有上述信托委员会和其他良好的机制，将来他们又如何有能力去接手企业呢？

给中国企业家的启示

考虑以家族信托传承家业的中国企业家应以莱恩哈特家族的教训为鉴。莱恩哈特家族的危机，归根结底源于创办人汉考克和第二代独生女吉娜对信托治理和家族治理两方面的疏失。要避免重蹈覆辙，成立家族信托的企业家要谨慎选择信托管理人，宜订立一套信托控制权的传承机制，并考虑成立信托管理委员会以集思广益，互相监察。此外，家族治理也必须同时进行，以传递家族价值观与维系良好的家族成员关系。否则将来家族内斗可能性增加，更因为家族受益人被信托绑定，内讧争斗在信托期满之前将持续存在，最终家族和企业都严重受损。这可不是家族信托成立人的初衷。

第三部分

无形资产的传承：价值观，品牌，创新，转型

导读

我们在本书的前两部分已多次提到无形资产对家族繁荣与企业竞争力的重要性，以及跨世代传承这些无形资产的困难。在本书的第三部分，我们将探讨如何保存、传递与发扬对家族与企业长期发展重要的特殊无形资产。

首先我们强调企业家要做自我“灵魂搜索（soul searching）”，找到自己过去做人处世与事业赖以成功的核心价值，然后要进一步了解这些核心价值的根源在哪里，最后考虑如何将这些核心价值传承给下一代。我们在“家族财富传承之道：无胜于有，有始于无”一文中通过考察世界各国的案例与研究发现，虽然经营理念不同，但是但凡成功传承的家族，对无形财富的传承都极其重视，物质财富传承反在其次。

我们在“李嘉诚资产腾挪背后的传承逻辑”一文中仔细剖析了华人首富李嘉诚家族近年来的资产腾挪。和坊间看法不同，我们认为宏观因素只是李嘉诚“脱亚入欧”的表面原因，更深层次的原因在于李嘉诚退休在即，但其政商关系却难以传承。考虑到接班人李泽钜政商关系不足，但长于海外经营的情况，“长和系”企业也随之从靠关系的新兴市场逐步转至竞争透明的海外市场。根据接班人继承的无形财富来制定企业发展战略，李嘉诚的接班布局可谓传承典范。另一方面，忽略无形财富传承最终酿成严重后果的例子也不少见，“富味乡、胖达人、味全何以沦落？‘良心’是食品企业第一配方”一文中会让这些教训更清楚。

家庭教育显然是传承家族价值的重要方式。但对于较大的家族与企业，我们观察到较为制度化的做法。有些家族成立学校，有系统地将价值理念灌输到新一代家族成员与企业员工心中。有些家族透过制定与定期修订家族宪法，与家族成员持续沟通价值理念。也有企业家将价值理念总结与企业基本法通过教育训练贯彻给下一代。

除了价值观，知识与智慧财产也是企业常见的无形资产。这些资产的特性除了是看不见摸不着的，还有不易学习、容易丢失、创造积累不易等特点。我们强调知识管理对这类企业的重要，在“山寨之后，民企创新的制度性安排”一文中，我们讨论了如何设计激励与监督制度以鼓励创新、知识积累与传承。

品牌是价值观的延续，因此在家族与企业传承过程中将目标集中于品牌建设是一个可行的做法。我们考察了中外家族企业品牌建设与延续的案例。家族经营企业的一项重要优势，是透过数代人的不懈努力将产品质量不断提升，透过家族百年对产品质量的坚持，赢得消费者的信心。吊诡的是，当产品有了历史性的声誉，品牌因其历史长远不可被模仿反而变成可以被有价转让的资产，而不必由创始家族长期拥有。我们在“从 LVMH 的奢侈品名牌兼并整合战略看创始家族的功成身退”一文中考察了诸多被兼并收购的奢侈品品牌，发现为了因应近年来世界对奢侈品日益高涨的需求，企业必须对外融资扩张市场规模。传统的独立家族经营单一品牌模式渐被集团化经营多元品牌模式取代。LVMH 便是这奢侈品经营模式转型成功的先例。

第 13 章
家族财富传承之道：无胜于有，有始于无

范博宏　张天健

财富传承的要诀与中国古老的道家思想颇为契合。成功世代传承的家族，都十分注重无形财富的传承。家族传承最主要的是将无形资产传给下一代，而非仅是物质财富。如果只注重物质财富，会越分越少，迅速消散；反之，无形财富越分越多，物质财富也随之越聚越多。

近年来，华人家族企业争产内斗事件频频见诸报端。第一代企业家本期望后代将家族与企业发展壮大，却往往事与愿违。莫非真的是一代不如一代？其实并非仅此而已。商业家族往往过于重视物质财富，忽略了无形财富的传承。“上下交征利而国危矣”，对家族企业来说也是如此。成功世代传承的家族，都十分注重无形财富的传承。

家族企业成功的关键在于家族对企业的特殊贡献，包括家族成员间因能分享价值观与理念而合作无间、团结一致等。若这些特殊资产或无形财富无法顺利传承，家族将分崩离析，企业也难以为继。老子说：“有之以为利，无之以为用。”有形财富只是利，无形财富才是真正有用的。“无”并非空无一物。空的碗可以装菜，但首先必须有碗，无形财富就是装有形财富的“碗”。企业传承中，很多家族只是把“菜”（财）交给子女，“碗”却没有传下去，“菜”（财）自然越来越少。

老子说：“天下万物生于有，有生于无。”钱、房子、车子、奢侈品是物质财富，物质财富却生于无形资产。如果只注重物质财富，会越分越少，迅

速消散；反之，无形财富越分越多，物质财富随之也越聚越多。中华文化与道家哲学的空与无思想，我们对家族企业的个案与学术研究中正不断被印证。

新鸿基地产：执者失之

老子说："天下神器，不可乃也，不可执也。乃者败之，执者大之。"企业对家族来说相当于"天下"，家族拼命抓紧有形财富，忘却维系无形财富，反而容易失去。

新鸿基由郭得胜等人于1963年创办。1990年，郭得胜去世，将价值百亿的集团43%股权锁入郭氏家族信托，受益人包括遗孀邝肖卿、3个儿子郭炳湘、郭炳江和郭炳联及其家人。通过信托绑定受益人，创办人显然希望家族财富由子孙牢牢掌握。然而，2007年郭炳湘因故与两弟发生矛盾。次年，矛盾公开化，郭炳湘被董事会罢免董事长职务，并被踢出董事会，失去公司经营权。2010年，郭炳湘进一步被剔除出家族信托受益人名单。此时，新鸿基地产已成长为市值千亿的地产巨头，将郭炳湘除名相当于令其损失上百亿港元。两年来，郭炳湘一直与家族成员就企业经营权与信托受益权缠斗。这些年来，新鸿基地产股票扣除大市变动后的回报率随之一路下挫，损失惨重（图13.1）。

2012年，郭炳江和郭炳联因涉嫌行贿香港特区前政府官员被廉政公署传讯。有媒体猜测，事隔多年事件突然浮出水面或与三兄弟内斗有关。随后郭炳湘也被卷入行贿案，被廉署请走。此次爆炸性事件令新鸿基股票市值在2012年3月30日一日之内蒸发近400亿港元。以这样的财产流失率，不久家族将无财可争。更严重的是，若郭氏兄弟被定罪，家族长年积累的声誉将荡然无存。

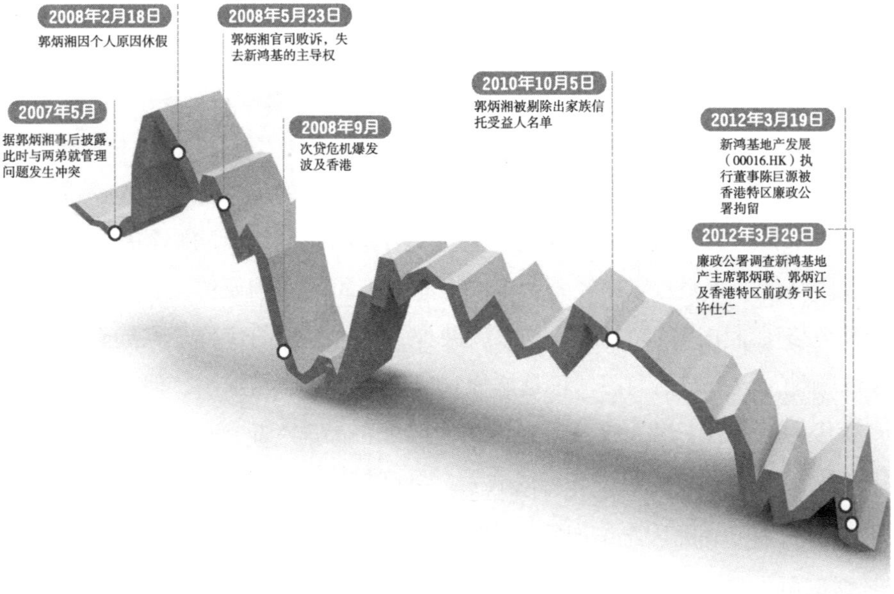

图 13.1　新鸿基地产扣除大市变动后的累计月异常回报率

王永庆与爱马仕家族：无执无失

反之，若能将无形资产传给后人，有形财富也能够被顺利传承，甚至由后人创造出更多的有形财富。台湾地区前首富王永庆有 3 位妻子，子妇 10 余人。但王永庆百年之后，只有少数家人争产，对企业无重大影响。这很大程度上得益于王永庆对子女的言传身教。王永庆的子女们中学就被送出国，但子女和父亲一直保持书信来往。老人家工作之余，不厌其烦给子女写信，一写就是好几大张。当时才读高中的王雪红觉得“爸爸的字又草，写得又深，说实在我看不懂”，但后来“重新翻过，有很多启发”。王永庆更将穷其一生建立的台塑集团控股股权注入慈善基金会，让子女一无所有。这一招可谓釜底抽薪，在兵法上大概叫作“登高去梯，置之死地而后生”。子女得不到金钱，“不见可欲，使心不乱”，专心靠自己，反倒更成功。在王永庆的影响下，子女们纷纷创业，其中王雪红更成为中国台湾地区最成功的女企业家和女首富。王永庆家族的传承经验，应验了老子的话，“圣人无为，故无败；无执，故无失”。放弃有形财富，不但没有失去，反而得到更多。

放弃反而得到更多的类似经验，在国外家族企业中也很常见。爱马仕自1837年至今一直由爱马仕家族经营，秉承皮革制造的优雅传统，每一件产品都精益求精。例如制作爱马仕丝巾要经过7道工序，用时18个月。百多年来，爱马仕一直坚持家族经营，多次拒绝大集团的并购要约，为的是保护对产品风格质量坚持的精神理念与家族荣誉，但这么做的代价是家族必须世代奉献牺牲，放弃眼前利益。正是这种对家族无形资产的保护，使爱马仕在众多奢侈品中独树一帜，成为“奢侈品中的奢侈品”。如今爱马仕已传到家族第五代，2010年营业额达2.4亿欧元，早已打破了“富不过三代”的宿命。保护无形资产，有形财富也随之增值。

摩根汽车与法师旅馆：无为而无不为

道家讲究“无为而无不为”，看似一无所有，实则无所不能。英田摩根汽车公司现由摩根家族第三代经营。摩根汽车全部由手工制造，公司员工只有100来人，年产量不足1000辆汽车。但摩根品牌却深受青睐。要买一辆摩根汽车，从订购到拿到车钥匙需等上一两年，以前甚至有人等了10年才拿到车。百年来，摩根家族秉承摩根精神，多次拒绝收购、并购请求。通过去商业化，尽量接近“无”，家族企业得以延续。

日本法师温泉旅馆历经1300余年，已传承至46代。法师旅馆千余年来一直都是只此一家的家庭小旅馆，甚至连许多日本人都没听说过。法师旅馆的厉害之处就在于它从未厉害过，可以说“一无所有”，但正是“无”成就了其千年传奇。道家虽然推崇“无为”，但老子同时也说“强行者有志”。只有先下苦功努力，甚至牺牲自我，才可以“无为而无不为”。法师旅馆的千余年历史有赖于其严格的家族传承制度，世代坚持长子继承，其他子女通过包办婚姻请出家门，加入其他家庭，旅馆的一针一线都不会分出去，小小的温泉旅馆也因此得以保存。这个日本家族为什么世世代代愿意为家族与家族事业做出如此的牺牲？不是因为其有形财富，而是家族知道自我的“空无”成就未来的“大有”，而成就家族的“大有”是“小我”至高无上的荣誉与财富。

以柔克刚

并非所有企业都愿意如法师旅馆般偏安一隅，在家族统治下往往会诞生一些大财阀，例如中国香港的长江集团、韩国的三星集团等。这些大型集团甚至可以控制一方经济命脉。但过于强大就容易走向衰弱。“飘风不终朝，骤雨不终日……天地尚不能久，而况于人乎？”企业扩张到一定程度就要学会低调，也就是道家所谓的“以柔克刚”、“以退为进”。

“退”不是无条件退让，一定程度上是在有能力的情况下摆出低姿态，长远目的还是为了“进”。“柔”并非软弱，而是为了强。柔弱似水，但滴水可以穿石，大江可以决堤。“天下莫柔弱于水，而攻坚强者莫之能胜。”李嘉诚商业帝国虽大，但为人低调，“如果你始终注意不过分显示自己，就不会招惹别人的利益，别人也就无法捕捉你的虚实。”老子说：“江海所以能为百谷王者，以其善下之。”企业越强大，越需要“示弱”。据说，李嘉诚将企业命名为长江集团的寓意是“长江不择细流”，“处下”才能得到天下的水。

不少企业尚未成为大财阀就已经衰落，往往因为企业发展过速，不懂得节制。方太集团总裁茅忠群就表示，为了保持高端厨具品牌形象，企业坚决“不上市、不打价格战、不贴牌”，“我只要说服自己就可以，每年增长 20% 就够了，而一旦上市，你说增长 20%，可能董事会就不乐意了，至少得 25%，我不希望有杂音来干扰方太的战略”。台湾王品集团创始人戴胜益也表示，公司要“用年轮的方式成长，每年形成 3 公分，这样是健康的”。

人各有志，企业大小并非主要的。大企业不一定强，小企业未必弱。做大做小各有难处，关键在于如何长久。大企业犹如汪洋，想长久需懂得谦下。小企业犹如小溪，遏制不现实的野心才能细水长流。说到底，都是要以退为进、以柔克刚。

小大之辩

其实，物质财富的大小与多少并没有本质区别。争产案多则千亿，少则几亿，寻常百姓家为了区区几万也不乏兄弟反目。在身家百亿的豪门看来，争夺几万元恐怕十分可笑。在身家千亿的家族看来，为几亿元上法庭或许也很不值吧。大小、多少只是相对的。《庄子》里有一则寓言：蜗牛两只角上各有一国，为争夺蜗牛角上的地盘争战不休，伏尸千万。蜗牛角虽小，但也有两国战争。其所争的在人类看来是何其渺小。家族千亿帝国虽大，在茫茫宇宙面前，与蜗牛角无异。

牛顿曾说："我只觉得自己好像是在海滨嬉戏的孩子，为一会儿找到一颗光滑的石子，一会儿找到一个美丽的贝壳而高兴。而真理的海洋，仍在我的面前未被发现。"谦逊之辞同时也反映了客观事实。牛顿贡献虽大，但在古信今来的知识海洋，不过沧海一粟。因此，不要太看重家中满箱金银，下一代可以创造更多。第一代企业家要让下一代从小立下大志。若有鸿鹄之志，自然不屑于争夺父母钱财。

争几万元固然不该，争千亿元同样不值。在企业传承中，家族企业第二代要从小接受"不争"的教育。不该争的是家产，应该争的是让企业发扬光大。"自其变者而观之，则天地曾不能以一瞬"，父母家产再多，对第二代来说都是"小"；"自其不变者而观之，则物于我皆无尽也"，自己创造的即使不多，也是"大"。

传承之道

中国人强调家和万事兴，不过很多企业创办人却把"和"与"合"混淆了。强制合，必然导致不和，最后往往被迫分。新鸿基家族信托受益人被绑定在一起，发生内斗时想分开都很难。因此，即使后人共同经营，也应预留分解管道。"合久必分，分久必合"，有时让家族后人之间保持距离，形成几个家族企业集团的分支反倒能够实现更广义的合，成员间更有可能保持和睦，合为一体。以分为合或许也是道家以退为进思想的一种表现方式。

家族传承最主要的是将无形资产传给下一代，而非仅是物质财富。《老子》最后一句说，“圣人之道，为而不争”，即好好做事，不与人争。亨利·福特说：“最值得畏惧的对手从不关注你，只专注自己业务的每个细节。”人非圣贤，难免起争执之心。做好一个企业不容易，传下去更不容易。“蜗牛角上争何事，石火光中寄此生”。有这么多事要做，这么美好的未来要追求，哪里还有空争来争去呢？

第 14 章
李嘉诚资产腾挪背后的传承逻辑

范博宏　钱梦吟

表面看，李嘉诚的资产大腾挪只是出于高卖低买的商业政策。更深层次的原因则在于“长和系”掌舵者的比较优势发生了变化。李嘉诚擅于经营政商关系和人脉网络，这种特殊资产难以传承；而接班人李泽钜则长于竞争充分、规则透明的海外市场。后李嘉诚时期，长和系重心迁移正是其精心安排的传承大戏中的一部分，这种为了配合下一代比较优势而进行企业发展方向调整的传承思维，值得内地民企学习。

2013 年 11 月下旬，短短一周时间，李嘉诚两度出售香港楼产，最近几个月以来，自拟出售百佳超市的新闻不胫而走之后，“长和系”抛售中国内地和香港资产的新闻频频曝光：减持长园集团、出售上海陆家嘴东方汇经中心和广州西城都荟广场、计划拆分港灯和屈臣氏上市……大洋彼岸，“长和系”却在过去 3 年间对负债累累的欧洲投资了 100 余亿美元，英国媒体更称，李氏家族“几乎买下了英国”。这一系列资产大腾挪引起众说纷纭，“脱亚入欧”、“弃港投欧”等言论纷繁入耳。

大多数媒体分析，李嘉诚的资产大挪移是由宏观经济因素驱使的。欧洲经过债务危机后，资产价格处于历史低位。而内地与香港地区经济增速放缓，房地产价格在市场需求与政府调控的博弈之下是否继续上涨是未知数。因此李嘉诚减持价格高估的资产，转投价格较低的欧洲资产，这也符合他一贯的商业政策。

笔者认为，宏观经济因素只是李嘉诚“脱亚入欧”的表面原因。更深层次的原因是“长和系”因李嘉诚面临退休，过去由其关系、声誉所带来的竞争优势即将减弱，因此“长和系”的版图从中国香港及内地等依赖政商关系、人脉网络的市场迁移到凭借法制保障商业交易的欧美发达市场，而在这些海外市场中李氏家族第二代也能凭借过去长期淬炼的专业优势继续将家业发扬光大。

李嘉诚的特殊资产造就“长和系”

1950 年，李嘉诚在香港筲箕湾创立长江塑胶厂，依赖塑胶花赚得人生第一桶金，自此走上叱咤风云的创业道路。如今，“长和系”的业务已遍布全球，而李嘉诚也从“塑胶花大王”成为了亚洲首富。李嘉诚的成功主要在于卓越的商业头脑和敏锐的投资眼光。他懂得审时度势，在最有利的情况下达成交易，并深谙经营之道：通过长期投资耐心等待可观回报，通过业务多元化来分散风险，凭借多维度的资金运作来保持稳健的财务状况。

除此之外，李嘉诚为人称道的是他的人际关系处理能力和以此构建的政商关系网。李嘉诚的人际交往能力，早在创业初期与其关键的商业伙伴——汇丰银行 1977—1986 年的执行主席沈弼（Sandberg）的交流中就已显现。一位认识李嘉诚的华人企业家表示，李嘉诚很懂得和沈弼交朋友：“沈弼是苏格兰人，小气、贪财、固执、寡言，朋友不多，与他交往很难，话说重了容易得罪他，说轻了他又觉得你在拍马屁没诚意，只能实事求是，再加一点小幽默”；“多年来，他有一帮忠心耿耿的商业伙伴，在尔虞我诈的商场上，建立一段长期而稳固的友谊，太难，但他做到了。”

李嘉诚凭人际交往能力构建的政商关系使其拥有很大的影响力。他在国际上拥有诸多头衔（表 14. 1）。

表 14.1 李嘉诚父子头衔、社会公共职务列表

李嘉诚	李泽钜	李泽楷
英帝国 KBE 爵级司令勋衔	香港策略委员会委员	北京市第十届政协委员
法国荣誉军团司令勋衔	香港特区政府营商咨询小组成员	美国华盛顿策略及国际研究中心国际委员会成员
巴拿马 Grand Officer of the Order Vasco Nunez de Balboa 勋衔	中美洲巴巴多斯名誉驻港领事	环球资讯基建委员会成员
比利时 Commandeur de l'Ordre de Léopold 勋衔	港事顾问	世界经济论坛成员
大紫荆勋章	总督商务委员会委员	国际电讯联盟顾问团成员
太平绅士	中国人民政治协商会第九届全国委员会委员、第十届、十一届全国政协常委	哈佛大学国际发展中心国际顾问委员会成员
香港特别行政区基本法起草委员会委员	汇丰银行董事	东亚银行非执行董事
港事顾问		
香港特别行政区筹备委员会委员		
汇丰控股董事会非执行副主席		
中国中信集团董事		

在中国内地李嘉诚也备受重视。在香港地区，他曾被委任为基本法起草委员会委员、港事顾问及香港特别行政区筹备委员会委员。1992 年最后一任港督彭定康上任前，香港立法局 9 名非官方议员中，有 6 名是李嘉诚私人“幕僚”，获聘为长实集团的董事。李嘉诚与汇丰银行关系密切，曾任汇丰控股董事会非执行副主席达 7 年之久。这些人脉为李嘉诚带来诸多商业上的便利。

在李嘉诚的商业帝国版图扩张中，商业智慧和政商关系缺一不可：他凭借前者做出正确的判断和选择，而后者则可帮助他执行这些判断和选择。这两者，是李嘉诚赖以成功的特殊资产。

接班安排：新市场淬炼二代优势

如今，属龙的“李超人”已 85 岁，李氏家族的继承问题迫在眉睫。2012 年 5 月 25 日，李嘉诚公开了他的财产分配计划。长子李泽钜会掌管“长和系”下的所有资产，他将得到长江实业及和记黄埔 40%以上的股权，以及加拿大赫斯基能源公司 35%的股权。次子李泽楷会得到李嘉诚的现金资产，以并购他喜欢的公司，或发展新事业。李嘉诚也将家族信托中原本分配给李泽楷的 1/3 权益转给了李泽钜。

但是这些有形资产的分配仅仅是李嘉诚家业传承安排的冰山一角。真正必须克服的挑战是无形资产的传承，让家族后代在没有父辈庇荫下能够持续发展家业。李嘉诚财产分配虽公布不久，但他的接班部署与接班人的锻炼早已开始。

长子李泽钜

继承家族事业的长子李泽钜低调内敛，在公开场合很少发表独立的见解。由于“长和系”早已职业化经营，外界也很难考察到李泽钜个人的能力与领导力。李泽钜的潜沉、不为人知，在某种程度上反映了他作为接班人淬炼的主战场从来都是欧美市场。

李泽钜 1964 年出生，小学于香港圣保罗英文书院毕业后不久即移居国外读中学，1981 年到斯坦福大学深造，遵循父亲的安排选读土木工程专业，后又攻读了结构工程硕士学位。1986 年毕业后，李泽钜被派到加拿大主持长实分支机构。在温哥华，李泽钜第一次有机会展现自己的商业眼光。他看中了当地海边的世博会旧址，欲在此建设居民住宅区，并出售给中国香港地区居民。这一设想得到了李嘉诚和董事会的认可。然而，工程的进行并不是一帆风顺。部分温哥华市民认为不该让中国香港的商人来加拿大倒卖房地产，闯进工地抗议闹事。加拿大卑诗省的议会也做出一项限制李泽钜企业的房产只能在温哥华出售、非加拿大居民不能购买的议案。李泽钜亲自出面和省总督交涉，最终卑诗省议会发布了一项声明，阐述李泽钜开发世博会旧址是为加拿大排忧解难，当地居民不该排外，危机自此解除。一年后，李泽钜的“万博豪园”在中国香港和温哥华畅销，成为他战绩簿上精彩的一笔。

第一枪打响后，1990年，李泽钜主持和记黄埔集团收购英国“兔子”电讯公司。1996年，他分拆长江基建上市，获得25倍认购额。同年，李泽钜遭匪徒绑架，后幸得父救脱险。2003年，李泽钜以其多年乘坐加拿大航空的观察，在加航陷入困境时，通过私人公司收购加航31%的股权。

1999年，李嘉诚逐渐淡出长实，李泽钜开始掌握集团的管理权。2000年，李泽钜进入核心管理层，而长江集团也在李泽钜的资本运作中，逐步转型为国际企业，业务遍布全球50多个国家和地区，行业分布也十分广泛。

从初出茅庐到进入集团核心管理层，李泽钜在商业运作上日臻成熟，商业头脑和投资眼光也十分出众。李嘉诚曾表示：“如果我临时告诉泽钜，要去休两个月的长假，我相信公司照样能运转得稳稳当当。从他小时候起，我就一直在以身作则，教育他如何成为一名领袖。”李泽钜“总能与父亲想到一起”，并秉承了父亲“在稳健中求发展，发展中不忘稳健”的战略思路。同时，多年的海外求学及商业运作经验，使他能在国际市场上把握机会进行交易，也具有经营国际资产的能力。

当然，李嘉诚也有意让儿子继承自己的人脉，将儿子引荐给“政经大佬”，并让儿子去维护和他们的日常联系。李泽钜同样身担数职（表14.1）。然而，外界的看法是李泽钜处理人际关系的能力恐不及父亲。有评论指出：“李嘉诚很念旧，他清楚记得谁人帮过他。从这个角度看，他是非常真心的朋友。”

不难看出，李泽钜在家族长期培养下拥有充沛的海外资本运作及经营经验，但在人脉关系的维系上优势并不明显。

次子李泽楷

比起内向、行事低调、稳重老成的李泽钜，小两岁的李泽楷更为人们所熟知，他是媒体的宠儿，总是有关于他的衣着、绯闻的报道见诸各报纸杂志。李泽楷在13岁时，便被送往美国读中学。1983年考入美国斯坦福大学就读自己喜欢的计算机专业，而非父亲所希望的土木工程专业，虽然对外宣称获得斯坦福文凭，后来却被揭发其实没有毕业，由此可见李泽楷我行我素的性格。离开斯坦福后，李泽楷在加拿大工作了 4 年，1990 年回到和黄任职，他观察到卫星电视的商机，在导师马世民和父亲的协助下，成立香港卫星电视公司。1993 年，李泽楷出售卫星电视，成立了盈科公司，自立门户，并于 1995 年将其在新加坡上市。1998 年李泽楷成功游说香港政府建立“数码港”，2000 年收购香港电讯，但之后互联网泡沫破灭，电讯盈科在负债压力下长期亏损。2009 年，李泽楷买入美国国际集团（AIG）的机构性资产管理项目，2013 年以 165.86 亿港元收购荷兰 ING 中国香港地区、中国澳门地区及泰国的保险业务，准备挥师进入金融业。

李泽楷与父兄一样，也有着独到敏锐的商业直觉，但行事风格并不保守稳健，反而寻求标新立异，敢拼敢闯，有冒险主义精神。在人脉关系的建立与维护上，李泽楷性格西化、不太注重传统，并不很在乎方方面面的关系。

随家族比较优势变化的资产转移

尽管近期李嘉诚的资产出售和拆分计划使得“版图西移”的讨论沸沸扬扬，但实际上，“长和系”早已迈出走向世界的步伐。从 2003 年 11 月到 2013 年 10 月的 10 年间，和记黄埔（00013. HK）进行了 65 笔重大的投资收购和出售拆分事项（表 14. 2）。其中，2003—2008 年，和记黄埔及其旗下公司的资本运作就有 43 笔，因此“长和系”并非最近才加大对海外市场的投资力度。

从不同地区交易数量也可看出，这 10 年，“长和系”资产逐渐从发展中地区向海外发达市场转移。在这 65 笔交易中，40 笔发生在发达国家，其中 32 笔为收购，8 笔为出售，且主要集中在英国、加拿大、澳大利亚等对产权保护执法力度较大的普通法系国家。而发展中国家和地区的资本运作共 25 笔，其中 17 笔为收购，8 笔为出售，而仅在中国内地的出售就有 6 笔（图 14. 1）。

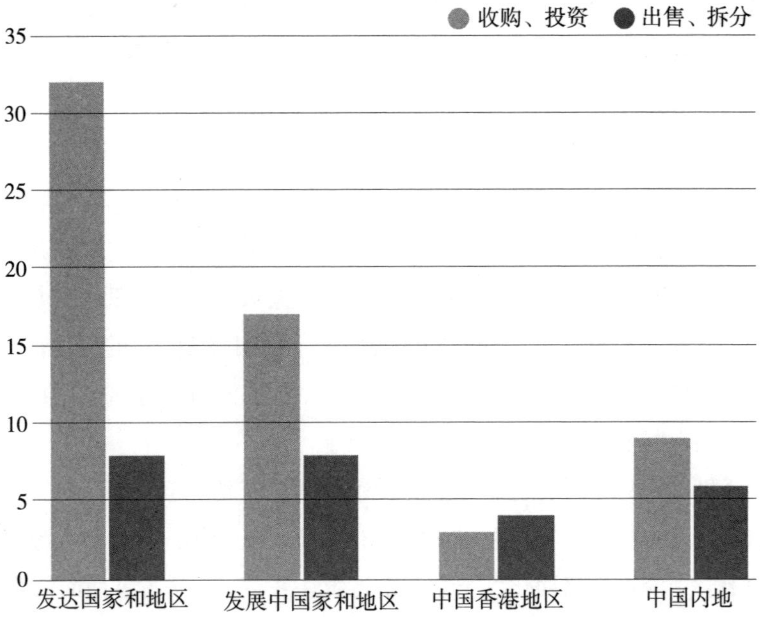

图 14.1 近 10 年“长和系”在不同经济体资本运作数量统计

统计不同地区交易金额则可更直观地观察到“长和系”近 10 年的资产转移。“长和系”在不包括香港在内的发达地区并购额高达 1995 亿港币，远远超过在香港及发展中地区并购总和；而其在香港及包括中国内地在内的发展中地区出售总金额则高达 2465 亿港币（图 14.2）。“长和系”从新兴市场向海外发达地区的资产转移一目了然。

从图 14.3 可看出，这 10 年间“长和系”股价在扣除大市变动后赢取了正向回报，至 2013 年 10 月，和记黄埔和长江实业（00001. HK）的月累计异常回报率分别为 21. 78%和 39. 24%。这表示，近 10 年的一系列资本运作、资产转移对“长和系”的价值有正面贡献。例如，2005 年 6 月出售香港国际货柜码头的两成权益和中原—国际货柜码头一成权益后，和记黄埔和长江实业的股价超额收益率均超过 3%；2010 年 10 月收购英国电网为和记黄埔和长江实业均带来超过 2. 8%的超额收益率。

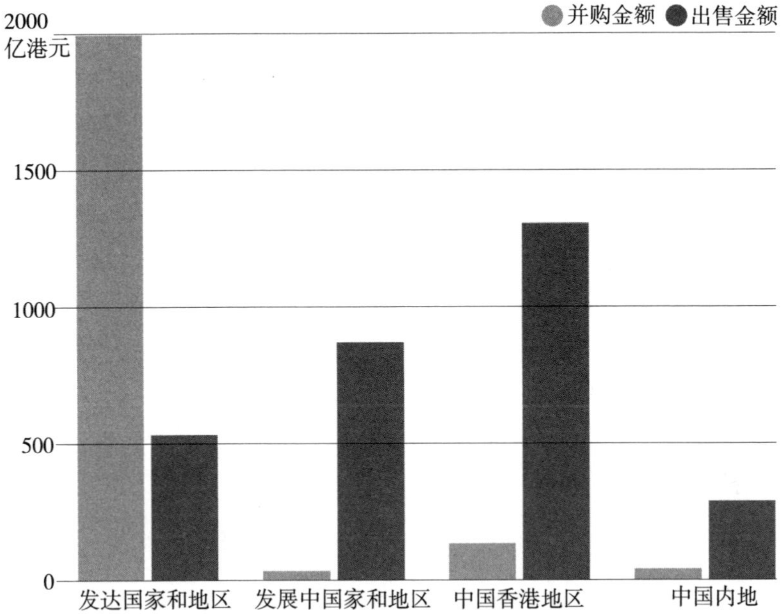

图 14.2 近 10 年“长和系”在不同经济体资本运作金额统计

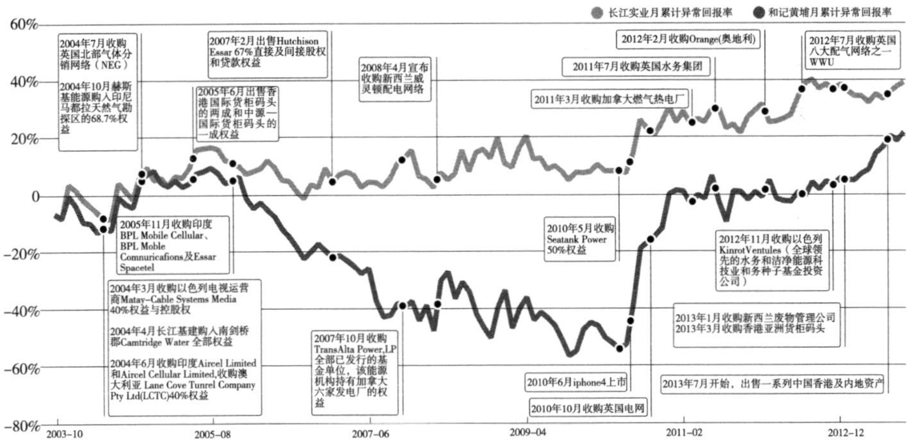

图 14.3 2003 年 11 月至 2013 年 10 月“长和系”月累计异常回报率

为了更精确地考察“长和系”这一系列海外资本运作的价值效果，我们对这些资产并购、处置事件的市场效应进行量化——计算事件首度公开披露日前后 15 日调整大市变动后和记黄埔的日累计股票异常回报率。过去 10 年间李嘉诚家族的资本运作，从所有样本事件平均的日累计异常回报率来看是成功的，平均每次并购出售为和黄带来 1%的额外价值（图 14.4）。进一步对比各地区的平均累计异常回报率时，在除香港地区以外的发达市场，长和系的资本运作获得了最高的累计异常回报率，如重金砸入的英国市场平均每次并购出售都为和黄带来 2%的额外价值。此外，李嘉诚家族在香港的资产运作事件的累计异常回报率超过 1%，接近所有事件的回报均值。反观其在新兴市场的资产交易，事件发生后市价折损明显，除中国内地外的发展中地区平均价值损失超过 1%，而发生在中国内地的资产交易伴随的公司价值损失更达 1.5%。

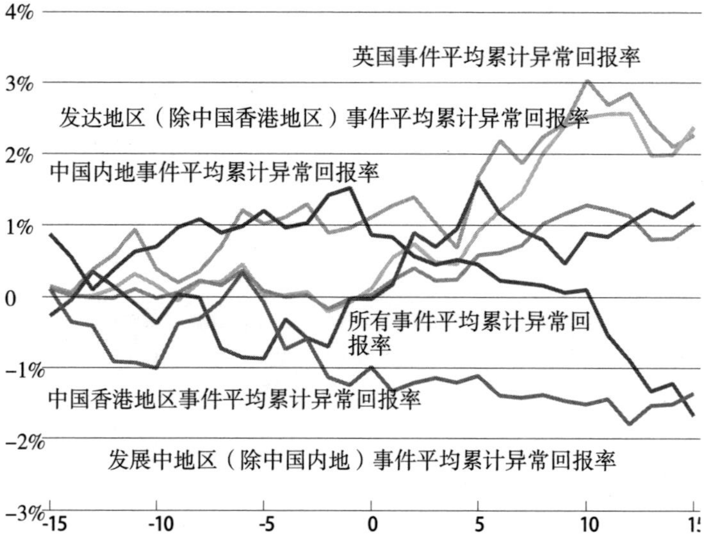

图 14.4　各地区资本运作平均累计异常回报率

即使将资产并购和出售事件分开来看，上述结论依然成立，发达地区买卖资产的异常回报率均超过发展中地区。在不同地区的并购事件中（图 14.5），长和系在发达地区的资产收购平均累计异常回报率是 2%，显示这些资产收购对集团有增值的贡献。反观在内地等发展中地区以及中国香港的资产并购却造成集团价值平均超过 1%的损失，在中国内地的并购平均价值损失更超过 2.5%。在不同地区的出售事件中（图 14.6），香港、发达市场的资产出售都带来近 3%正面的市场反应，而在中国内地、发展中地区的出售则带来超过 1%负面的市场反应。在发达地区，“长和系”的资产经过长期的经营，业绩良好，出售能沽得好价钱，为股东带来最大收益，因此市场反馈是正面的；发展中地区的资产出售则恰恰相反。

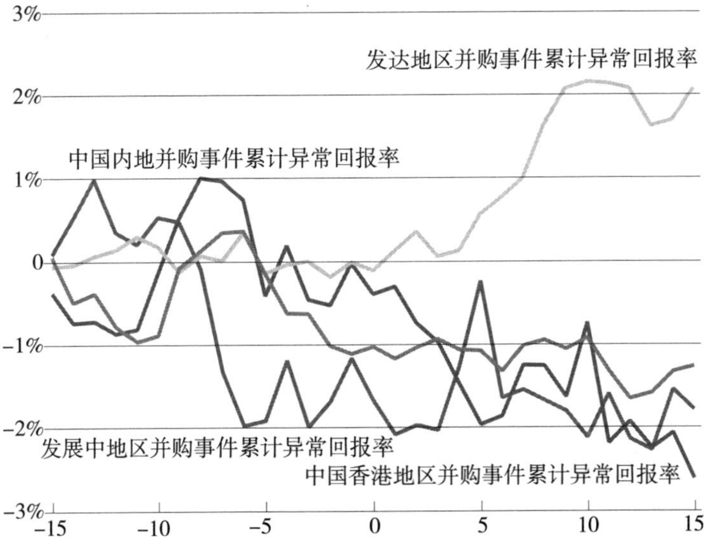

图 14.5　不同地区并购事件平均累计异常回报率

另外，对比李氏家族不同时间段在不同地区市场资产交易事件的价值反应（图 14.7），我们发现无论是早期（2003—2008 年）还是近期（2009—2013 年），李氏家族在发达地区的资产交易都伴随正面的市值反应，平均达到近 2%。而在发展中地区的资产交易，早期伴随平均超过 2.5%的市值损失，但是近期却有平均近 2%的增值，2013 年在上海、广州的资产出售中，“长和系”都成功实现了高抛，财务回报颇为可观。这或许显示李泽钜经过长年海外市场的淬炼，已更有能力接替其父主导全球事业的发展。

综合以上分析可以看出，这 10 年中，李氏家族在环境透明、法制健全、市场竞争充分的发达地区投资并运营资产，为“长和系”带来了增长和收益，对“长和系”的价值有正面影响；而在需要良好的政商关系、对私有财

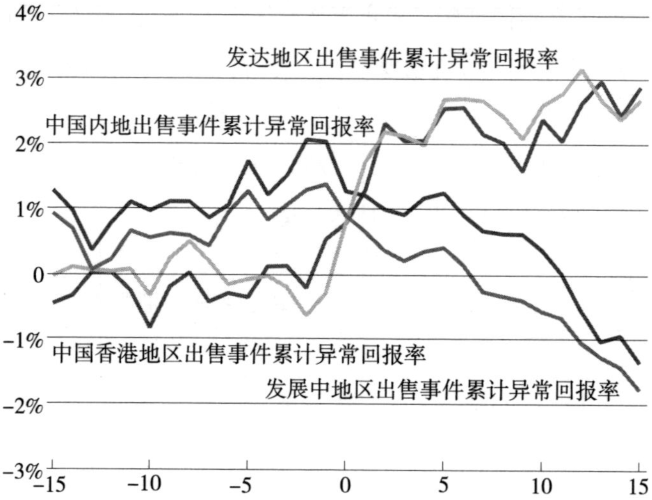

图 14.6 不同地区出售事件平均累计异常回报率

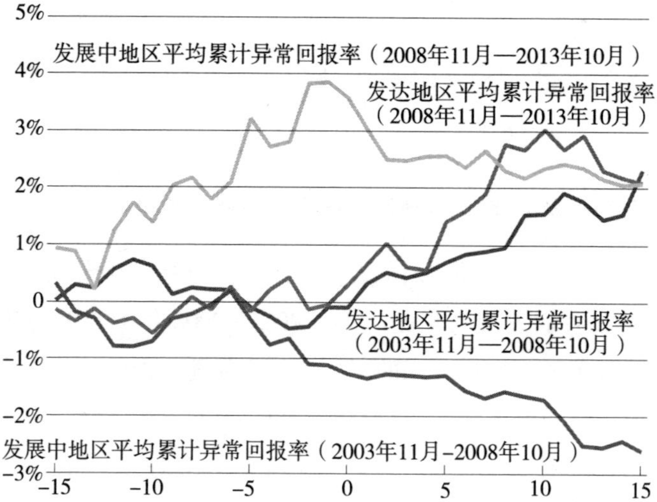

图 14.7 不同地区前后五年事件平均累计异常回报率对比

产保护较为薄弱的发展中地区，“长和系”并没有优势，市场对于“长和系”在这些地区运营资产的长期收益能力不持乐观态度。“长和系”的比较优势在后李嘉诚时代将从政商关系转移到职业化的市场竞争。

表 14.2　2003 年 11 月至 2013 年 10 月间“长和系”的重要资本运作事件

序号	事件宣布的时间	投资、收购、合并事件	减持、拆分、出售事件	涉资	国家及地区
1	2004 年 3 月	收购以色列电视运营商 Matav – Cable Systems Media 40%权益与控股权		1.37 亿美元	以色列
2	2004 年 4 月	长江基建购入南剑桥郡 Cambridge Water 全部权益		5137.5 万英镑（约 7.18 亿港元）	英国
3	2004 年 5 月		出售和黄所持宝洁—和记余下的两成权益	20 亿美元	中国内地
4	2004 年 6 月	屈臣氏宣布收购保健与美容产品连锁店 Drogas			拉脱维亚、立陶宛
5	2004 年 6 月	购入韩国现代商船 12%股权		6.06 亿港元	韩国
6	2004 年 6 月	Hutchison Essar 宣布收购 Aircel Limited 和 Aircel Cellular Limited 全部权益		2.67 亿美元	印度
7	2004 年 7 月	长江基建宣布收购 Lane Cove Tunnel Company Pty Ltd（LCTC）40%权益		2.39 亿澳元（约 13 亿港元）	澳大利亚
8	2004 年 7 月	马来西亚屈臣氏宣布计划向 Apex Healthcare Bhd 收购旗下西药连锁店 Apex Pharmacy Sdn Bhd		1220 万马来西亚元	马来西亚
9	2004 年 7 月	赫斯基能源宣布收购卡加利私营石油与天然气公司 Temple Exploration 全部股权		1.15 亿美元	加拿大
10	2004 年 8 月	屈臣氏宣布收购德国保健与美容产品连锁店 Dirk Rossmann GmbH 40%股权			德国
11	2004 年 8 月	长江基建组成财团宣布达成协议收购英国北部气体分销网络（NEG）		13.93 亿英镑（约 200 亿港元）	英国

（续表）

序号	事件宣布的时间	投资、收购、合并事件	减持、拆分、出售事件	涉资	国家及地区
12	2004 年 9 月	和记黄埔港口与上海国际港务合资新公司——上海明东集装箱码头有限公司		20 亿元	中国内地
13	2004 年 10 月	和记黄埔港口宣布收购位于波兰格丁尼亚港的散货码头 Wolny Obszar Gospodarczy 大部分股权			波兰
14	2004 年 10 月	赫斯基能源购入印尼马都拉天然气勘探区的 68.7%权益，而后拥有印尼马杜拉天然气勘探区的全部发展权		5000 万美元	印度尼西亚
15	2004 年 11 月		长江基建宣布出售英国北部气体分销网络（NEG）9.9% 权益	5310 万英镑	英国
16	2004 年 11 月	屈臣氏与韩国 LG Mart Co. 合资成立 GS-Watsons			韩国
17	2004 年 11 月	和黄与广州白云山制药股份有限公司合资成立广州白云山和记黄埔中药有限公司			中国内地
18	2004 年 12 月	收购尖沙咀九龙酒店全部权益香港地区			
19	2005 年 1 月		李嘉诚控股的 L. F. Investments（Barbados）Ltd 宣布出售 17，008，928 股加拿大帝国商业银行（CIBC）普通股份	11.91 亿加元（约 77.39 亿港元）	加拿大
20	2005 年 1 月	屈臣氏宣布收购欧洲著名香水连锁店 Marionnaud 股份		5.34 亿欧元	法国

（续表）

序号	事件宣布的时间	投资、收购、合并事件	减持、拆分、出售事件	涉资	国家及地区
21	2005年2月	和记黄埔地产在中国长沙市的黄金地段购置土地			中国内地
22	2005年3月	屈臣氏收购土耳其保健及美容产品连锁集团 Cosmo Shop			土耳其
23	2005年3月	和记电讯国际有限公司宣布收购 PT Cyber Access Communications60% 权益		1.2亿美元	印度尼西亚
24	2005年5月		和记电讯国际计划出售巴拉圭业务		巴拉圭
25	2005年5月	屈臣氏宣布收购英国上市的香水零售商 Merchant Retail Group PLC 的全部已发行及将会发行普通股本		2.22亿英镑	英国
26	2005年5月	和记黄埔地产在广州收购了一块面积逾200万平方米的土地			中国内地
27	2005年6月		出售香港国际货柜码头的两成和中原—国际货柜码头的一成权益	9.25亿美元（约72.15亿港元）	中国香港地区
28	2005年6月	屈臣氏集团保健及美容（欧洲内地）分部宣布收购荷兰药房 Portegies Drugstore			荷兰
29	2005年10月	屈臣氏宣布收购保健及美容产品连锁店 Spektr Group			俄罗斯

（续表）

序号	事件宣布的时间	投资、收购、合并事件	减持、拆分、出售事件	涉资	国家及地区
30	2005 年 10 月	和黄持股 62%的和记港陆有限公司宣布购入位于上海徐汇区长乐路 989 号的世纪商贸广场的全部权益，以及 204 个地下停车位和毗邻一住宅物业的高级会所		3 亿美元	中国内地
31	2005 年 11 月	和黄旗下 3Italia 宣布收购 Channel 7（持有意大利全国数码电视分销牌照）			意大利
32	2005 年 11 月	和记电讯国际有限公司的印度附属公司宣布收购 BPL Mobile Cellular、BPL Mobile Communications 及 Essar Spacetel			印度
33	2005 年 12 月	和记黄埔港口宣布收购位于西班牙巴塞罗那港的货柜码头——加泰罗尼亚码头（Terminal Catalunya S. A.）的主要股权			西班牙
34	2006 年 4 月		出售和记黄埔港口集团与 Hutchison Ports Investments S. a. r. l 各 20%权益和债务给新加坡港务局	43. 88 亿美元（340 亿港元）	中国香港地区 & 卢森堡
35	2006 年 6 月	和记黄埔地产投得一块位于山东青岛小港湾面积 312 220 平方公尺的土地			中国内地
36	2006 年 10 月	收购 95 家位置优越并遍布英国多个购物中心与高级购物区的零售店铺			英国
37	2006 年 10 月	和记黄埔地产取得上海浦东区一块面积 8 万平方公尺土地的使用权			中国内地

（续表）

序号	事件宣布的时间	投资、收购、合并事件	减持、拆分、出售事件	涉资	国家及地区
38	2007 年 2 月		和记电讯出售 Hutchison Essar Limited 67% 直接及间接股权和贷款权益	111 亿美元（870 亿港元）	印度
39	2007 年 4 月	和记黄埔地产收购重庆杨家山区一块逾 100 万平方米土地的使用权			中国内地
40	2007 年 8 月		长江基建出售广州东南西环高速公路的权益	12. 6 亿港元	中国内地
41	2007 年 10 月	长江基建收购 TransAlta Power，L P 全部已发行的基金单位，该能源机构持有加拿大六家发电厂的权益		6. 29 亿加币（49. 5 亿港元）	加拿大
42	2007 年 12 月	和记黄埔地产购入武汉市蔡甸区一块总面积约 91. 4 万平方米的土地			中国内地
43	2008 年 4 月	长江基建宣布收购新西兰威灵顿配电网络		7. 85 亿新西兰元（47. 98 亿港元）	新西兰
44	2008 年 12 月	和记黄埔港口与日本邮船签订股份互换协议，日本邮船以荷兰阿姆斯特丹克瑞斯欧洲货柜码头（Ceres Container Terminals Europe B. V. ）的控股权，换取和记黄埔港口位于鹿特丹欧洲货柜码头的少量股份			荷兰
45	2009 年 2 月	Vodafone 和 Hutchison Telecommunications（Australia）Limited（HTAL）合并双方在澳洲的电讯业务			澳大利亚

（续表）

序号	事件宣布的时间	投资、收购、合并事件	减持、拆分、出售事件	涉资	国家及地区
46	2009 年 8 月		和记电讯宣布其附属公司 Advent Investments Pte Ltd 出售其持有 Partner Communications Company 的全部 51.3%权益	13.81 亿美元（约 107.06 亿港元）	以色列
47	2009 年 11 月	长江基建和港灯购入 Northern Gas Networks Holdings Limited 的权益		7500 万英镑（10 亿港元）	英国
48	2010 年 4 月	长江基建收购 Seabank Power（英国电力公司）50%权益		2.12 亿英镑（25 亿港元）	英国
49	2010 年 7 月	长江基建及港灯牵头的财团宣布收购英国受规管及非受规管电网资产		57.75 亿英镑（700 亿港元）	英国
50	2011 年 2 月	长江基建和电能实业收购位于加拿大萨斯喀彻温省（Saskatchewan）的热电厂 Meridian Cogeneration Plant		9240 万加元（7.18 亿港元）	加拿大
51	2011 年 8 月	长江基建牵头的财团宣布收购英国水务公司 Northumbrian Water		620 亿港元	英国
52	2012 年 2 月	和记黄埔全资附属公司 Hutchison 3G Austria 宣布收购 Orange Austria（奥地利 Orange）的全部股权		9 亿欧元	奥地利
53	2012 年 7 月	长江基建牵头的财团宣布收购 Wales & West Utilities（WWU 系英国八大配气网络之一）		6.45 亿英镑（77.53 亿港元）	英国
54	2012 年 8 月	长江实业竞得荃湾西“湾畔”地皮		96.3 亿港元	中国香港地区

（续表）

序号	事件宣布的时间	投资、收购、合并事件	减持、拆分、出售事件	涉资	国家及地区
55	2012年9月	长江基建与电能实业宣布拓展澳洲可再生能源输电业务，投资澳大利亚维多利亚省的电力输送网络		3360万澳元（2.68亿港元）	澳大利亚
56	2012年11月	Kinrot Ventures（全球领先的水务和洁净能源科技业务种子基金投资公司）			以色列
57	2013年1月	长江基建宣布收购新西兰废物管理公司 Enviro Waste Services Limited		4.9亿新西兰元（31.8亿港元）	新西兰
58	2013年3月	和记港口信托收购亚洲货柜码头（Asia Container Terminals Holdings）		6.3亿新加坡元（39.17亿港元）	中国香港地区
59	2013年7月	长江基建宣布转让持有的107国道驻马店路段66%权益		8637万元（1.09亿港元）	中国内地
60	2013年7月	宣布准备出售百佳 （注：百佳出售暂搁浅，纳入屈臣氏上市计划）		30亿美元（234亿港元）	中国香港地区
61	2013年8月	减持长园集团中国内地			
62	2013年8月	准备出售上海陆家嘴东方汇经中心		11.55亿美元（89.56亿港元）	中国内地
63	2013年8月	出售广州西城都荟广场和停车场		26亿元（30亿港元）	中国内地
64	2013年9月	宣布拆分港灯上市		380亿港元	中国香港地区
65	2013年10月	宣布拆分屈臣氏上市		620亿港元	中国香港地区

“超人”传承的启示

李嘉诚60年前从香港一个塑胶花工厂起家，到今天成为坐拥“长和系”商业帝国的“超人”，靠的是卓越的商业头脑和敏锐的投资眼光，还有他的人际关系能力和借此构建的政商关系网。李嘉诚清楚他身后最难延续的正是这些特殊的无形资产。他知道他不能海选接班人，但是他可以选择唯一接班人最能做的事业。他也知道接班人最能发挥的事业与市场不会是自己发迹成功的事业和市场。他决定配合儿子政商关系不足但熟悉海外市场体制的既有条件，借开拓海外市场培养儿子的能力，让儿子能在体制较健全的市场发挥能力，借多次的成功取得信心与声誉，成为日后接班的本钱。李嘉诚接班安排的特点就是充分考虑到接班人比较优势的不同，而将资产事业有序转移到接班人熟悉擅长、法制健全的海外市场。相较其他诸多华人商业家族为争夺家产掀起波澜而最终家业破碎，李嘉诚的接班人培养与事业选择是难得的佳例。从他的事业与接班布局中，我们可以得到一项重要启发——比较优势。

在市场竞争中，企业需要了解自己的优势，扬长避短，才可找到立足之地。接班人总会有优势上的不同，企业的发展也应随之而转变。有些企业家进入了一个误区，认为传承意味着接班人应完全按照现有的模式和父辈的意志来发展企业。事实上，企业的传承并不一定是“照单全收”、“一成不变”，而是在接班人与企业的长期磨合中，发掘接班人与企业契合的比较优势，并充分发挥这些优势，这样接班人不仅能在没有父辈光环笼罩的时候使得家业长青，更可使企业迸发出新的生命力。在李氏家族的传承中，李泽钜政商关系方面的优势不足，但拥有丰富的海外市场经验。因此，“长和系”逐渐从以关系为基础的发展中市场转向法制健全、竞争透明的海外发达市场，而市场给予的正面反应也说明这个转变能为企业带来更大的价值。民营企业家在传承中可尽早让准接班人在企业中锻炼，充分了解其比较优势，并据此逐渐转变企业的治理结构和发展轨迹。

在包括中国内地在内的许多新兴市场，政商关系对于民营企业的生存与壮大至关重要，民企领导人通常要花费大量时间和精力与政府周旋、应酬，也会通过与熟悉的关系人进行交易来降低外部交易成本。这对于许多从高中就奔赴英美读书的富二代来说并不那么容易接受。比如，娃哈哈创办人宗庆后的女儿宗馥莉曾表示，花太多精力与政府官员打交道让她备感头疼。

宗馥莉道出了不少海外留学的民营企业家子女的心声。许多子女已习惯国外的生活方式，不愿回国继承家业，造成民企后继无人；留学归来的子女在家族企业里也许会发现，在学校学的管理理念、商业运作方式在家族企业里起不了那么大效用，多年在海外也导致他们没能建立起国内的政商关系，以至于业务效率低下，交易成本增加。他们或许会想将业务移至法制更健全他们也更熟悉的国家，也可能因为经营不下去而将家族企业出售。这不仅是民营企业家族的损失，也是社会的损失。从国家政策的层面而言，只有不断健全和完善法律制度，营造透明竞争的市场环境，才能推动这些对社会有价值的民营企业在国内继续投资、发展和壮大。

第15章
富味乡、胖达人、味全何以沦落？“良心”是食品企业第一配方

范博宏　钱梦吟

纵观富味乡、胖达人面包、味全等台湾地区知名企业，它们或善于品牌造势，或借明星效应慈善之名，或不惜大手笔投入广告，金玉其外，内里却缺了“良心”这道配方，以至于多年口碑一夕间毁于食品安全问题。对于有心永续发展的企业家，良心是不可或缺的关键资产。

台湾地区近期刮起一阵“黑心油”风暴，大统长基的“100%特级橄榄油”添加了危害人体肝、肾功能的铜叶绿素，而知名品牌富味乡的芝麻油则混合了对生殖系统伤害极大的劣质棉籽油。据调查发现，这些黑心油不仅通过超市流入了千家万户，也通过小肥羊、俏江南、鼎泰丰等知名连锁餐厅上了餐桌。在这场风暴中，台湾地区数一数二的食品大厂、拥有“康师傅方便面”品牌的顶新集团和旗下的味全也未能幸免，被揭发卖黑心混合油长达6年。顶新董事长魏应充在道歉视频中说，“食品是老实人做的生意，也是一个良心事业”，且其父亲亦曾教育魏家四兄弟要童叟无欺。讽刺的是，魏应充身为慈善团体慈济的志工，顶新却被发现用劣质油为慈济制造分派给贫户灾民的方便面，事发后慈济创办人证严法师表达关切，据传要魏应充“事业不要做那么大”。

众多企业以广告、公开慈善等行为试图在社会树立知名度与良好形象，而频频发生的食品安全事件却不禁让人怀疑，是否“良心”这一中国传统的价值观已经过时，而为求做大不择手段的霸道才是主流思想？笔者不以为

然，新兴市场本就缺乏有效制衡机制，政府监管乏力，企业良心是捍卫消费者利益的最后堡垒。做有良知的产品，是企业最基本的社会责任，否则再多的慈善公益也是徒然。

那些年，我们吃过的有毒食品

过去 10 年间，骇人听闻的食品安全事件层出不穷，中国内地和台湾地区分别发生了数十起重大食品安全事件，香港地区仅发生两起（表 15.1）。如果未曾被曝光，人们根本不知道那些熟悉的食品中竟然掺假甚至掺毒：三聚氰胺奶、瘦肉精猪肉、地沟油、头发做的酱油……不一而足。早年，食品安全问题主要发生在一些地方性小作坊，随着食品供应链的膨胀，原料供应商、制造商、渠道商、餐饮业者规模越来越大，劣质甚至有毒害的食品原料、添加物经由企业大量加工制造，贩售给广大消费者，造成毒害苍生的全国性食品安全问题。在三聚氰胺等代表性事件中，几乎是全行业沦陷，那些我们原本信赖的大品牌、大企业——双汇、蒙牛、肯德基、味全、富味乡、统一等也未能幸免。这些被揭发的食品安全事件恐怕还只是冰山一角。从曝光渠道来看，中国台湾和香港的预防性措施还相对较为完善，大部分的食品安全问题是通过当地卫生检查部门发现。反观中国内地，执法部门则较为被动，一部分食品安全问题由媒体曝光，一部分则是因为有人中毒入院才被揭发。

从食品安全犯罪的处罚来看，中国内地和台湾地区处罚力度都不足。中国内地《食品安全法》除了罚款、吊销许可证等行政处罚措施外，仅简单提到“依法追究刑事责任”。在台湾地区，依照“食品卫生管理法”规定，违规业者所处罚金仅为 30 万元新台币。席卷台湾地区多家上市企业的“塑化剂”风波中，也能看出罚则不严这点。

表 15.1 中国内地、台湾地区、香港地区过去十年重大食品安全案例

序号	时间	产品	发生地点	公司	食品安全问题	问题曝光渠道	曝光后企业是否继续经营?	影响及后续处罚、整顿措施
1	2003 年 11 月	鱼	中国香港地区	福仔海鲜、胜记海鲜等七间鱼档	大肠杆菌超标，且查出过霍乱病毒	食物环境卫生署抽查	继续经营	食环署向 7 间涉及的鱼档提起检控；鱼统处接管香港仔海滨鱼市场
2	2003 年 10 月	太仓肉松	中国内地	太仓顶峰肉松厂、太仓统一肉松厂	出事的肉松厂冒用“太仓肉松”的品牌，使用劣质原材料——死猪、老母猪，加双氧水，且 1 斤肉松中掺有三四两黄豆粉	央视《每周质量报告》	继续经营	停业整顿，产品下架
3	2003 年 11 月	金华火腿	中国内地	永泰火腿厂、旭春火腿厂	火腿厂采用死猪肉作为原材料，为驱赶苍蝇并防止火腿生虫，在泡制猪腿肉时大量使用敌敌畏	央视《每周质量报告》	关闭	查封企业，追回问题产品。金华市政府表示被曝光企业生产的不是真正的金华火腿，今后一定严加监管
4	2004 年 1 月	酱油	中国内地	津津乐调味品厂	毛发配制成氨基酸液，制成酱油。不卫生且有致癌可能	央视《每周质量报告》	关闭	企业被查封
5	2004 年 4 月	婴幼儿奶粉	中国内地	内蒙古通辽市珠日河蒙兴乳业食品有限公司等 32 家乳业公司	蛋白质含量极低，营养不足，造成“大头婴”。171 名婴儿致病，13 名婴儿死亡	央视《每周质量报告》	关闭	阜阳政府被问责。劣质奶粉被追回。5 名涉嫌批发的经销商被刑拘

（续表）

序号	时间	产品	发生地点	公司	食品安全问题	问题曝光渠道	曝光后企业是否继续经营？	影响及后续处罚、整顿措施
6	2004 年 5 月	龙口粉丝	中国内地	三利、天坛等 7 家粉丝厂	不用龙口粉丝应用的原料绿豆粉，而用玉米淀粉制作，且用农用化肥漂白粉丝	央视《每周质量报告》	关闭	政府重新规范龙口粉丝生产企业，取缔个体小作坊，公布质量检查合格的龙口粉丝厂名单
7	2004 年 5 月	泡菜	中国内地	新繁华忠调味食品厂等近 30 家泡菜厂	使用苯甲酸钠、工业盐、敌敌畏等材料“炮制”泡菜	央视《每周质量报告》	关闭	查封两家泡菜厂，问题泡菜被销毁，并责令其余泡菜厂整改
8	2004 年 5 月	米酒	中国内地	“三无”家庭式酿酒作坊	用工业酒精勾兑白酒，致 53 人中毒，其中 11 人死亡	毒酒致人死亡的新闻	关闭	22 名涉嫌制造假酒的犯罪嫌疑人被逮捕
9	2004 年 9 月	“燃烧吧！火鸟”养身咖啡	中国台湾地区	乾隆生物科技（01236.HK）代理销售，高雄市崇誉公司制造	咖啡中含有壮阳西药犀利士（Tadalafil），属于违禁药物	台湾“卫生局”检查	制造商落跑	乾隆科技澄清自己只负责行销，事先不知产品含西药
10	2004 年 11 月	三明治	中国台湾地区	统一企业（1216.TW）	7-11 便利店的鲔鱼蔬菜双色三明治，纽奥良鸡腿三明治大肠杆菌群超标	“消费者基金会”抽查	继续经营	

（续表）

序号	时间	产品	发生地点	公司	食品安全问题	问题曝光渠道	曝光后企业是否继续经营?	影响及后续处罚、整顿措施
11	2005 年 3 月	辣椒酱、调料	中国内地	亨氏美味源（广州）食品有限公司（HNZ. NYSE）、百胜餐饮集团肯德基（YUM. NYSE）	食品含有苏丹红一号，具有致癌性	英国发现辣椒酱含苏丹红一号，中国遂紧急排查	继续经营	相关产品停售或被召回
12	2005 年 6 月	肉粽	中国台湾地区	上好肉粽	猪肉供应商将病死猪肉销售给肉粽店铺	台南“地检署”	继续经营	销毁肉粽二万多颗，购入安全材料做肉粽
13	2005 年 6 月	淀粉、糯米粉、梅子酒	中国台湾地区	苗栗冈泉企业	以小麦湿粉（喂猪的原料）制成淀粉；无牌照私酿梅子酒	苗栗“地检署”		罚款 5000 万元新台币，没收问题产品
14	2005 年 6 月	鸭蛋	中国台湾地区	部分鸭蛋	鸭蛋二噁英含量过高	检查发现	继续经营	
15	2006 年 6 月	健素、香健素及健素糖	中国台湾地区	台糖	台糖原料进口时，进口报单明确注明不可食用，却让消费者持续食用 13 年	台南检调发现	继续经营	宣布将产品下架
16	2007 年 1 月	鳕鱼	中国香港地区	百佳（和记黄埔，00013. HK）	用油鱼装假鳕鱼，造成消费者肠胃不适		继续经营	百佳强调油鱼是鳕鱼的一种，但香港政府要求分开标示

（续表）

序号	时间	产品	发生地点	公司	食品安全问题	问题曝光渠道	曝光后企业是否继续经营？	影响及后续处罚、整顿措施
17	2008 年 9 月	婴幼儿奶粉	中国内地	三鹿集团、蒙牛乳业（02319.HK）、伊利（600887.SH）、光明乳业（600597.SH）等多家奶企	添加三聚氰胺，可以提高蛋白质的检测值	甘肃岷县 14 名婴儿同时患有肾结石病症，引起外界关注	三鹿破产	中国国务院启动国家安全事故 I 级响应机制。相关公司及政府人员被免职，三鹿被罚 2 亿元。国家质检总局宣布撤销蒙牛、伊利和光明液态奶产品的中国名牌称号。国家质检总局局长李长江下台
18	2008 年 10 月	保力达 B、维士比药酒	中国台湾地区	台湾保力达公司、三洋维士比集团	防腐剂超标	“消基会”检测	继续经营	
19	2009 年 3 月	馒头	中国内地	陕西部分生产馒头的业者	馒头用硫磺熏蒸，添加敌敌畏使口感更好			
20	2009 年 11 月	茶叶	中国台湾地区	我茶国际股份有限公司	“故宫”礼品部茶叶有 13 种农药残留，其中 3 种还是不能使用在茶叶上的违法农药（爱杀松、氟芬隆和达灭芬）		继续经营	产品下架，接受消费者退货
21	2011 年 3 月	猪肉	中国内地	双汇集团（000895.SZ）	河南孟州等地养猪场采用违禁动物药品“瘦肉精”，济源双汇正是其生猪收购企业之一	“3·15”晚会央视曝光	继续经营	停牌整顿，6 名违纪人员停职或开除公职；承认事件并道歉，推脱瘦肉精为子公司所为，并会召回市场流通产品

（续表）

序号	时间	产品	发生地点	公司	食品安全问题	问题曝光渠道	曝光后企业是否继续经营?	影响及后续处罚、整顿措施
22	2011年5月	添加剂、果汁	中国台湾地区	昱伸香料公司（起云剂制造商）、白兰氏等共300多家企业	添加剂及果汁中含塑化剂			相关负责人被刑拘，最高被判18年徒刑。昱伸香料公司被罚2400万元新台币
23	2011年5月		中国台湾地区	景岳生物科技股份有限公司（3164. TW）	六款乳酸饮料和酵素粉中含塑化剂		继续经营	产品下架，不含塑化剂的新产品公布检验报告
24	2011年5月		中国台湾地区	味全公司（1201. TW）	山药薏仁谷粉含塑化剂		继续经营	产品下架
25	2011年5月		中国台湾地区	台盐（1737. TW）	美女新机胶原蛋白粉含塑化剂		继续经营	产品下架
26	2011年5月		中国台湾地区	金颖生物科技有限公司	超益菌乳酸菌粉末、成长力含塑化剂		继续经营	
27	2011年5月		中国台湾地区	统一企业（1216. TW）	果汁、保健品含塑化剂		继续经营	
28	2011年5月		中国台湾地区	黑松（1234. TW）	纤果园木寡糖乳酸菌含塑化剂		继续经营	
29	2011年5月		中国台湾地区	连生技公司杏辉（1734. TW）	果汁、保健品含塑化剂		继续经营	

（续表）

序号	时间	产品	发生地点	公司	食品安全问题	问题曝光渠道	曝光后企业是否继续经营？	影响及后续处罚、整顿措施
30	2011年5月		中国台湾地区	友华生技（4120. TW）	综合维他命、紫苏益儿壮及开味益菌酵素含塑化剂		继续经营	决定未来不会将产品委托他厂代工，产品将在自家的工厂生产
31	2011年5月		中国台湾地区	永信药品（3705. TW）	甲壳质胶囊、山桑子+叶黄素口含锭含塑化剂		继续经营	产品下架
32	2011年5月		中国台湾地区	中天生技（4128. TW）	益生好菌、饮料及成长酵素粉含塑化剂		继续经营	产品下架，公司道歉
33	2012年3月	汉堡、甜品派	中国内地	麦当劳（MCD. NYSE）	麦当劳将过期产品改生产标签后出售	“3·15”晚会央视曝光	继续经营	麦当劳表示非常重视，会严肃处理，致歉，并欢迎政府、媒体及消费者监督
34	2012年6月	奶粉	中国内地	伊利（600887. SH）	伊利部分批次奶粉出现汞超标	国家质检总局	继续经营	道歉并召回汞超标的奶粉
35	2012年8月	药物	中国内地	健康元（600380. SH）	健康元全资子公司河南焦作健康元生物制品有限公司采购地沟油制药，并用于生产制药原料	公安机关侦查	继续经营	辩解并想为地沟油“正名”
36	2012年11月	酒鬼酒	中国内地	酒鬼酒（000799. SZ）	塑化剂超标高达260%		继续经营	酒鬼酒通过官方微博道歉，但仍坚称不存在所谓“超标”问题。公司没有产品召回计划

（续表）

序号	时间	产品	发生地点	公司	食品安全问题	问题曝光渠道	曝光后企业是否继续经营?	影响及后续处罚、整顿措施
37	2013年3月	维C银翘片	中国内地	广州药业（00874. HK）	山银花用硫磺熏蒸，含剧毒砷汞残留	央视调查	继续经营	停止销售，相关产品进行封存
38	2013年5月	大米	中国内地		广州大米抽检超四成镉超标	政府质量抽查		
39	2013年5月	义美小泡芙	中国台湾地区	义美食品	使用过期原料制作食品	桃园“地检署”	继续经营	产品下架，罚款15万元新台币。公司致歉
40	2013年5月	布丁等点心和冰品	中国台湾地区	统一企业（1216. TW）	误用工业级防腐剂	台南“地检署”	继续经营	将来自立光农工的产品下架
41	2013年5月	寒天产品	中国台湾地区	爱之味（1217. TW）	误用工业级防腐剂	台南“地检署”	继续经营	将来自立光农工的产品下架
42	2013年8月	胖达人面包	中国台湾地区	基因国际（6130. TW）	面包中添加了人工香料	网友检举	继续经营，但已有两家面包店结业	停业3天，从重处分新台币18万元罚款。小S的公公许庆祥和老公许雅钧涉内线交易被起诉，如罪责属实，他们可能被处以7年以上有期徒刑。小S和胖达人均向公众道歉，退费并向消费者送礼券

（续表）

序号	时间	产品	发生地点	公司	食品安全问题	问题曝光渠道	曝光后企业是否继续经营？	影响及后续处罚、整顿措施
43	2013 年 8 月	山水米	中国台湾地区	泉顺食品	以比成本便宜 4 成的来源不明的进口米混充台湾米	“农粮署北区分署”获报后至市场抽检发现	继续经营	罚款 44 万元新台币，撤销山水米粮商执照
44	2013 年 10 月	油	中国台湾地区	大统长基食品	被检验出橄榄油含量不到一半，混合了低成本的葵花油和棉籽油，且添加铜叶绿素，会危害肾、肝功能			重罚 3040 万元新台币，生产线被勒令停工，董事长高振利、调配科长温瑞彬、作业员周昆明被告上法庭
45	2013 年 10 月	油	中国台湾地区	富味乡（1260. TW）	在产品中掺入棉籽油	台湾“卫生福利部”证实有六成劣质棉籽油流向富味乡	继续经营	“新北市卫生局”罚款 800 万元新台币，柜买中心罚款 40 万元新台币
46	2013 年 11 月	油	中国台湾地区	顶新集团，旗下拥有顶益（00322. HK）、味全（1201. TW）	实际是向大统购入假橄榄油原料，换上味全包装贩售		继续经营	道歉，产品下架，强调食品是良心事业

按照台湾地区“毒性化学物质管理法”规定，塑化剂属于第四类毒性化学物质，在制造、贩卖和运送前，须向主管机关申报，未申报者，依法仅处以10万至50万元新台币罚款，实在不足以让企业畏惧。而欧盟对于DEHP这类物质，规定生产及进口都得向化学署申报，并经化学署及社会经济分析委员会评估，才能生产或贩售。若违反规定，以德国为例，处2年以上徒刑或5万欧元罚款。

在笔者统计的46起案例中，仅有6次企业被查封，且大部分为冒用地方知名品牌的小作坊。而涉事大企业鲜少被查封，大多数仍然继续营业，这也令人困惑，难道食品企业也有如银行般“大到不能倒”的问题么？那些失陷“第四维空间”的知名企业有种论调认为中国人是现实主义者，只重视现在的“大”，而忽视长远的价值。然而，人不只活在三维空间里，还存在于“第四维空间”——时间。人不只关心看得到的物质财富，更在乎看不到的、尚未兑现的长期价值。中国食品安全问题的主因，是对短期利益的过度追逐。而这问题的解决，在于唤起国人与企业家对“第四维空间”的追求。企业如能持续得到社会尊敬，即便规模小，长期价值也大如泰山。

富味乡为台湾地区的芝麻油大厂，创始人陈百川于1965年在台湾彰化县以建发制油厂起家，后交棒给儿子陈文南，1983年改名为富味乡。经过两代人48年的耕耘，富味乡产品在台湾地区占有约70%的市场，并得到过12项大奖；大客户包括一茶一座、海底捞、全聚德、小肥羊、俏江南等家喻户晓的餐厅。富味乡能够成为全球芝麻油销量第二的公司，全靠两代人对品质和诚信的坚持。初期，陈文南曾用比平时低10%的价格购进一批用于榨油的花生，父亲捏了一下花生，就说这花生有问题，叫陈文南将整批花生倒掉。陈文南将父亲的这一教导铭记在心；为了芝麻油的品质，陈文南可以远赴非洲寻找芝麻，把芝麻油当作红酒在经营；此外他还效仿香水品牌设立闻香部门，从不同的香味中选择适合消费者的口味。2009年，陈文南受邀成为芝麻油“行业标准”的起草者。富味乡成功地走向了世界，陈文南更表示“希望富味乡成为百年企业”。

如今，富味乡的股票已在台湾上柜（场外交易市场），正寻求公开上市，而棉籽油正是打开股票高价上市之门的金钥匙。在股票公开上市前，券商会依据过去的股价、每股收益（EPS）等数据来评估合理的上市价格。而富味乡的业绩表现充分配合了这一点。2010 年，富味乡毛利率约为 12%，2011 年为 14.8%，2012 年攀升至 18.6%。值得一提的是，食用油行业的毛利率仅在 5%左右。这其中的奥秘，正是由于 2011 年富味乡开始大量进口棉籽油所致。

棉籽油耐炸且零进口关税，此举无疑可为富味乡大幅度降低成本，抬高利润，美化账面，以达到高价上市的目的。富味乡的净利率从 3.76%跳升到 9.23%后，2012 年创 11%的新高。而用于估价的重要指标每股税后利润，更从 2011 年的 1.61 元新台币翻倍达到 2012 年的 3.17 元新台币（图 15.1）。

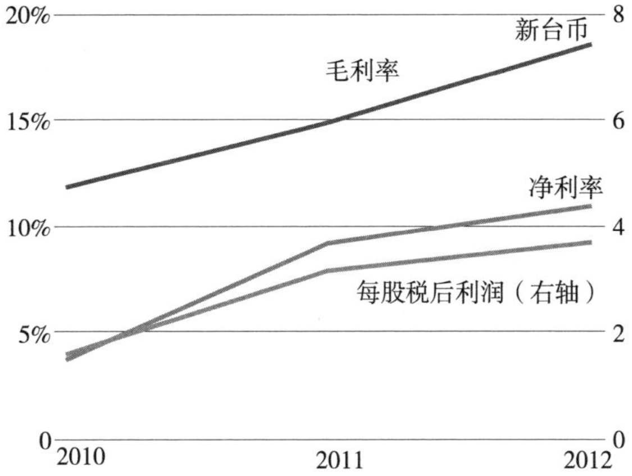

图 15.1　富味乡 2010 至 2012 年毛利率、净利率、每股税后利润

然而赚了利润，却失了口碑。2013 年 10 月 22 日，富味乡被揭穿使用廉价的棉籽油调制芝麻油，在台湾地区“卫生局”抽查的富味乡 24 款油品中，除芝麻香油及编号“香 P190”两款油品含三成棉籽油外，其余都达五成左右。许多人或许有疑问，富味乡已美名远扬，日进斗金，为何还要欺骗消费者，用这种手段赚取利润？高价上市，无非是陈文南想将企业做得更大更强。但为了眼前的短期利润，陈文南抛弃了其家族近 50 年坚守的理念，将自己的公司推至风口浪尖。

除了以做假降低成本，众多企业大力投入广告宣传和明星代言来迅速提高产品知名度，以期提高销量。台湾地区的“面包达人”，由拥有20多年烘焙经验的庄鸿铭创办，2012年被一家叫作基因国际（6130. TW）的公司买下。基因国际的主要股东不寻常，最大股东为徐洵平，知名艺人小S（本名徐熙娣）的丈夫许雅钧、公公许庆祥都认购了大量基因国际的股份。基因国际收购面包达人后，一场包装哄抬炒作的骗局自此开始。首先面包达人改名胖达人，在台湾地区重新开幕，并邀请了众多名人来捧场，包括小S、名媛何丽玲、俏江南少主也即是大S的老公汪小菲等。2013年3月胖达人上海店开幕时，又请小S站台吸引了200多家媒体争相报道。小S的好友湖南卫视主持人谢娜对小S说：“你这面包很好吃，但我吃不到。”于是小S将面包用快递寄给了谢娜，当时拥有3000多万微博粉丝的谢娜在微博上发了两张自己咬着面包的照片，写道：“这太好吃了吧!”之后，万科董事长王石、SOHO中国董事长潘石屹、科技教父李开复相继在微博上提到了胖达人面包。名人捧场为胖达人带来了惊人的传播效应，一时间，胖达人“天然酵母，手感烘焙”的八字箴言深入人心，上海店外亦排起了长龙。基因国际的股价也因此暴涨，从2012年4月的每股71元新台币，一路飙升，2013年3月曾达到最高点212元新台币。

胖达人能迅速在海峡两岸蹿红，靠的是大股东许庆祥的儿媳妇名人小S加持。其他没有这种特殊资源的企业就只能花费巨资在广告、明星代言，以及节目冠名上。比如顶新集团旗下的味全，它在2011年和2012年的推销费用竟高达当年营业收入的25%（图15.2）！这意味着，味全每卖4元钱的产品，就有1元钱用于宣传产品。

味全公司除了请黄磊、王力宏等明星代言各种产品外，也很重视公司形象的塑造。早在1980年，味全就已请日本伊东设计事务所规划其公司形象，率先在台湾食品界建立了完整的企业识别系统（CIS）。味全的经营理念是“诚信、务实、创新”，其董事长魏应充时常勉励同事：“味全要成为华人食品产业的标杆企业。”所谓标杆，不仅是指经营绩效的卓越，还指味全要成为最具社会公益形象的公司，用心实践。为此，魏家四兄弟也屡次在公众场

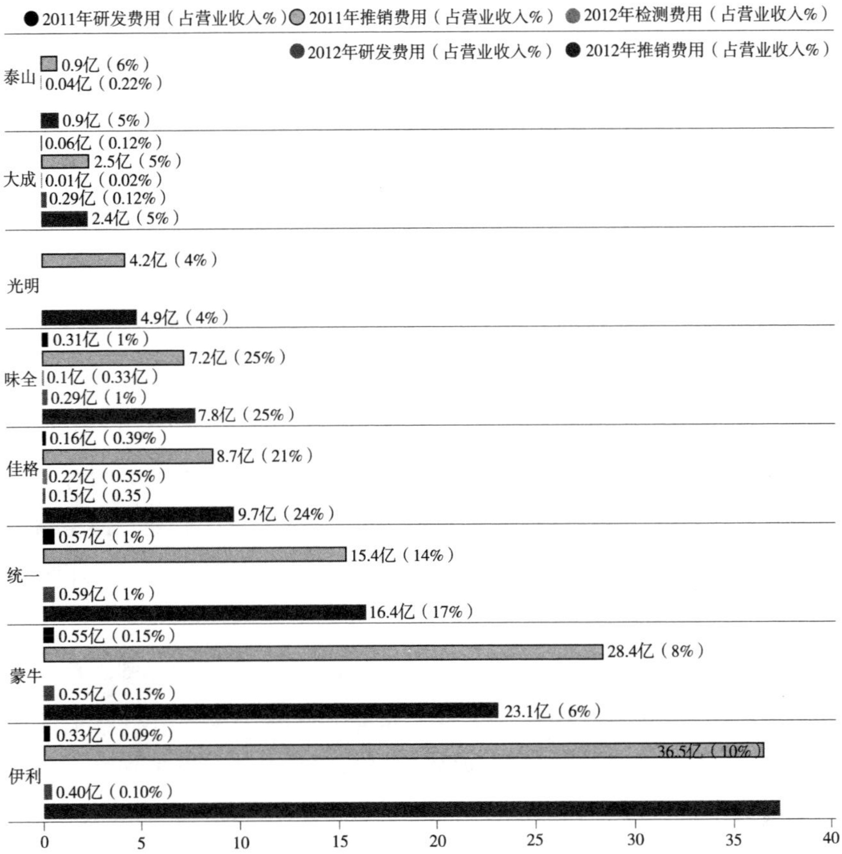

图 15.2　知名食品企业的广告宣传费用、研发费用和检测费用（单位：元）

注：以上企业的费用均按相应汇率转换成人民币。

合大谈良心，不断宣传企业的形象。例如，集团董事长魏应州在天津接任世界方便面协会议长时，强调"'食'，上面一个'人'字，下面一个'良'字，做食品行业就是做良心事业"。即使在味全橄榄油掺黑心油事件曝光后，味全第一反应也是利用广告澄清自己，首先在官网发表公开信，表示媒体报道失真，而后又在各大报刊上登广告，强调味全"没有掺假、没有混油、只有受害"。

味全不是唯一一家视广告宣传为灵丹妙药的企业。另一家纵横内地的台湾食品龙头企业统一在2012年的推销费用达16.4亿元，占总收入的17%(图15.2)。在质量问题频发的中国乳业，内地三大乳企也大力投入广告，尤其是蒙牛和伊利。蒙牛非常擅长广告造势，营销手法也一直推陈出新。2003年在“非典”期间捐款并打出企业愿景：“经营健康，愿每一个中国人身心健康。”借广受瞩目的神舟五号飞天时机，蒙牛推出“蒙牛牛奶，航天员专用奶”、“健康才能强国”的广告语。2005年，冠名“超级女声”节目使蒙牛酸酸乳知名度大涨。明星代言也是奶企的重要手段，丁俊晖曾代言蒙牛，而伊利则赞助了2008年北京奥运会，聘请刘国梁等奥运冠军代言。2011年和2012年，伊利的广告宣传费用均超过35亿元；2013年上半年，伊利广告宣传费用更达到了25.9亿元，甚至比净利润都高出2/3，近期，伊利又以3.1亿元创纪录的高价拿下《爸爸去哪儿》第二季独家冠名，企图打开儿童奶市场。可以看到，无论是台湾地区还是中国内地的食品企业，都愿意花大钱做广告。蒙牛创始人牛根生说：“广告的投入与销售额的上升绝对成正比。”

相较巨额的广告费用，保证产品品质及安全的支出相形见绌。在台湾地区，泰山、大成、味全、佳格4家食品企业，检测投入均不到营业收入的1%。在中国内地，2012年蒙牛在原奶和成品检测上的总资金预算是3.5亿元，仅占销售额0.9%。同时，食品企业的研发费用普遍只占营业收入的1%以下，比如2012年伊利的研发费用为0.4亿元，这和37.3亿元的广告费用相比，显得微不足道。许多企业的确更有动力做广告，以迅速提高知名度和销量，而研发和质量检测会提高成本，且回报不显著，因此后者的投入与广告费用几无可比。

富味乡、胖达人的市值蒸发：食品安全有价

对于食品企业来说，安全大过天，不管法律的制裁有多轻微，一旦涉及造假掺毒行为，消费者与投资人的反应是愤怒失望的。以近10年涉及食品安全事件的上市企业为样本，事件首度曝光日前后15日扣除大市变动后的

累计异常回报率平均是-10%（图 15.3）。在台湾塑化剂事件中，涉事企业累计异常回报率是-10%。在 2008 年奶制品添加三聚氰胺事件中，中国乳业企业价值蒸发了近 40%。富味乡于 2013 年 10 月 21 日被曝光为棉籽油进口大户，其棉籽油进口量约占全台湾棉籽油进口量的六成，虽然副总经理信誓旦旦地说“棉籽油制品全部外销”，但股票依然下跌。10 月 23 日，董事长陈文南终于向新北市“卫生局”坦承，富味乡的 52 种油品中，24 项内销油掺混棉籽油。富味乡股价自此一泻千里，累计异常回报率竟达-42%，企业近半价值灰飞烟灭，反映出民众对富味乡多年的信任转化为被欺骗的愤怒，对富味乡未来的盈利呈悲观态度。除了下游的餐厅，学校也出于对富味乡品牌的信任而在营养午餐中采用，光是新北市就有 44 家学校和 9 所公立幼儿园使用富味乡油品。几十年的声誉，就在短短 3 天内化为乌有。即使富味乡真的只是近两年才开始掺假，民众的信任也已经消失。试图高价上市的富味乡，还未上市就已为公司未来抹上黑色的一笔。

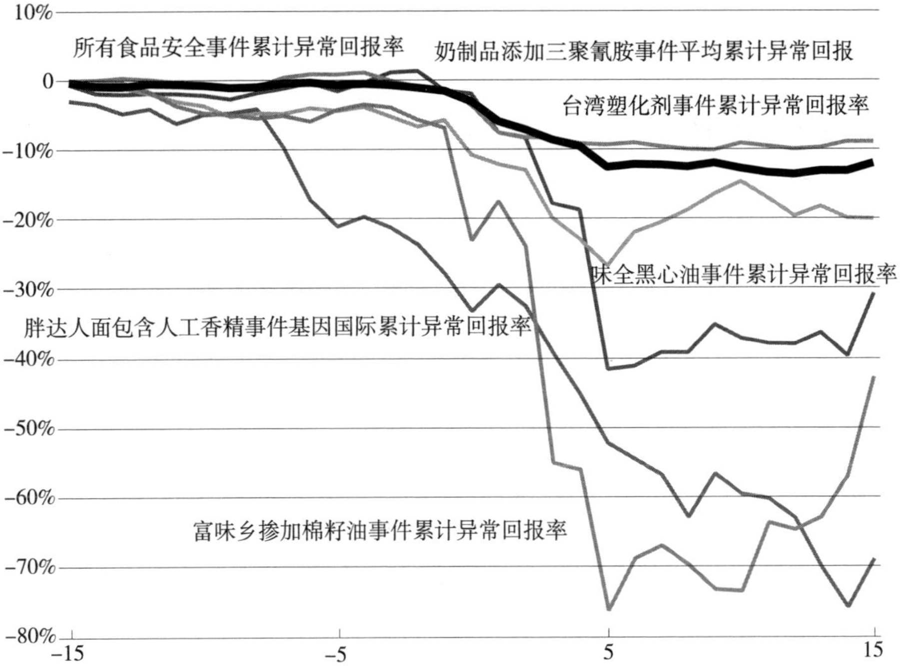

图 15.3　食品安全事件曝光日前后 15 天的累计异常回报率

另一厢，胖达人标榜的“天然酵母，无添加人工香料”面包，被一名香港网友揭发为谎言，香港门店的16款面包竟添加了人工香精。之后，台北门店被当地卫生部门查出在面包中违规添加9种人工香精，罚款18万元新台币。小S的公公许庆祥和老公许雅钧也因2013年5月事发前大卖手中持有的基因国际股权赚取暴利，涉嫌内线交易被告上法庭。名人代言迅速炒红的胖达人，股票价值也因此迅速蒸发——短短一月之内，近七成市值不翼而飞。

在食品安全危机面前，用25%的营业收入进行广告宣传的味全亦无法力挽狂澜。在大统长基的橄榄油被查出橄榄油含量不到一半，混合了低成本的葵花油和棉籽油，并添加危害人体肾、肝功能的铜叶绿素过后，味全曾表示，大统只是个案，味全旗下的油品绝对没有问题。才过几天，味全旗下就有21款油被查出违规使用了大统长基的原料油。虽然味全不断打广告声称自己也是受害者，但这也未能阻止味全股票下跌，累计异常回报率达-20%。

由此可见，广告宣传得再天花乱坠也无济于事，企业的行动，公众看在眼里。在食品安全事件中声誉尽失的企业，要想重新赢得消费者信任，需要付出更大的努力。

寿司幸的百年传承：良心也是企业文化

诚然，监管缺失、法律漏洞、执法不严让企业钻了空子，但这些仅仅只是造就食品安全事件的外部因素。归根结底，企业因追逐利润而缺乏良心的约束及配套的治理制度才是根本原因。保障食品安全，需要法制，更需要企业的良心和责任。

在上述案例中，企业在追逐短期利润的同时，忘记了良心，伤害了消费者，也伤害了自己。说到企业的良心，首先浮现在人们脑海中的通常是“做慈善”、“捐款”等字眼。的确，慈善是良心的重要部分，比尔·盖茨、李嘉诚等大亨都成立了自己的慈善基金。但我们必须强调，企业良心的表现不只是慈善捐款，更靠用心经营。企业良心的最终落点是优良的产品和服务。

世界上的一些百年老店，一直秉承着对产品品质和家族商业理念的坚持。寿司幸于日本明治十八年（1885 年）创立，银座起家，以传统江户前寿司著名，现由第四代传人杉山卫（Sugiyama Mamoru）经营管理。寿司幸是米其林一星餐厅，许多外国财团多次邀请杉山卫在国外开分店，他都不为所动，怕分店太多无法顾及品质，反而坏了招牌。寿司幸在东京只有 3 家分店，而全球唯一一家姊妹店——竹寿司，开在了香港地区。

竹寿司之所以能够开办，除了港商郭志波三顾茅庐的诚意外，还因为郭志波保证杉山卫可掌控竹寿司的食品品质。每天凌晨 5 点，杉山卫跑遍筑地渔市场，亲自挑选最优质的拖罗等鱼产。剥皮鱼也由杉山卫亲手摸过，确认鱼肝够大才收货。这些食材一半运至寿司幸，一半空运到香港，保证竹寿司的食材和寿司幸一样新鲜。

除了食材，切鱼的砧板也非常考究，选用日本老字号砧板厂出品，木质较为柔软，不伤刀，也不会影响鱼生的品质。竹寿司门店中仅设 50 个座位，这与杉山卫不急于扩张全球版图的逻辑一脉相承。衫山卫秉承了家族的专业和严谨，认真专注用诚意将食物做到极致，对产品、对顾客有绝对的尊重，百年老店在其精心耕耘中，继续发扬光大。

在寿司幸的例子中，很重要的一点启发是：寿司幸的历代传人并不单纯以利润最大化为最终目的，他们最重视的不是账本上的数字，而是每一碟端出来的寿司。他们对寿司的重视和品质的执着形成了一种家族的精神和文化，这种精神感染着员工和顾客，也会传承给下一代。

当然，人各有志，有的企业如同寿司幸精耕细作，有的企业志在四方，要在世界的每一个角落都留下它的足迹。但无论如何，企业都应对产品的制作有着寿司幸般的谨慎、热情和诚意，毕竟产品是企业与社会最为重要的联系，它为企业带来利润，为社会带来价值。而产品始终如一的品质，则为企业积累声誉，形成品牌。品牌和声誉虽无形，但却是企业重要的资产。

对产品用心是企业良心最核心的体现，而在保障产品品质的基础上，许多企业还将良心延展至社会领域，传递正能量。这些虽然没有直观的金钱上的回报，但可优化企业在消费者和投资者眼中的形象，并通过与社会的联系创造良好的公共关系，拉近企业与顾客的关系。这就是企业社会资本的积累。值得注意的是，企业社会责任的履行，必须建立在对自己的产品负责并发自真心关怀社会的基础上，否则也只会像顶新集团和味全，虽然研制出了可以用冷水泡开的“香积面”用于救助灾民并饱受好评，但陷入黑心油风暴后，这一慈善产品亦受到波及，被迫下架。之前社会公益行动所积累的社会资本，在这场风暴中付诸东流。

改革开放以来，许多人迅速发家致富，大众似乎陷入一种快餐式的思维模式，不太注重基本功，只希望快速赚大钱。在企业运作上，快餐文化表现在为追逐短期利益而压缩成本、广告造势、炒热股票、盲目扩张上。企业忽视了第四维度——时间，不再重视产品品质，不重视自我声誉的积累，而是依赖明星效应甚至借慈善之力，来迅速打造自己的知名度和美誉度。重营销轻质量，这根本就是本末倒置，而速度至上易使企业失控，向危险的方向飞奔。

对于有心永续发展的企业家而言，良心是不可或缺的企业关键资产。相比短期的经济优势，良心更加重要，只要有了对良心的重视，企业自然而然会建立起配套的治理制度和企业社会责任管理体系：通过对供应链的管理、员工的关怀、接触社会团体、环境保护来回馈社会。良心之于企业，是一种精神，一种价值观，一种贯彻企业的文化。堕落的企业，或许短期内能达到辉煌的顶点，但迟早会走向毁灭。

第 16 章

山寨之后，民企创新的制度性安排

范博宏　俞欣

景气下降的日子迟早要来，当中国制造的低成本优势成为历史后，民营企业的“山寨”难有出路。企业缺乏创新，可能如三笑牙刷一般消失；积极创新，则会如夕阳产业的李锦记、Higeta 酱油一般蜕变新颜。通过制度化安排确立并传承创新文化，有助于民企家族改写财富三代必衰的谶言。

创新能力是企业一项重要的无形资产，关系到企业的长期发展。研究发现，创新投入越多的企业，长期业绩回报越高。不过，创新是基于企业长期发展的努力，短期很难见到成效，因此，受到短期激励的经营者常常放弃长期的研发投入，以换取企业短期的绩效；而当企业经营者具有长远的眼光与追求时，才更愿意投入创新。

民营企业家往往视企业为家族的基业，经营企业着眼于后辈子孙，按理，他们的眼光应该比职业经理人要长远，而从现实看，国内民企有很多理由放弃创新，比如，资金不足、创新人才缺乏、知识产权保障不到位等。在市场景气、需求大竞争小的经济发展初期阶段，企业保持现状也可以赚钱；但不景气、产品需求下降的日子迟早要来，通过不景气考验的企业势必是具备知识技术，并懂得深化此知识技术，将之应用在新产品、新行业的与时俱进的创新型企业。

酿造业百年老店的创新启示

香港李锦记集团创建于1888年，经过122年的发展，已经将接力棒顺利传至第四代的李惠民、李惠雄、李惠中、李惠森兄弟手中。

谈起如何将一个蚝油作坊发展成享誉海内外的酱料王国，李锦记第三代掌门李文达多次提及家族的一个重要理念：永远创业。在他的领导下，李锦记革新设备，引入现代企业管理体制，增加品种，设计全新的商标与包装，将企业推向了世界。第四代接班人到公司任职后，又研制出了豉油鸡汁、蒜蓉辣椒酱、XO酱、蒸鱼豉油等新品，并将产品从饮食延伸到养生。正是这种永远创业的精神，使李氏家族打破"富不过三代"的魔咒。

百年老店之所以长期屹立，得益于其与时俱进的能力。它们掌握核心技术，并通过深化和改进此技术，应用于新产品，形成新的优势。野村进的《一千年的志气》一书中，有许多这样的日本企业案例。Higeta是日本酱油酿造业老店中的老店，创立于江户时代初期的1616年，至今有近400年的历史，东京都市圈的荞麦面店所使用的酱油，约八成由Higeta供应。这家"内行人偏爱"的酱油制造商，如今从酱油酿造这种古老的技术中创新，通过新的生物技术生产出了羊毛脱皮药剂等产品。另一家有着150多年历史的酿造业企业"勇心酒造"，从古老的清酒酿造工艺中生产出入浴剂、皮肤病药膏。创新使处于夕阳产业的酿造业老店蜕变出新的容颜。

创新的内外路障：为何中国民企研发投入偏低？

研发投入是企业创新的重要源泉，而中国企业在研发上的投入普遍偏低，占GDP的比例近年虽升至1%，但与美国仍有距离（图16.1）。与国有企业和外资企业相比，民企的研发投入更低。根据全国大中型企业统计数据，国企研发投入平均占总销售额的近0.09%，民企只占0.06%。中国研发投入最多的3个行业是医药制造业、电子及通信设备制造业、电气机械制造业，其中，民企研发投入占销售额的均值依然低于国企（图16.2）。

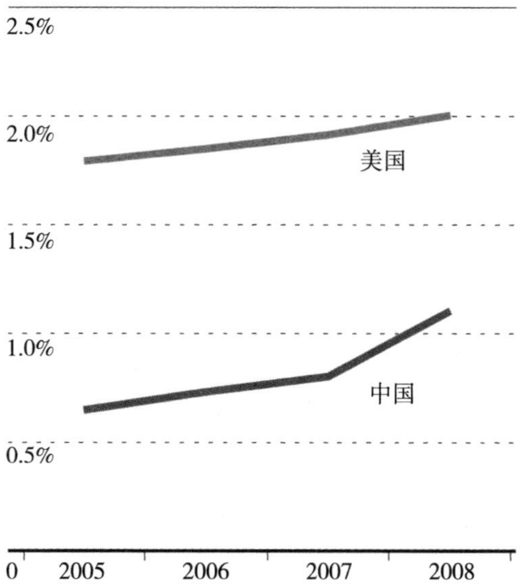

图 16.1　企业研发投入占 GDP 比重

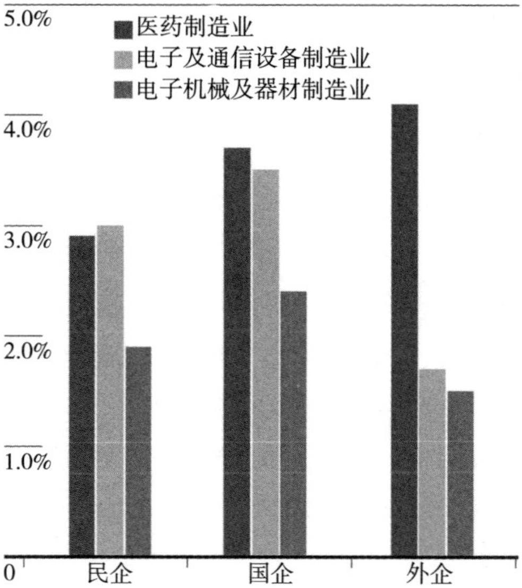

图 16.2　中国部分行业研发投入占销售额的比例

虽然许多企业也不断推出新品，但不少只是简单的模仿甚至抄袭，大到“山寨”汽车，小到“山寨”手机，莫不如此。中国民企热衷“山寨”而非投入研发，有诸多的原因。

从企业内部看，创新需要大量的投入，结果还具有相当的不确定性，对风险的规避，对失败的恐惧，可能导致一部分民企不愿意投入长期的创新项目。创新还需要资金和人才的配合，民企在获得银行贷款方面依然落后于国企，上市的过程也更为漫长。部分家族氛围较强的民营企业，也较难吸引专业人才的加盟。

创新的另一个障碍，是企业不清楚如何在长期的创新投入中有效地激励和监督经理人与员工。比如，医药制造业，研发一种新药需要 10 年甚至更久，而薪酬合约多是基于产出而非投入制定的，长期的研发努力一时看不出产出时，一般的薪酬合约对创新就起不到激励作用了，甚至可能阻碍创新。另外，长期的创新过程对管理也是一大挑战，比方，如何有效积累与应用创新过程中所得的知识。即便一项研发项目没有成功，其积累的知识与经验若善加管理，亦有助于未来的研发，否则将随创新员工的离任而烟消云散。

外部因素对企业的创新也有影响，其中一个重要因素是知识产权保护。企业创新需要的新知识的来源有两个，一是企业自身的创新投入，一是从同行的创新中学习。知识产权保护提高了“偷师”的成本，但也增加了企业基于自身研发活动的获利能力。笔者的研究发现，在控制了基本的企业特征以及剔除企业所处地区的经济、教育水平等因素影响之后，企业的研发投入与国内各省的知识产权保护力度成正比。但是，中国目前的知识产权保护整体比较薄弱，即使在保护水平高于大多数省份的浙江，其保护力度不足依然成为企业创新的障碍。位于浙江的中国最大缝纫机生产企业飞跃集团董事长邱继宝表示，为了保护缝纫机软件的核心技术，他们的技术人员甚至把“密钥”贴身藏在内裤里，只有洗澡时才取下来。维护企业的知识产权是有成本的，与国企相比，民企在资金来源、推动行政执法等方面都处于劣势，其创新的动力又被进一步减弱了。

创新不足的代价

即使民企的创新途中路障重重，也依然要走下去。它们没有垄断的行政保护，也普遍缺少雄厚资金的保障，更没有政府的救急，当低成本优势成为历史后，这些缺乏垄断地位、融资处于劣势的企业，“山寨”难以再成出路。企业要持续发展，必须从产品、技术以及管理等各个方面进行创新。

在医药这样需要高研发投入的行业，创新更是至关重要。那些创新投入不足的企业，往往被市场所忽视。比如，主要生产抗生素类非专利药的亚太药业（002370），研发费用占营业收入的比重不到 2%，勉强达到国内药企的均值，而且，其研发的新品中仿制药的比例较大，进入门槛低，因此，自 2010 年 3 月上市后，其股票超额回报一路走低，明显低于同行（图 16.3）。

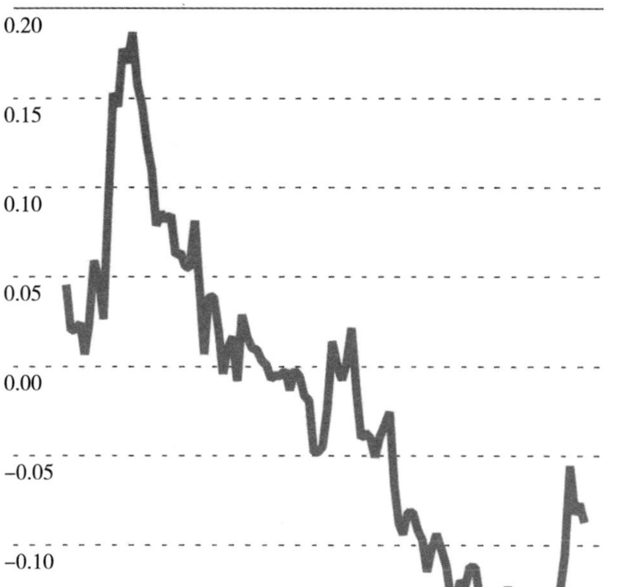

图 16.3　亚太药业的股票超额回报

在其他行业，缺乏创新一样会导致失败，有很多曾被广为接受的本土品牌，都因为缺乏创新而消失得无影无踪。比如，创办于1989年的“三笑”牙刷，曾是世界最大的牙刷生产企业。当时，价格便宜是消费者对牙刷的首选条件，超市里有成打的最普通的“三笑”牙刷。随着消费水平的提高，牙刷市场在国际品牌的引导下发生着巨变，消费者不再满足于没有“技术含量”、没有个性的牙刷。家族矛盾严重、没有职业经理人的“三笑”，没有产品的创新与开发，也没有管理与销售的创新，市场占有率每况愈下，在低端市场的生存也越来越艰难，最终只得出售给高露洁。“三笑”的出售说明，资金缺乏并不是创新的主要路障，缺少企业内部制度的建立，缺少创新的人才和文化，才是“三笑”牙刷消失的原因。

确立创新精神的制度建设

在企业中，创新不能仅停留于董事长或总经理一个人的意愿，而需要动员各层员工，树立整体的创新精神。

首先，企业需要在制度上确立对创新的认可，其中重要的一项制度安排是薪酬。在制定高管及研发人员的薪酬合约时，多考虑企业长期的价值，降低短期效益的重要性，才能激发起员工创新的热情。合理地使用股票期权激励，比奖金激励更能使高管和研发人员关注企业长期价值。企业可以给予经理人股票期权，有效期为合同签订后5~10年或管理者离职前。高质量的研发虽然降低当期的会计利润，却可以提高公司的股票价格，经理人能够通过行使股票期权，分享创新投入给企业创造的价值，避免短视行为的发生。

金蝶国际（00268. HK）是国内最早使用股票期权对高管和技术人员进行激励的公司之一。软件行业人才流动频繁，互挖墙脚的现象很普遍，而金蝶的研发人员很少流失。截至2008年年底，金蝶对员工发放的股票约占总股本的20%。股票期权不仅帮助金蝶留住了人才，更带来了创新的动力。

然而，在股票期权使用时也要注意分寸，过度积极的方案可能导致经理人过度激进，甚至通过造假来推高股价。特别是当研发涉及专业知识、较难判断质量时，单看产出的数量不足以判断其对企业价值的影响。因此，对研究人员的考核，应多增加可以观察的投入，多增加对阶段性研发成果的评估和确认。

在升迁考核中增加对员工创新能力的考察，也是鼓励员工创新的重要激励制度。巨人网络集团董事长史玉柱是具有传奇色彩的创业者之一，经历过成功、失败、再次崛起，史玉柱对创新的热忱不减。巨人网络为了吸引拥有创意的研发人员，最近开始实践“双向晋升发展通道”，使研发能力强的员工最高可以获得副总待遇。

另一项制度安排是组建专注于创新的团队，汇聚人才的智慧，使创新成为企业的一项惯例。同时，企业应鼓励团队间的竞争，避免相互推诿和卸责，并构建创新团队与其他部门沟通协作的机制，使创新的想法尽快完善地在生产中实现。

文化作为一项非正式的制度，在经济活动中的作用已经获得了很多的验证。企业领袖的支持，对于构建鼓励创新的企业文化无疑是有作用的。在纽约上市的先声药业（SCR. NYSE）与内地不少药企满足于生产非专利药不同，非常重视新药品的研发，其研发费用在 2007 年、2008 年、2009 年分别达到 6830 万元、8610 万元和 1. 33 亿元，占销售额的比例分别为 4. 9%、4. 9%、7. 2%。虽然低于国际药企 15%的水平，但与国内药企 1%～3%的平均水平相比遥遥领先。先声药业董事长、CEO 任晋生一直给员工强化这样一个信念：尊重生命，尊重人。在先声研究院的门口写着他的一句话：“许多患者的生命仅剩几个月、几天，先声药业的使命是为患者寻求更有效的药物，我们不能懈怠，为了患者的期待。”企业领袖表现出的使命感，对于员工创新有着积极的感染力。

企业的创新文化，不仅要奖励创新，同样要宽容失败。先声总部的展厅展示公司过去的数次重大挫折，显示企业对失败包容的一种文化。先声药业不仅在产品上鼓励研发人员创新，也在财务、销售、后勤等各个层面鼓励创新，并给予不菲的奖励。创新不求很大突破，只要有所改进。当创新成为每个员工的习惯，企业无疑能获得持续发展。

传承创新文化的安排

创新精神如果只是某些企业家的特质，那么对于民营企业来说是危险的。家族继承人很有可能没有遗传父辈的创新精神，而创新精神也很难通过学习获得。为了企业的长青，创新精神需要通过制度化来进行传承，以确保对企业，特别是对民企有着关键作用的创业者退休后，企业依然保持创新的能力。

李锦记“永远创业”的理念就有着严格的制度安排。李氏家族设立了“家族宪法”和家族委员会制度，家族委员会每3个月开一次会议，每次会议持续4天，不谈经营，而主要研究“家族宪法”、家族价值观以及对继承人的培训内容。这种制度化的安排比随意的家族成员间的沟通具有更强的凝聚力，能够使家族固守的理念更为彻底和稳妥地传递到下一代。

即便是家族固守的理念能够很好地传承给下一代，创新精神作为一种极具个性化的特质，也是较难传承的。绝大多数的内地民企还没有及时开始积极训练接班人，而随着企业家年纪的增长、企业规模的扩大，他们身上原有的创新精神也可能渐渐消失，变得保守，甚至故步自封。即使依然保持创新的热情，企业家个人的创新能力也可能随着知识结构的变化不再适应市场。因此，通过制度化建设来保持整个企业的创新精神很有必要，它能够抵御企业家个人观念、能力的变化、传承的影响，有利于企业的长远发展。以下几种方法能够帮助企业传承创业精神。

第一，企业管理民主化。通常第一代创业企业家对企业都有极强的控制欲，在企业内部有说一不二的权威。在这样的企业中，管理人员是没有创新动力的，因为他们没有参与、影响决策的权力。民主化的管理意味着来自底层的创新更有可能实现，并减少企业的等级化和集权化——这些只会增加管理者个人的权威，增加办公室政治，扼杀原创精神。

第二，引进人才，并且切实赋予职业经理人经营权。民营企业家常常是集所有权、决策权、经营权于一身。企业起步阶段，这样有利于更快地决策，更快地应对市场变化。但是，创新靠的是人的智慧，单靠企业家一人的智慧不足以维持企业不断创新的动力。邱继宝在总结“飞跃”在金融危机初起之时受到重击、难以为继的原因时说：“我说我这 30 年，爱自己，也恨自己。爱自己艰苦创业，敢想敢干，国际化，把飞跃变成全球工业品最大。恨自己呢，30 年没有制度创新，企业一切我一个人说了算，造成应对金融危机的失败。”

第三，董事会成员多元化。思维的撞击能够产生火花，邀请本行业的资深人士、金融专家担任非执行董事，从不同的角度看企业的发展，可以开阔眼界，激发新思维。任晋生就认为，先声药业上市时组建的董事会，为保证企业正确决策起到了重要作用。其董事会成员包括一名参与企业内部经营管理的执行董事，一名来自大股东之一的创投机构的非执行董事，以及三位独立董事，其中一位是有着多年科研经历的化学家，一位是在多家大型药企从事管理和财务工作的高管人员，另一位则多年从事金融业。这种具有互补性的董事会构成，帮助先声的创新项目获得成功，创新精神得以巩固。

产品、行业如同生物体，也有其生命周期。如何突破必然走向衰败的周期，打造百年老店？创新是不二法门。在产品上创新，在技术上创新，在营销上创新，在管理上创新，在制度上创新。树立和传承企业创新的能力和文化，企业才能够保持生机与活力。

第 17 章
从 LVMH 的奢侈品名牌兼并整合战略看创始家族的功成身退

范博宏　张天健

第二次世界大战后，随着奢侈品消费群体的扩大，众多奢侈品企业开始主动去家族化并收购扩张，LVMH 由此应运而生。研究显示，一个奢侈品牌的诞生，离不开创始家族的持续投入；而品牌成熟后，家族隐退则不会造成致命影响。收购家族企业后，LVMH 不仅针对不同品牌保护其特殊资产，还充分利用集团优势实现规模效益，从而保持了品牌的号召力。

2011 年 3 月 7 日，拥有 127 年历史的意大利奢侈品牌宝格丽（Bvlgari）宣布，将成为年仅 24 岁的 LVMH 集团旗下子公司。这笔价值 43 亿欧元（现金+股权置换）的收购是 LVMH 近年最昂贵也最重要的一笔收购，但绝不是最后一宗。LVMH 主席伯纳德·阿诺特（Bernard Arnault）的另一个长期目标，是他的法国竞争对手爱马仕（Hermes）。

2010 年 10 月以来，LVMH 对爱马仕的累计持股已达 20.2%。只是这一次，收购对象并不愿意配合，爱马仕 CEO 帕特里克·托马斯（Patrick Thomas）代表爱马仕家族的回应法国味十足："如果想勾引一位美女，你不能先强奸她。如果这是一场金融战争，我们或许会失败，但这是文化的斗争！"阿诺特则意味深长地表示："我希望与宝格丽的合作伙伴关系能够证明，有些家族可以理解与 LVMH 合并的意义。"

"时尚教皇"阿诺特为何对奢侈品家族企业情有独钟？商业投资自然是利益的驱使，但拨开铜臭，飘来的是品牌的芳香，而芳香背后则是家族数代人的汗水。LVMH 旗下 60 余个大小奢侈品牌中，超过一半来自对家族企业的收购。这些奢侈品牌背后往往有一个古老家族的持续投入，这种特殊、不可替代的投入可以总结为家族企业的特殊资产。

阿诺特的欧元可以买到这些企业的特殊资产吗？创始家族的隐退或被迫出走，会对这些品牌产生致命的影响吗？

创始家族投入成就 LVMH

LVMH 由三大家族企业——酩悦（Moet et Chandon）、轩尼诗（Hennessy）和路易威登（Louis Vuitton，LV）先后合并成立，它的成功首先离不开每个品牌创始家族的初始投入，尤其是最早的 Moet 家族。

1743 年，法兰西贵族后裔克劳德（Claude Moet）在香槟—阿登大区的艾贝涅（Epernay）创办 Moet et Cie 酒厂，开始生产香槟酒。1750 年，通过法王路易十五情妇蓬巴杜夫人的穿针引线，Moet 香槟进入凡尔赛宫。1792 年，克劳德去世，家族产业直接交给了他的孙子让・雷米（Jean-Remy Moet）。1804 年，已成为艾贝涅市长的让・雷米在香槟街 20 号的 Moet 总部盛宴款待了拿破仑及其随从，之后，世界各地的订单如雪片般飘来。拿破仑退位后，香槟—阿登区曾被俄军占领，Moet 的 60 万瓶佳酿被洗劫一空。让・雷米不怒反笑："今天毁我生意的士兵将成为明天最好的推销员。"果不其然，Moet 之后的客户甚至包括了一些拿破仑的宿敌，比如，英国的威灵顿公爵、普鲁士国王腓特烈・威廉三世、沙皇亚历山大一世等。1832 年，让・雷米退休，家族产业交给了儿子维克多（Victor Moet）和女婿皮埃尔（Pierre-Gabriel Chandon），酒厂也随之更名为 Moet et Chandon。

20 世纪 50 年代，通过 Moet 家族 200 年的努力，政商关系及独特的品质被转化为享誉全球的品牌，家族功成身退，酩悦被非家族成员德・沃居埃伯爵（Robert-Jean de Vogüé）接管。在他的带领下，公司蓬勃发展，1962 年在巴黎上市，之后收购了 Mercier 香槟及迪奥香水（Parfums Christian Dior）。1971 年，Moet 与轩尼诗合并为 Moet Hennessy（酩悦轩尼诗）。轩尼诗的故事与 Moet 如出一辙：经过六代人的努力，享誉全球，占有世界白兰地市场的40%，所不同的是轩尼诗仍有家族成员担任要职。1987 年，酩悦轩尼诗与 LV 合并，成就了前无古人的 LVMH。

在 LV 身上，同样凝聚了威登家族从创办人路易・威登到其子乔治・威登（Georges Vuitton）、其孙卡斯顿・威登（Gaston-Louis Vuitton）的百余年心血，不过更加突出的是家族对质量的追求。1977 年，威登家族的女婿亨利・雷卡米尔（Henry Racamier）接手 LV 后，对公司进行垂直整合，大大提升了利润，如今的精品公司都效仿他的模式。至 1984 年，公司利润比他刚接手时翻了 30 倍。同年，LV 在巴黎与纽约同时上市。

LV 与酩悦轩尼诗的合并，正是在雷卡米尔的带领下进行，也由于他与酩悦轩尼诗 CEO 阿兰・舍瓦利耶（Alain Chevalier）的争斗，让阿诺特偷袭得手。阿诺特于 1987 年 10 月趁巴黎股市大跌，大肆收购 LVMH 股票，持股数达到 43%，成为集团控制人。此后，在阿诺特的领导下，LVMH 在短短 20 余年间先后囊括了 60 余种大小奢侈品牌，涵盖葡萄酒及烈酒、服装及皮具、香水及化妆品、钟表及珠宝、精品零售五大分支（图 17. 1），成为世界上第一个也是最大的奢侈品集团。

家族的投入与退出时机

从酩悦和 LV 的故事不难看出，一个奢侈品牌的横空出世，离不开创始家族数代人的持续投入。家族企业的特殊资产，如政商关系及对质量的百年追求，最终都被转化成屹立不倒的品牌。而品牌成熟后，家族功成身退或被迫出走都没有对品牌产生致命影响。Moet 和 LV 都已远离创始家族，今天，尚有几名威登家族成员在 LV 工作，但只是监管特殊订单的经理和普通工匠，LV 的创意总监则是著名的美国设计师马克・雅可布（Marc Jacobs）。物是人非，品牌依旧，甚至更上层楼，酩悦香槟醇香不减，LV 门前队伍越来越长。在 LVMH 旗下其他成熟品牌中，也可发现类似规律（表 17. 1）。

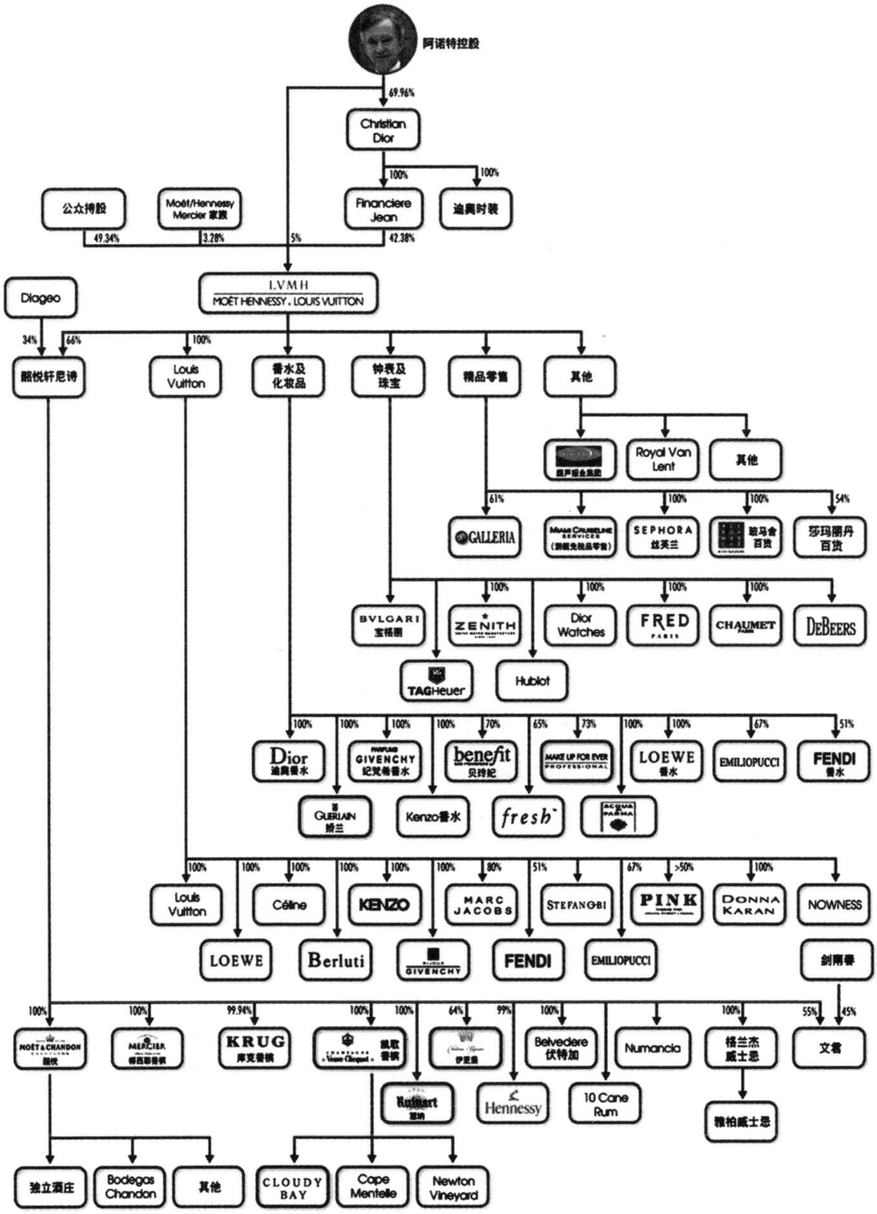

图 17.1　LVMH 集团架构

表 17.1 LVMH 集团部分品牌的创始家族状况

业务类别	品牌	成立年份	国家或地区	母公司持股数	是否家族企业	传承代数	家族退出年份	余留家族成员或创办人人数	余留人员职位	家族/创办人持股量	持有LVMH股权	收购年份
酒类	酩悦	1743	法国	100%	是	>4	1950	0	/	<3%	1987	1987
	凯歌香槟（Veuve Clicquot）	1772	法国	100%	是	3	1866	0	/	0	/	1987
	库克香槟（Krug）	1843	法国	99.94%	是	6	/	1	决策层顾问	≤0.02%	/	2000
	梅西耶香槟（Mercier）	1858	法国	100%	是	1	1904	0	/	0	<3%	1970
	慧纳（Ruinart）	1729	法国	100%	是	2	/	0	/	0	/	1973
	伊更堡（Chateau d'Yquem）	1593	法国	64%	是	≈10	2004	0	/	≤36%	/	1999
	轩尼诗	1765	法国	99%	是	6	/	1	顾问委员	≤1%	<3%	1987
	Glenmorangie	1843	苏格兰	100%	是	/	2004	0	/	0	/	2004
	文君（Wenjun）	1951	中国	55%	否	0	/	/	/	/	/	2008
服装及皮具	Louis Vuitton	1854	法国	100%	是	5	1990	3	特别订单经理，工匠	0	/	1987
	Loewe	1846	西班牙	100%	是	5	/	1	名誉主席，行政董事	0	/	1996
	Celine	1945	法国	100%	是	1	1987	0	/	0	/	1996
	Berluti	1895	法国	100%	是	3	/	1	负责人	0	/	1993
	Kenzo	1970	法国	100%	否	/	/	/	/	/	/	1993
	纪梵希	1952	法国	100%	否	/	/	/	/	/	/	1988
	Marc Jacobs	1984	美国	80%	否	/	/	1	设计师，LV创意总监	0	/	1997
	Fendi	1925	意大利	51%	是	2	/	/	/	/	/	2001
	Emilio Pucci	1947	意大利	67%	是	2	/	1	形象总监	≤33%	/	2000
	Thomas Pink	1984	英国	>50%	是	1	/	/	/	<50%	/	1999
	Donna Karan	1984	美国	100%	否	/	/	1	主席及设计师	0	/	2001
	Christian Lacroix	1987	法国	100%	否	/	/	1	设计师	/	/	1993（2005年卖出）
	Christian Dior	1947	法国	60%	否	/	/	/	/	/	42.40%	1984

（续表）

业务类别	品牌	成立年份	国家或地区	母公司持股数	是否家族企业	传承代数	家族退出年份	余留家族成员或创办人人数	余留人员职位	家族/创办人持股量	持有LVMH股权	收购年份
香水及化妆品	迪奥香水	1947	法国	100%	否	/	/	/	/	0	/	1971
	娇兰	1828	法国	100%	是	4	2002	0	/	0	/	1994
	纪梵希香水	1957	法国	100%	否	/	/	/	/	/	/	1988
	Kenzo 香水	1988	法国	100%	否	/	/	/	/	/	/	1993
	贝玲妃	1976	美国	70%	是	2	/	4	/	≤30%	/	1999
	Fresh	1991	美国	65%	是	1	/	2	/	≤35%	/	2000
	MAKE UP FOR EVER	1984	法国	73%	否	/	/	1	艺术总监	≤27%	/	1999
	Acqua di Parma	1916	意大利	100%	是	/	1993	0	/	0	/	2001
	Perfumes Loewe	1972	西班牙	100%	是	5	/	1	名誉主席，行政董事	0	/	1996
	Emilio Pucci Parfums	1966	意大利	67%	是	2	/	1	形象总监	≤33%	/	2000
	Fendi 香水	1985	意大利	51%	是	2	/	/	/	/	/	2001
	Hard Candy	1995	美国	94%	是	1	/	1	/	/	/	1999（2002年卖出）
	Urban Decay	1996	美国	100%	是	1	/	1	/	/	/	2000（2002年卖出）
钟表及珠宝	宝格丽	1884	意大利	100%	是	3	/	2	宝格丽主席，LVMH 钟表及珠宝部经理	0	3%	2011
	TAG Heuer	1860	瑞士	100%	是	4	/	1	名誉主席	0	/	1999
	Hublot	1980	瑞士	/	否	/	/	/	/	/	/	2008
	Dior Watches	1975	法国	100%	否	/	/	/	/	/	/	1984
	Chaumet	1780	法国	100%	是	4	/	/	/	0	/	1999
	De Beers	1888	南非	≈50%	是	/	/	/	/	/	/	2001

（续表）

业务类别	品牌	成立年份	国家或地区	母公司持股数	是否家族企业	传承代数	家族退出年份	余留家族成员或创办人人数	余留人员职位	家族/创办人持股量	持有LVMH股权	收购年份
精品零售	DFS	1961	中国香港	61%	否	/	/	/	/	31%	/	1997
	玻马舍百货（Le Bon Marche）	1852	法国	100%	是	≥3	/	/	/	0	/	1998
	莎玛丽丹百货（La Samaritaine）	1870	法国	54%	是	/	/	/	/	/	/	2001
媒体	回声报业集团	1908	法国	/	是	/	/	/	/	/	/	2007
游艇制造	Royal Van Lent	1849	荷兰	/	是	/	/	/	/	/	/	2008

资料来源：通过公开资料整理。
标注："/" 表示此处不适用或未查到数据。

1828 年成立的娇兰（Guerlain），历经娇兰家族四代调香师的调配，成为香水界知名品牌。2002 年，最后一代家族调香师让-保罗·娇兰（Jean-Paul Guerlain）退休，由外人接替，娇兰芳香依旧。这样的例子不胜枚举。当然，一些十分成熟的品牌在成为 LVMH 子公司后仍保留家族成员，职位多为顾问委员或名誉主席。这就类似如今的英国女王，形式大于作用。

值得留意的是，时装品牌中家族的气息并不浓厚，往往一个设计师的天赋就足以取代家族长达百年的投入。但和家族企业一样，品牌只要真正树立起来，原创设计师即使离开，影响也并不大。纪梵希（Givenchy）由贝尔·德·纪梵希（Hubert de Givenchy）创立，奥黛丽·赫本的经典形象就源于他的灵感。1995 年，68 岁的纪梵希突然被阿诺特辞退，震惊法兰西。之后纪梵希设计师几易其主，品牌魅力依旧。

可见，当品牌成型后，特殊资产可以转让出售，家族或创始人也可以考虑退出。好比孩子长大成人，家长自然可以放手了。这一现象可以用简单的经济学概念解释：家族前期投入的边际效益相对比较明显，特别是前两代的投入往往至关重要；而后期投入的边际效益逐代递减，家族的存在甚至可能成为发展的障碍，家族退出也就成了历史的必然。

家族退出奢侈品企业背后，也有着时代变化的深刻原因。18 世纪至 20 世纪早期，奢侈品市场主要由家族作坊主导，消费群体集中于达官贵人。二战以后，随着需求的增大，一些企业主动开始去家族化并收购其他品牌，例如酩悦。竞争的加剧使 LVMH 这样的大型集团应运而生，也使阿诺特之流的资本家有用武之地。

时势造英雄，英雄也改变了时势。LVMH 的成功彻底改变了奢侈品市场。在 LVMH 的引领下，奢侈品行业在 20 世纪 90 年代经历了一轮并购浪潮。据法国《回声报》（*Lex Echos*）报道："仅1998—1999年，就有 179 家奢侈品公司的主要控股人发生了变化。" PPR、历峰（Richemont）等大型奢侈品集团随之成立。原有的一些单一品牌也扩充为集团，例如，斯沃琪、古驰、宝格丽，连自称捍卫文化的爱马仕也未能免俗，收购了一些独立品牌。

奢侈品牌的诞生离不开家族的前期投入，而家族的退出虽说是历史规律，又何尝不是家族企业本身对利益最大化的追逐？"天下熙熙，皆为利来"，LVMH 的诞生正是几个家族企业主导的，只不过伯纳德・阿诺特的介入把商业化发挥到了极致。

有意思的是，原本独立的家族企业被收购后，品牌的芳香并没有被跨国集团的铜臭淹没。LVMH 是如何做到的？

根据品牌成熟度保护家族特殊资产

保留品牌的芳香必须保护品牌的特殊资产，但为了实现利益最大化，则应充分利用跨国集团的规模效益。LVMH 的过人之处就在于很好地平衡了二者的矛盾，找到了最优点。

宝格丽与 LVMH 达成协议后，宝格丽 CEO 及家族成员弗朗西斯科・特拉帕尼（Francesco Trapani）表示："一方面，我们将保持个性及独立性；另一方面，又可受益于 LVMH 的集团优势。" 合并后，特拉帕尼被提拔为

LVMH 钟表及珠宝部门负责人，统领包括宝格丽在内的 8 个品牌。这项收购中，LVMH 用自己 3%的股权交换了宝格丽家族持有的 50.4%宝格丽股份，宝格丽家族由此将成为继阿诺特家族后 LVMH 的第二大家族持股人。此外，LVMH 会用现金收购宝格丽其余股份。

LVMH 在 20 世纪 90 年代末收购了一些年轻的化妆品公司，如 Fresh 和 Benefit（贝玲妃）等。创办 Fresh 的 Lev Glazman 和 Alina Roytberg 夫妇至今仍负责公司的经营与创意，并持有 Fresh 约 30%的股权。创办贝玲妃的 Jean 和 Jane Ford 孪生姐妹也类似，而且她们的接班人 Annie 和 Maggie 都已进入了公司。在集团的协助下，Fresh 和贝玲妃飞速成长。

然而，大多数被 LVMH 收购的公司已被全资拥有，家族并不持股甚至早已不见踪影，这也说明，LVMH 的“保护”政策对成熟度不同的品牌进行区别对待：对 Fresh 和贝玲妃这样正在发展的品牌，LVMH 不但保留整个创始家族，还留有一定分量的股权给予激励；而对已经名扬天下的纪梵希和 Celine，不仅全资收购，创始人也被毫不留情地解雇了。

至于宝格丽这样的大型集团，收购的广告效应甚至堪比实际意义。毕竟，爱马仕是下一个目标。如果收购后直接剥夺宝格丽家族的控制权，爱马仕家族恐怕更加避之唯恐不及。而宝格丽家族持有 LVMH 股份只是极个别现象，这主要是由于全额现金收购代价太大。按 LVMH 的计划，宝格丽也将成为全资子公司。

LVMH 网站显示，如果创始家族或创始人还在公司任职，一般品牌介绍中都会提及。若创始家族已经退出甚至被赶走，那么产品简介中有时会强调虽然创始人或家族不再，但某某会继续弘扬品牌的传统。

除了宣传，LVMH 还有很多具体措施保护品牌的特殊资产，比如，不变更原产地。虽然发展中国家劳动力相当廉价，但高档服装总是在法国生产，皮具一般是“意大利制造”，钟表多半都在瑞士组装，高档游艇是荷兰制造，香槟酒永远由特定果园种植的葡萄酿制。当然也有例外，比如，Thomas Pink 衬衫主要在中国和东南亚生产。

为保持各品牌的独立性，LVMH 将权力下放，各品牌享有高度自治，比如，酩悦和 Veuve Cliquot 在香槟区的果园紧挨在一起，但有各自独立的会计及人力资源部。LVMH 集团虽有雇员 8 万余人，巴黎总部却规模不大，只有两三百人。总部一般不会干涉品牌日常经营，各品牌只需要向分支经理定期报告，五大分支经理再向总部汇报。

由此可见，LVMH 保护特殊资产主要围绕品牌进行，即使损失一些规模效应也得大于失。而在不影响品牌的前提下，集团会进行大刀阔斧的战略整合。

战略整合实现利益最大化

1997 年亚洲金融危机后，LVMH 意识到应更好地利用集团的规模效应，于是根据商品类型设立了业务分支。每个分支中有一个共享服务中心，主要提供 IT、法律、金融、专利及人力资源等方面的协助。

在香水及化妆品部门，为节省开支，纪梵希香水（Parfums Givenchy）、迪奥香水和娇兰香水的采购及研发团队被集中在一起。但为确保品牌独立性，其生产计划及生产基地是分开的。另外，集团也不会在推出新品牌时滥用自身的议价能力。一个品牌必须靠自身努力赢取经销商。LVMH 在 1998—1999 年收购了一些创办不久的美国化妆品公司，包括 Bliss、Hard Candy、贝玲妃、Fresh 及 Urban Decay。其中，贝玲妃和 Fresh 很好地利用了集团的共享服务中心，特别是经济上的支持，并在 2002 年取得了两位数增长。同年，Hard Candy 和 Urban Decay 却在竞争中被淘汰，直接被 LVMH 抛售。其他分支的战略整合也相类似，主要根据产品性质采取不同措施，充分利用规模效应，底线是不影响品牌的独立性，或者说不影响品牌在消费者心中的独特性。

除了围绕各分支整合，更重要的战略直接在集团层面实施。奢侈品极度依赖广告，LVMH 专门设有一个部门直接和媒体及广告公司沟通，集团优势使产品广告出现在更好的时间及位置，而广告费也大幅降低。Donna Karan 被收购后，在曝光率维持不变的同时，广告费降低了 20%。另外，大型集团对杂志的影响力也更大。一位时装杂志编辑坦承："我曾被迫介绍一些特色产品。如果一家公司的广告费用巨大，它会要求社论给予相应的关注。"

在国际层面，拥有全球营销网络的 LVMH 可以更迅速地搜集商业情报，把握时尚潮流。新品牌进入市场时，可以利用已有品牌在当地的关系网获得最佳门店。为防止套利，LVMH 有一个数据库存有客户的护照号码，以便在全球各个角落识别客户。大多数会计和金融服务在分支中就已进行了整合，但规避汇率风险由集团财务部门统筹。另外，五大分支也依靠总部提供金融、会计、税务及法律方面的协助。

随着金融海啸的退潮，LVMH 的战略整合收益明显。2010 年，其营业收入 203.2 亿欧元，利润为 42.31 亿欧元。自 2009 年初，LVMH 股价一路上扬，远远甩开了 CAC 40 指数（图 17.2）。每有公司传出将被 LVMH 收购，资本市场往往反应积极。3 月 7 日，宝格丽宣布将被 LVMH 收购时，其股价从 7.59 欧元一跃至 12.1 欧元（图 17.3）。

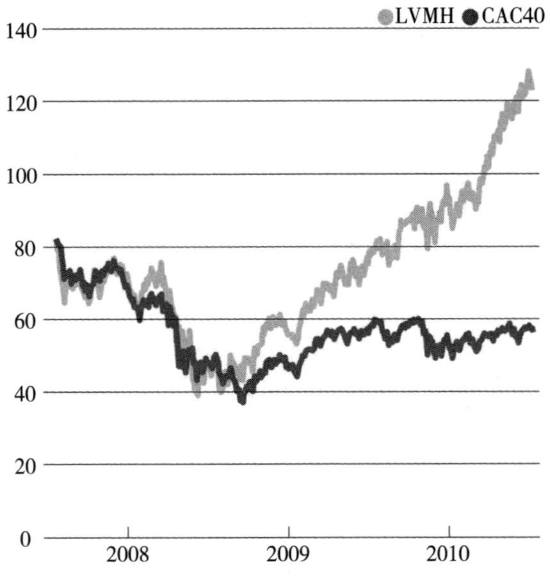

图 17.2　LVMH 股价大幅跑赢 CAC40 指数

资料来源：公司年报。

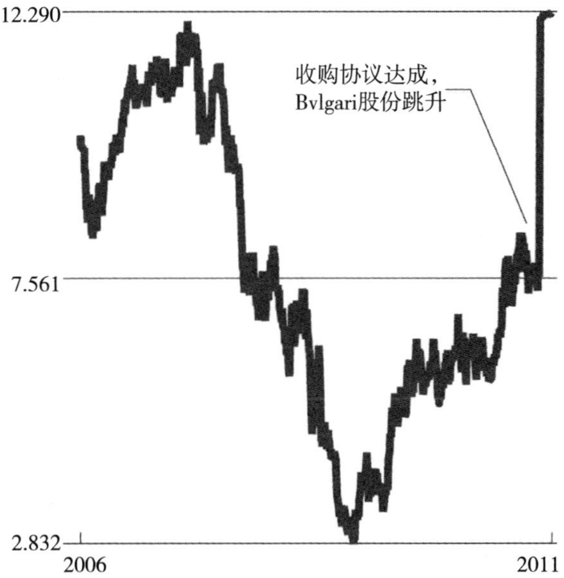

图 17.3　资本市场对宝格丽被收购的反应

不可替代的家族初始投入

至此，LVMH 似乎是一个完美的故事。创始家族通过百年投入将特殊资产注入品牌，随后逐渐淡出企业；LVMH 通过收购、并购得到成熟品牌的特殊资产，并加以保护、粉饰，同时进行战略整合，实现利益最大化。但阿诺特为何斥巨资收购家族企业，花这么多精力去整合这些品牌呢？因为他买来的特殊资产不是短时间可以创造的，家族投入不可替代。

对于成长中的品牌，如 Fresh 和贝玲妃，LVMH 不但没有赶走创始家族，反而给予最大程度的扶持与激励，说明品牌的打造离不开创始家族的前期投入，LVMH 的作用主要是给予协助，加快品牌成熟。在打造品牌初期，集团并不能代替家族或创始人。一旦品牌成型，或许会“兔死狗烹”，就像阿诺特对待纪梵希本人一样。

有时甚至狡兔未死，良狗已烹。1993 年，Kenzo 被 LVMH 收购。1999 年，原创设计师高田贤三退休，将时装店交予其助手及 LVMH。然而，高田似乎离开得太早了。近年来，Kenzo 一直苦苦挣扎，外界一度盛传 Kenzo 将被抛售。在 LVMH 的 2010 年年报上，相比其他品牌的详细介绍，Kenzo 的介绍只有短短两句话："Kenzo 继续其重新定位和重组。2010 年，品牌主要集中于精简其零售网络。" Kenzo 虽然不是家族企业，但本质相同。孩子尚未成人，家长不宜撒手不管。

LVMH 的商业模式和一些一流足球俱乐部类似：花大钱购买巨星、花小钱培养明日之星。足球明星数年就可崭露头角，而 LV 和酩悦这样的明星品牌百年才一遇。LVMH 是上市公司，即使阿诺特有耐心静候明日之星的成长，投资者又有多少耐心呢？

1993 年，创立 6 年的 Christian Lacroix 服装公司被 LVMH 收购。阿诺特一直对设计师拉克鲁瓦（Lacroix）的天赋赞誉有加，但 Christian Lacroix 从未营利过，2005 年，它被卖给 Falic 集团。2001 年，阿诺特在一次采访中评论 Urban Decay："明星品牌需要时间成长。即使需要 10~15 年才能成为明星，这也是了不起的投资，不是吗？" 而一年后，Urban Decay 和 Hard Candy 被双双抛售。虽然以上三个品牌未必有潜力成为巨星，但上市集团利益至上的原则暴露无遗。相对而言，家族对企业的耐心更加持久。

阿诺特的未来挑战

伯纳德·阿诺特曾表示："今天要打造一个像 LVMH 一样的集团是不可能的。因为当时对奢侈品公司的估价远低于今天，而且如今也并没有那么多明星品牌。我和我的团队比别人更早发现了这一潜力。" 现在，发掘、培养新星已然不易，购买巨星也越发困难。1999 年，LVMH 尝试收购古驰未果，古驰后成为法国 PPR 集团旗下一分子。LVMH 收购宝格丽也付出高达 61%的溢价率。但 LVMH 当前的利润很大程度上依赖于几个王牌。一旦消费者对现有品牌产生审美疲劳，而新的品牌尚未成型或者已被抛售，恐怕会出现青黄不接的尴尬局面。

当然，到目前为止，LVMH 一直都是成功的典范。但其高额利润很大程度上归功于亚洲市场的兴起，2010 年，其收入的 34%来自包括日本在内的亚洲区贡献。和其他集团相比，LVMH 的个股回报率只是随着奢侈品行业升高，相对其他集团没有突出的优势（图 17.4）。

图 17.4　LVMH 集团的累计超额收益率

从控制人角度看，LVMH 主席伯纳德·阿诺特长袖善舞，他曾作为证婚人出席法国总统萨科齐的婚礼，前任法国总统希拉克的夫人贝尔纳黛特·希拉克（Bernadette Chirac）现为 LVMH 董事局成员。2011 年 62 岁的阿诺特已安排一子一女进入董事局，接班只是时间问题。欧洲首富的下一代有能力继承父亲的特殊资产吗？

再强的品牌终有消亡的一天，就像伟大的家族终究会退出一样。奢侈品对新贵族的边际效益远大于对旧贵族的边际效益。当新贵族成为旧贵族后，对奢侈品的疯狂欲望自然会减弱。到时 LVMH 将如何应对？阿诺特收购明星品牌不惜重金，赶走创始家族及甩卖品牌时也毫不手软。或许在他眼里，没有永远的品牌，只有永远的利益。但利益真的是永远的吗？

LVMH 对中国家族企业的启示

首先，LVMH 的模式值得借鉴。家族随着时间的推移往往会分成几个分支，分家往往导致企业支离破碎。其实，不同的分支可以像 LVMH 一样合并成一个集团，总部由不同分支代表组成委员会。这样既可以如 LVMH 旗下品牌一样保持独立性，又能享有集团的规模效应。

其次，企业在发展初期，多少会依靠政商关系。酩悦最初即依靠和拿破仑的关系名扬天下，但拿破仑倒台后，它反而更加壮大，是因为有了质量的保证，品牌已深入人心。中国一些企业依靠关系短期牟利，但没有品牌终究不是长久之计。打造品牌可以依靠关系或明星短期造势，但长期发展离不开家族的持续投入。

香港众多家族企业掌门人已年逾八十，仍未退休。他们大多工作勤奋，长袖善舞。或许正是因为企业的特殊资产太特殊而离不开创办人，企业无论转手还是传给下一代都是问题。子女在成长过程中自然会受父母影响，但教育的最终目的是让孩子独立生存。打造企业何尝不是如此？让·雷米和拿破仑的关系无可替代，但他退休后，Moet 香槟依然强势，因为特殊资产已经转化成品牌，可以传给下一代。打造强大的品牌不但可以牟利，甚至有利于企业传承。

从酩悦和 LV 的故事我们看到，品牌的发扬光大往往依靠家族第二代、第三代的努力。那么，打造中国品牌的艰巨任务自然得交给中国的“创二代”。中国企业家在用大把人民币换取欧美奢侈品时，或许也可从中得到一些启示吧。

第 18 章
富豪的奢华、慈善与冒险

范博宏　张天健

虽然全球经济紧张，俄罗斯貂皮大衣、约翰罗布订制皮鞋、巴黎银塔餐厅晚餐、路易威登 Keepall 50 旅行包等奢侈品反而价格看涨。富人们不惜重金奢华消费，可能是为了生意需要、树立权威、节约成本，或是通过不利条件“耍帅”，但这些奢华消费可能以生命或企业为代价。其实，真正奢华的不会闹得天下皆知，富人可以根据能力理性分析奢华的成本及收益。

1996 年，查尔斯王子与戴安娜王妃离婚，据说戴妃得到 1700 万英镑。2011 年，香港恒丰酒店大股东李德义之子李建勤离婚，前妻曾昭颖索要 55 亿港元赡养费，约合 4.57 亿英镑。商人妇竟比王妃还“尊贵”。

身为律师的曾昭颖虽然“狮子大开口”，但有凭有据。她声称两人离婚前生活极尽奢华，因此要求并无不妥。她预计离婚后与女儿每年生活开支约 3200 万港元，要住 6 亿港元的香港半山豪宅，每年花 500 万港元购买服饰手袋、1270 万港元与女儿旅行等（表 18.1）。男方则强调所有财产均属长辈，不宜分割。但据媒体报道，李建勤的确生活奢侈，例如多次在私人游艇上举行香艳派对。2011 年 12 月 1 日，香港高等法院裁决曾昭颖获 12.22 亿港元，曾当庭尖叫，笑得合不拢嘴。

表 18.1 香港恒丰集团后人李建勤前妻曾昭颖列出的离婚后生活费清单

项目	开支（港元）
住屋	6 亿购买中半山宝云道 5000 英尺大屋
香港及伦敦饮食开支	180 万/年
康乐活动	240 万/年
光顾餐厅	60 万/年
饲养三只狗	14.3 万/年
买衣服手袋	500 万/年
与女儿旅行	1270 万/年
买船	1500 万
保姆	69.1 万

资料来源：2011 年 10 月 18 日《香港经济日报》。

婚姻的确对家庭与事业的稳定发展非常重要，但是我们这次要谈的不是这个话题，而是某些商业家族成员的一些极端行为，如上述富商离婚官司暴露出的奢华消费、一掷千金的慈善捐款、攀登珠穆朗玛峰之类的极度冒险等。这些行为若是一般人做了还没有那么稀奇，但是若是富豪所为，其牵涉的财富转移以及对他们事业的风险可能很大。他们为什么还要做这些极端的事？

奢华消费代价日高

什么是奢华？难道仅仅是宝马香车、纸醉金迷？电影《霸王别姬》里，“戏霸”袁四爷质问饰演霸王的段小楼：“霸王回营亮相，到和虞姬相见，按老规矩是定然七步，而你只走了五步，楚霸王气度尊贵，要是威而不重，不成了江湖上的黄天霸了？”其实，奢华就是楚霸王应该多走的那两步，未必有明显的价值，但可以彰显与众不同。

如今，富人们为了多走那两步，付出的代价越来越大。根据《福布斯》统计，众多奢侈品近年来纷纷涨价，例如涨幅最大的马克西米利安的俄罗斯貂皮大衣，相对 2010 年上涨了 20%，LV 的旅行包也上涨了 19%（表 18.2）。根据表中奢侈品构建的奢华生活指数与消费物价指数的差距逐渐拉大，前者上涨的速度是后者的两倍（图 18.1）。

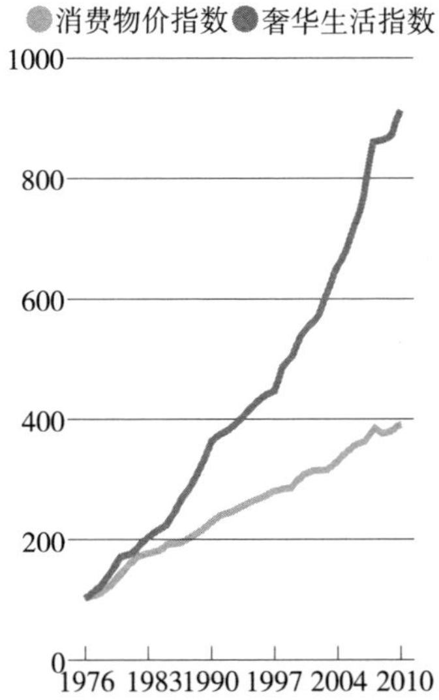

图 18.1 奢华生活指数与消费物价指数差距拉大

资料来源：《福布斯》。

虽然全球经济紧张，奢侈品反而日益紧俏。这一方面得益于亚洲市场的兴起，新兴富豪对奢侈品的渴望程度远胜传统欧美富人，由此大幅提升了对奢侈品的需求。另一方面或许因为富人愈富，奢侈品必须大幅涨价以维持其地位。

为何奢华？

富人们顶着大幅增长的奢华生活指数，不惜重金购买手袋、豪车、游艇，背后有什么深层原因？

表 18.2 奢侈消费价格一览

项目	2011 年价格（美元）	2010 年来的价格调整
外套/俄罗斯天然貂皮大衣，美国最大皮草商马克西米利安（Maximilian）制，布鲁明戴尔百货（Bloomingdale's）销售	240 000	20%
真丝连衣裙/孔雀国际控股 LLC 旗下比尔·布拉斯（Bill Blass）经典款	2 000	5%
平跟船鞋/古驰（Gucci）	495	0%
衬衫/英国手工衬衫品牌滕博阿瑟（Turnbull & Asser）订制棉衬衫一打	4 380	4%
鞋/约翰罗布（John Lobb）订制黑色牛皮 WING TIP（穿孔雕花款）男鞋，伦敦	4 917	17%
学校/格罗顿学校（Groton School）高中 1 年的学费、住宿、膳食，美国马萨诸塞州	49 810	2%
大学/哈佛大学 1 年的学费、住宿、膳食、保险	52 652	4%
晚宴/服务 40 人，里奇韦尔（Ridgewell´s Caterer）承办，美国马里兰州贝塞斯达（Bethesda）	7 374	8%
歌剧/纽约大都会歌剧院入场券（星期六晚，正厅后排上方包厢），观看 6 场演出，每场各两张	4 385	3%
鱼子酱/1 公斤沙皇帝国（Tsar Imperial）闪光鲟鱼子酱（Sevruga），裴卓仙（Petrossian）餐厅	13 600	N/A
香槟/1 箱 2002 年唐培里侬香槟王（Dom Pérignon），纽约谢利·莱曼（Sherry-Lehmann）葡萄酒商店	1 919	N/A
夏多布利昂牛排/7 磅，纽约 Lobel's 商店	525	5%
晚餐/巴黎银塔餐厅（La Tour d'Argent），估计每人消费（含酒水、小费）	470	10%
钢琴/史坦威（Steinway & Sons）D 型平台钢琴，黑檀木色	130 800	6%
鲜花/6 个房间的摆设，每周更换 1 次，Christatos & Koster 花店，纽约，每月费用	8 175	0%
床单/意大利普拉泰西（Pratesi）制造，亚麻布大号	1 200	NA

（续表）

项目	2011 年价格（美元）	2010 年来的价格调整
纯银餐具/ 里德及巴顿（Reed And Barton）制造，威廉斯堡贝壳图案，12 人用 5 件套	17 112	N/A
酒店/ 纽约曼哈顿四季酒店，1 卧室套房	4 750	2%
整容/ 经验丰富的面部整形外科医生，纽约	18 500	9%
医院/ 华盛顿中心医院，1 天礼宾服务、保安、美食、用品、专业的护理照料	2 562	6%
精神科医生/ 纽约上东区，45 分钟标准收费	325	0%
律师/ 成立纽约公司，Schlesinger，Gannon & Lazetera 律师事务所，合伙人平均每小时收费	895	2%
浴疗/ 金门 Spa（Golden Door Spa），加利福尼亚，每周一次基本设备	6，750	-13%
香水/1 盎司杰柏图（JEAN PATOU）喜悦香水	450	0%
桑拿/ 芬乐（Finnleo Sauna and Steam）桑拿房，8×10×7 英尺，8 人用，欧洲云杉	15 990	0%
机动游艇/ 海特瑞斯（Hatteras）80 大型豪华游艇（卡特彼勒 1550 马力高性能 C-32 型发动机）	5 281 600	0%
帆船游艇/ 牡蛎（Oyster）655/16 - 伦敦的瑞切尔（Rachel of London）型号	3 586 220	N/A
猎枪/普德莱（James purdey & Sons）12 号并列式双管猎枪，格里芬和豪公司（Griffin & Howe）代理	197 004	5%
纯种马/ 一岁马平均价格，法西 - 提普顿（Fasig - Tipton）拍卖行，纽约州萨拉托加（Saratoga），夏天出售	319 340	16%
游泳池/ 奥运会标准泳池（50 米），Mission Pools 建造，加利福尼亚州埃斯康迪多（Escondido）	1 400 000	-5%
网球场/黏土，普特南网球场（Putnam Tennis Courts）建造，康涅狄格州哈温顿（Harwinton）	55 000	0%
火车模型/ 里昂内尔（Lionel）宾夕法尼亚州高速 O 型车模，纽约施瓦茨玩具店（FAO Schwarz）销售	300	0%

（续表）

项目	2011 年价格（美元）	2010 年来的价格调整
飞机/ 双发涡扇中型 40XR，标准设备，7 座	10 605 000	0%
直升机/ 塞考斯基（Sikorsky）S-76D	14 800 000	14%
汽车/ 劳斯莱斯幻影	380 000	0%
雪茄/ 大卫杜夫庆典 1 号（Aniversario No. 1），多米尼加产，25 支装	900	0%
旅行包/ 路易威登 Keepall 50	1 460	19%
手表/ 百达翡丽卡拉卓瓦（Calatrava）经典男装金表，鳄鱼皮表带	19 800	14%
钱包/ 爱马仕凯莉包，硬质小牛皮，28 厘米	7 250	-1%

资料来源：《福布斯》（2011 年 8 月 31 日的货币兑换价）

生意需要

很多富人都会告诉你，奢华是为了生意需要，即通过奢华向客户传递讯息：打扮得体表示对客户尊重，一掷千金表示经济实力超群，通过加深客户的印象，促进生意合作的成功率。李建勤也强调，他的游艇派对是为客户举办。但其前妻律师指出，游艇上不乏南美佳人。总体而言，奢华的确可发挥广告效果。力帆摩托在打造品牌初期，就通过大力投资力帆足球俱乐部而声名大噪。

很多公司甚至主动为高管提供奢华消费，例如飞机头等舱、CEO 专机等。如果给予高管现金补贴，高管未必会把自己的钱花在机票上，但在商讨大宗生意时，一个从私人飞机中走下来的 CEO 显然比从经济舱里钻出来的 CEO 给客户更强的印象。因此，公司“强迫”高管奢华可能是为了公司利益。

当然，若出于私人利益使用公司资源，则可能给公司带来不利影响。美国纽约大学大卫·雅马克教授在 2004 年的研究发现，若公司飞机被揭发作为私人用途使用，该公司股价会经受相当负面的公告效应，甚至长期走低。雅马克教授在另一篇文章中指出，CEO 购买特大豪宅也会导致公司股票折价，就算是他自掏腰包买的也一样（图 18.2），投资者似乎认为，贪图个人享受的 CEO 不会为公司尽力。

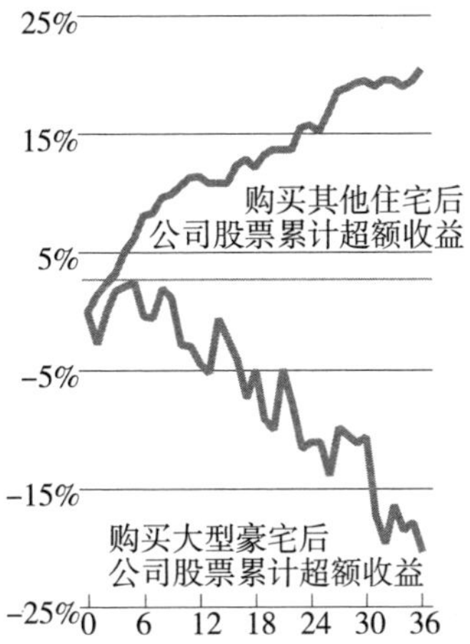

图 18.2 CEO 购买大型豪宅导致公司股票折价

资料来源：克罗克刘、大卫·雅马克，《股东的豪宅在哪里？——CEO 住宅购买、股票收益及其后公司业绩》，2007 年。

另外，即使出于公司利益，奢华过度可能适得其反，客户或许怀疑其经济实力有限，故意卖弄。《资治通鉴》记载隋炀帝为向胡人炫富，命人用丝绸缠树，展示中华富庶有余。胡人则笑问，为何不把丝绸送给衣不遮体的穷人？通过奢侈吸引客户需掌握分寸，过度炫富往往自曝其短，遭人轻视。因此，通过奢华向客户传递讯息时，应根据自身条件及客户特征做相应决策。

树立权威

除了对外传递讯息，奢华还可对内树立权威。公司内高管不仅希望获得地位，更希望其他员工认可其地位。漂亮的女秘书、豪华轿车、私人飞机都能在一定程度上突出其特别地位。美国芝加哥大学拉古拉詹与茱利·伍尔夫教授的研究发现，这种奢华补贴往往比大额现金补贴更有效，也通常更便宜。为防止争议，有些高管的大额现金补贴不会公开，但公开的CEO专机等相对更容易树立权威，也正因为是公开的，其额度不可能过于离谱。

军方授予军人不同级别的军衔、勋章，这种奢侈几乎没有成本，但效果往往极好。拿破仑曾说："如果我有足够的色带（代表军衔），就可以征服世界。"公司给予高管的非现金补贴往往成本低于现金补贴，也可看成代表地位的一种色带。

在内地长大的一代，小时候班级里都会任命小队长、中队长、大队长，分别为一道杠、两道杠、三道杠，这在本质上也和军衔类似。但早前湖北惊现的五道杠未免贻笑大方，难以达到树立权威的作用，反而引起争议。CEO本身不过是一个职位名称，公司赋予其的奢华享受就好比小学生肩上的几条杠，太少了不足以立威，太多了适得其反，重点是看得到摸得着，极度稀缺限量供应，多少是其次。

节约成本

奢华并不代表乱花钱，如把钱花在刀刃上，还能节约成本。

不少公司都为董事设有专门餐厅，这样董事们就不用花额外时间到公司外的高规格餐厅就餐，并可以增加董事间的交流，而且产生的规模效应可节省总成本。看上去是在提供额外的奢华，最终得益的还是公司。

如果把慈善看成一种奢华消费，那么很多时候慈善也可以帮助公司节约成本。当然，慈善的宗旨是利他，但若同时利己，又何必介怀？众多商人乐善好施，做起生意来也相对少些阻碍。其实，在自然界中也可观察到这种利他行为。理查·康尼夫在他的《富翁的物种源始》一书中描述以色列有一种叫作阿拉伯鹛的鸟，有些雄鸟会花很大功夫找一只肥美的甲虫幼虫，然后喂给另一只雄鸟，完毕后"捐赠者"会昂首发出一阵特别的颤音宣布他的馈赠，颇像参加慈善晚会上摆姿势拍照的名流。这些都是自然行为，无可厚非。通过馈赠食物，捐赠者巩固了它在种群中的地位，同时不必和其他雄鸟大打出手。毕竟捉一只虫子的成本比与另一只雄鸟打架的成本低很多。在一些地区，把钱主动捐出去也比被上门收保护费成本低一些，效果好一些。

不利条件原理

万科董事会主席王石在2003 年登珠穆朗玛峰时靠捡到的半瓶氧气才安全撤离，让人捏了一把汗。如果说捐赠利人利己的话，那么，富翁们热气球环游世界、登珠峰等探险活动似乎只是为了单纯的刺激，既不利人，更不利己。其实，这种看似怪异的“耍帅”行为在自然界中十分常见。

理查·康尼夫又提到，非洲有些羚羊在逃跑时会故意高高跃起，这类弹跳浪费了宝贵的逃跑时间，但同时也向同类和掠食者展示了其出众的身体素质，好像在说：“看，我跳起来，你都追不到我！”动物学家扎哈维将这种现象归结为不利条件原理，这是动物们做广告的方式，为了增强说服力，“广告”中必须包含重大成本，即不利条件。

这种不利条件在动物求偶中特别普遍。根据达尔文的进化论，鸟类的羽毛应该越来越朴实，才能繁衍下去。但是，繁衍的首要条件是求偶，在自然界中，雌性是比较难讨好的，所以就会出现那些毛色艳丽、拖着长长尾巴的鸟类。这样羽毛鲜艳的雄鸟虽然铤而走险，可能成为掠食者的盘中餐，但或可找到“意中鸟”。用扎哈维的话概括：“一桩事可能因为它有害而有好处。”

王石开始登山时已婚，相信不是为了吸引异性。他冒着生命危险勇攀高峰，除实现个人理想之外，也通过极为不利的条件宣传了他本人和公司。万科也因为他的登山活动而家喻户晓，虽然股票偶有波动，但总体趋势良好。不过 2010 年，年届 60 的王石再次挑战世界最高峰，资本市场的反应却与珠穆朗玛的高度成反比（图 18.3）。可见，这样的不利条件已经无法让投资者安心。据说，王石历次登山的花费从未低于 200 万元。冒险作为一种奢华可以创造独特的价值，但风险过大显然得不偿失。

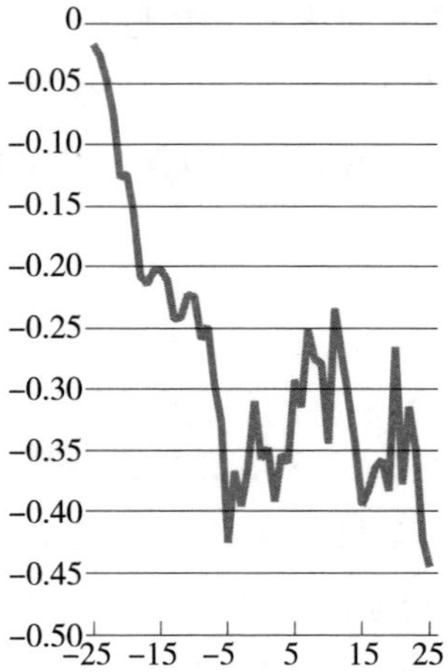

图 18.3 资本市场对挑战珠峰的反应

如何奢华

新闻中不时见到许多夸张的炫富。如果说楚霸王走五步威而不重的话，那么走十几步未免既不威严，也不庄重。一些富人并未少走两步，往往多走了好几步。其实，多数富人的消费很平实，奢华并非普遍行为，而是特定的人、特定的对象。至于被曝光的奢华行为，在一定程度上是媒体为吸引大众眼球。

托马斯·斯坦利在《停止摆阔》中揭示，很多富人的日常消费比人们想象的低很多。例如，在对全美富豪的抽样调查中，他发现 3/4 的女性百万富翁理发费用低于 70 美元，3/4 的男性百万富翁理发费用低于 25 美元（表 18.3）。因为多数富人并不像贝克汉姆那样经常抛头露面，每年花几万英镑变换发型完全没有必要。百万富翁对汽车品牌的选择也以实用为主，过去 10 年，福特在美国百万富翁市场中的占有率居首；他们最近新购的汽车中，则是丰田居首（表 18.4）。或许这些不是超级富豪，但一些亿万富翁的生活也极俭朴。传说台塑集团创始人王永庆有一条运动用的毛巾用了 27 年。但对于慈善事业，守财奴般的王永庆却十分“奢华”，是历史上捐款数额最多的台湾企业家。小处节俭，大处奢华，才是真的有气派。

表 18.3 美国百万富翁的理发费用（含小费）

女百万富翁 $	男百万富翁 $	低于此费用的百分比%
14.85	9.34	10
23.69	11.88	25
44.85	16	50
69.38	24.83	75
115	34.75	90
146.5	29.85	95
236.25	86.67	99

当然，慈善毕竟是有风险的行为。富人虽不至于因为捐赠而穷到吃不起饭，但毕竟有财富缩水、榜单名次下滑的危险，唯有处理得当，才能利人利己。首先，慈善当然要量力而为，否则善事尚未做成，自己先成了捐助对象。萨达姆时期的伊拉克曾向巴基斯坦提供 10 亿欧元援助，2001 年，萨达姆更向美国穷人提供 9500 万美元援助，大约是想羞辱美国，但实在令人不知所云。

表 18.4　美国百万富翁购买的汽车

排名	顾客忠诚度	市场份额——过去 10 年	市场份额——最近购买
1	雪佛兰（45.5%）	福特汽车（9.5%）	丰田汽车（10.9%）
2	福特汽车（44.8%）	梅赛德斯—奔驰（8.0%）	雷克萨斯（10.8%）
3	克莱斯勒（41.0%）	丰田汽车（7.6%）	梅赛德斯—奔驰（9.6%）
4	林肯（40%）	雷克萨斯（6.6%）	福特汽车（8.3%）
5	宝马（39.7%）	雪佛兰（6.4%）	宝马（7.9%）
6	丰田汽车（39.7%）	宝马（6.3%）	雪佛兰（7.0%）

（续表）

排名	顾客忠诚度	市场份额——过去10年	市场份额——最近购买
7	凯迪拉克（39.1%）	本田（4.5%）	本田（5.9%）
8	雷克萨斯（37.9%）	吉普（4.4%）	克莱斯勒（3.1%）
9	梅赛德斯－奔驰（37.2%）	凯迪拉克（3.8%）	凯迪拉克（3.0%）
10	别克（37.0%）	克莱斯勒（3.7%）	沃尔沃（3.0%）

资料来源：托马斯·斯坦利，《停止摆阔——做真正的百万富翁》。

其次，帮助他人永远不该觉得别人欠了你什么，或者将来应该报答。金庸在《飞狐外传》里借袁紫衣的口说：“这叫做市恩，最坏的家伙才是如此。”不图回报其实也是为自己考虑，否则徒增希望，到时未免失望。正如接受馈赠的阿拉伯鹛在种群中的地位相对较低，受富豪捐赠者感激之余，心中未免觉得矮了一截，一些性格偏激的甚至由此产生怨恨。人心有时就是这样古怪。当然，多数人都会万分感激。但若捐赠者觉得报答理所当然的话，一些原本心存感激的都会怀疑你另有所图。所以，慈善不该有强烈的目的性，至少不该表露出来。当然，要极力隐藏不可告人的目的是很累的。西哲有云：“很多下地狱的人花一半力气都可以上天堂了。”所以，不如表里如一，省心省事。

当然，没有目的并不代表不能达到任何目的，往往目的性太强反而达不到目的。老子说：“圣人不积，既以为人己愈有，既以与人己愈多。”因此，做慈善除了帮助别人及满足自己帮助别人的欲望外，其余的唯有顺其自然。

慈善可以看成一种不利条件，但相比冒生命危险爬珠峰显然有利得多。利用十分不利的条件“耍帅”似乎是动物和人类十分可爱的一种天性，也是极自然的，完全不必不好意思。但如何“耍”，才是最“帅”的呢？为社会公益做贡献同时又壮大企业是很“帅”的。像羚羊那样，冒着被吃掉的危险上蹿下跳帅不帅呢？跳得高，或许可以引“羊”注目，但在狮子看来，恐怕有些可笑。羚羊跃得再高也不过是在逃命，从没见过雄狮为吸引异性而跳来跳去，因为雄狮本来就很“帅”。所以，真正的帅是不用刻意耍的，真要耍的话，以生命或企业为代价未免成本大了些。

如今中国一些富豪享受的是奢侈，而非奢华。一字之差，天壤之别。李建勤的游艇派对只是奢侈，王永庆虽然节俭，却有大贾的奢华气派。奢华消费无论是为了生意需要、树立权威、节约成本，还是通过不利条件耍帅，都是为了追求京剧里楚霸王走七步的尊贵气象。常言道，“善战者无赫赫之功”，真正奢华的也不会闹得天下皆知。楚霸王虽然有气派，不过自刎乌江。其实，只需根据各人能力，理性分析奢华的成本及收益，无论走几步，都是有气派的。

第四部分

经理人与公司治理

导读

如何选择与培育企业接班人？如何让家族接班人与非家族经理人分工合作？家族企业如何激励职业经理人？民营企业应如何组织董事会？这些都是我在教学与演讲场合常被问及的问题。我们在“家族继承人与职业经理人的两难选择”一文中指出由家族成员担任董事长兼总经理是在新兴市场与发展中国家最常见的接班模式，也的确有一定的道理。创办人的子女当然不一定比职业经理人能干，以能力这单一的标准选择接班人，家族后代不一定雀屏中选。那么家族接班是不是家族血肉亲情胜于一切的主观价值使然呢？当然有可能，我们不能假设人是完全理性的。但是我们也在大量的观察与学术研究中发现，选子女接班而不选职业经理人，可能因为法制薄弱而不能信任外人，更重要的是公司没有适合的公司治理制度去选择、培养、激励、监督、留任或淘汰职业经理人。在没有正式公司治理制度的情况下，诉诸血肉亲情与传统的非正式制度，子女自然是接班继承的人选。

中国民企的接班相较于其他国家有独特的挑战。第一是在中国近百年来的经济与政治动荡后，传统价值已经淡薄，如儒家思想、宗教观念。第二是中国的一胎化政策局限了家庭的子女人数。如今独生子女大都受西方教育，成长于优渥环境，人生的选择也多，他们也许都想花父母的钱，却不一定想接他们的班。在这些挑战之下，中国的民企接班有三项重要且相关的工作：第一是要引进职业经理人，建立并执行公司治理；第二是要教养子女传承家族价值观；第三是融合家族与非家族经理人，明晰彼此职能与决策模式。美的集团可谓这一模式的典范，并最终在 2012 年完成交棒，“传贤不传子”，详情可见“美的模式：兼顾家族传承和企业长青”一文。与之相比，国际媒体大亨默多克在平衡子女和职业经理人利益上则不甚成功：成年子女不断进入家族企业，又纷纷离开。我们在“默多克困境：强势领导与激进商业模式不利基业长青”一文中分析了默多克的经营风格，并从这一角度解释了默多克目前的传承困境。

此外，中国的企业家基本都是第一代的创业者，公司也往往依赖企业家的特殊才智，管理模式专制。随着创业过渡到守业，公司治理模式也应随之进化。乔布斯对苹果公司的影响举世皆知。乔布斯离世后，苹果公司却能运行如常，甚至百尺竿头更进一步。交班背后伴随着缜密的制度变迁，我们在“苹果：创始人到经理人的公司治理变迁”一文中对此进行了检视。

现代公司治理的一项重要课题是董事会的设置。各国规定股票上市的企业都必须要有董事会。但是即便股票未上市，企业也可考虑设置董事会或咨询委员会。我曾与合作者研究过 1000 多家董事会，几乎是全部在中国股票上市企业的董事会。结果发现中国的董事会成员结构在世界性的比较下非常特别。中国董事会的董事成员多有官员背景，也就是前任甚至是现任政府官员。而且这一现象不只在国营企业被发现，在民营企业也是如此。还有，中国企业董事会独立董事成员多是大学教授，但少有具商业实战经验的独立董事。在“民营企业如何设置董事会”一文中，我们以研究与案例说明这些充斥着官员与教授的董事会其实反映了中国商业环境的现况。重要商业资源，如土地、资金、原料、电力、燃料、交通运输等均由各级政府控制，聘请前任官员担任董事对于疏通取得这些资源效果显著。但是天下没有白吃的午餐，我们也发现聘请官员担任董事对企业的股票回报率会有不利的影响。就算是公司赚钱，也必须对地方政府有所回馈，即使还有剩余利润也未必会公平分配给小股东投资人。我们的研究也没有发现聘请大学教授担任董事有好处。他们一无商业经验，二无中立的立场（毕竟董事费对教授们来说是可观的收入）。聘请大学教授，仅反映当今中国职业经理人市场人力的匮乏与公司治理意识的低下——只为应付监管部门的要求。我们会分析并建议中国民企在董事会的设置上应反映企业的文化，让企业外部人如投资人了解。若是家族企业的家文化，董事会就不乏有能力、有声誉的家族成员担任董事，还会有一些家族的咨询顾问。若董事会有众多的前任官员，自然反映了该企业的寻租文化。

第 19 章
家族继承人与职业经理人的两难选择

范博宏　梁小菁

丰田汽车的信誉危机、巴林银行的毁于一旦，都与家族人才不济、对职业经理人缺乏合作与制衡机制有关。要确保祖业延续，家族后代必须肩负起传承创办人无形资产的使命，而将企业在核心特殊资产以外的管理交由职业经理人执行。企业创办人在任内就必须建立起一套家族与非家族人才选拔、培养、分工、竞争合作、升迁激励与监督的制度。

在中国，虽然许多企业家在站稳脚跟后都鼓励子女进入企业见习或引入职业经理人（表 19.1），却往往难以放手让这些接班人一搏天下。事实上，这种情形在亚洲普遍存在，因此，绝大多数的亚洲企业创办人没有在 65 岁的一般退休年龄退休，而是坚守岗位至人生最后一刻。难道这些创业者都是极度工作狂，或不愿放手的“独裁者”，抑或他们有不得已的苦衷？

表 19.1　中国民企引入家族子女或职业经理人的案例

企业	创办人	接班人	类别
碧桂园控股	杨国强	杨惠妍（杨国强女儿）	家族继承人
新希望集团	刘永好	刘畅（刘永好女儿）	家族继承人
东方希望集团	刘永行	刘相宇（刘永行的儿子）	家族继承人
苏宁环球集团	张桂平	张康黎（张桂平儿子）	家族继承人
中马集团	吴良行	吴江（吴良行儿子）	家族继承人

（续表）

企业	创办人	接班人	类别
方太集团	茅理翔	茅忠群（茅理翔儿子）	家族继承人
红豆集团	周耀庭	周海江（周耀庭儿子）	家族继承人
海鑫钢铁集团	李海仓	李兆会（李海仓儿子）	家族继承人
新华都	陈发树	唐骏	职业经理人
均瑶集团	王均瑶	黄辉	职业经理人
美的集团	何享健	方洪波	职业经理人
国美电器	黄光裕	陈晓	职业经理人

其实，企业家对于接班人有很大的顾虑：一方面，自己的子女可能没有能力管理这个日渐庞大和复杂的企业，而且从长远看，家族再大也迟早有无法提供人才、无法延续企业成长的一天；另一方面，聘用职业经理人，企业家又担心他们不会珍惜与传承企业的精神资产，重短期利益甚至掏空叛变。从现在闹得沸沸扬扬的丰田汽车召回事件中，可以看到这典型的两难。

“职业经营”毁商誉，丰田家族第三代临危受命

丰田汽车创办人丰田佐吉从纺织业起家，他与第二任妻子诞下长子丰田喜一郎。拥有东京帝国大学机械工程学位的丰田喜一郎与父亲将汽车业作为丰田事业的新路向，并于 1936 年建立了丰田的第一条汽车生产线。丰田汽车由此开始了家族成员、职业经理人轮流执掌的循环。

20 世纪 40 年代末，丰田汽车就经历了一次经营危机。其车辆因为质量问题卖不出去，这对以高周转率为主要生存策略的丰田来说实在是一项灾难，幸而最后获得日本政府拯救，丰田家族却一度丧失了公司控制权。后来，丰田英二（丰田佐吉之侄）替丰田家族挽回了一些控制权，并从 1981 年起与丰田章一郎（丰田喜一郎之子）再度执掌丰田汽车。其后，丰田汽车未受任何经济不振的冲击，其优秀的生产方式及经营手法也日益为大家所欣赏。

及至90年代中期，由于丰田家族后人还年轻，不足以接棒，所以不得不聘用职业经理人。在丰田章一郎于1999年退休后，职业经理人奥田硕接替董事长一职，张富士夫则出任总裁。其后，张富士夫替代奥田硕成为董事长，而渡边捷昭自2005年起担任公司总裁。在渡边捷昭的掌舵下，丰田汽车于2007/2008财年实现了创纪录的利润，又在2008年超越了通用汽车成为全球销量最大的车商。

职业经理人带领丰田汽车走进了盛世，可惜由于他们往往更注重短期利益，未能珍惜丰田讲究质量的特殊资产，于是又将公司推入谷底。急速的扩张牺牲了质量，终致丰田旗下8款自1999年后（凑巧是职业经理人管理时期的开始）生产的汽车可能引致严重事故而被召回，其数量达780万辆之多，造成损失近20亿美元，丰田陷于质量信誉危机，“金字招牌”严重受损。加上受全球汽车业不景气打击，丰田在2008/2009财年遭遇创立以来的首次赤字。故此，丰田家族第三代传人丰田章男（丰田章一郎之子）于2009年6月临危受命，接任公司总裁。在如今的召回事件中，丰田家族只持有2%的股权，丰田章男却要不断向公众道歉。

丰田危机凸显了企业由不具主要控股权的职业经理人掌控的风险。商业史上，家族无以为继、依赖外来的职业经理人却导致危机甚至企业分崩瓦解的例子不胜枚举，巴林银行（Barings Bank）便是其一。

巴林银行的兴衰

巴林银行是最早的现代银行。巴林家族的历史可追溯到15世纪的荷兰东北部，18世纪初其以羊毛织造与贸易生意发迹。在当时的商品交易引发了商业票据背书保证的中介需求之下，巴林家族第二代弗朗西斯·巴林创办了巴林银行。此后，通过牺牲子女爱情的政商联姻、资助英法美等国战争开支、承销战争债券等手段，巴林家族富可敌国，获得世界“第六大强权”的称号。

然而，由于后代对家族事业丧失热情，在拿破仑时代后，巴林银行日渐依赖职业经理人与合伙人经营。在 19 世纪末，家族成员的行为不检让巴林银行几乎破产，幸得长期事业伙伴英国政府的援救，巴林银行才在巴林家族注入家产后得以重生。此后，巴林银行越来越依赖非家族的管理人才，后来演变成专业人士通过被收养成为家族成员参与经营；到了 20 世纪中期后，再演变为家族成员与非家族成员轮流成为核心决策者。

在此期间，巴林银行在非家族成员安德鲁·塔奇的主导下进入证券业，通过一系列并购成立了巴林证券。其旗下的巴林远东证券公司主管与合伙人克里斯多弗·希斯大力拓展亚洲新兴市场业务，并重金聘用聪明大胆的年轻人，鼓励他们冲刺于高风险交易中。1995 年，风险交易员尼克·里森（Nick Leeson）在高风险的衍生品上投资失利后，利用客户账户提高赌注希望改变命运，却一再失利，终致巴林银行损失 8.5 亿英镑，这间叱咤 250 年的银行由此破产，并以 1 英镑的代价被荷兰国际集团（ING）收购。ING 决定不再使用巴林这个曾经荣耀但已被丑闻玷污而彻底贬值的家族名称。

职业经理人作乱甚而叛变的事件，在发达国家也时有发生。虽然西方的合约精神与法律制度对股东有较大的保障，但我们从美国的安然事件以至由华尔街金融机构引爆的全球金融危机中得到的重要教训是：即使在最先进的国家，有强大的法律后盾，也可能无法保障股东利益，与经理人的合约再精心设计也可能被操纵（表 19.2）。在体制薄弱的新兴市场国家，企业股东的权益更不可避免会被职业经理人侵害，黄河集团提供了一个经典的案例。

表 19.2 聘用职业经理人失败的其他例证

企业	职业经理人	事件
泰科国际（Tyco International，美国，全球最大电子电气制造服务商）	前 CEO 丹尼斯·克茨洛斯基、前 CFO 马克·舒瓦茨	美企高管贪污的代表人物： 克茨洛斯基以公款维持个人奢华生活，如花费 200 万美元（半数由泰科支付）替妻子办生日舞会，他更与舒瓦茨合谋侵吞 6 亿美元公款。2005 年两人罪名成立，他们面临 30 年以上徒刑。

（续表）

企业	职业经理人	事件
阿霍尔德公司（Royal Ahold，荷兰，世界第三大零售商）	前总裁范德胡芬	盲目扩张之祸： 范德胡芬上任后，阿霍尔德开始了大规模的跨国并购，这些收购并没有给集团带来收益，反而使企业债务负担越来越沉重。2002 年范德胡芬做假账 9.7 亿欧元，负债额高达 120 亿欧元的阿霍尔德最后难逃被分割的命运。

兰州黄河集团的职业经理人梦魇

黄河集团于 1985 年由杨纪强创建，是中国西北最大的啤酒生产商。黄河集团原是一家典型的家族企业，杨纪强为集团董事长及总经理，其四个儿子亦担任公司要职。为了实现企业上市，杨纪强邀请了《中国乡镇企业报》驻甘肃记者站站长王雁元担任集团副总经理，并对其百般信赖。而王雁元加盟黄河集团不久，便于 1997—1999 年间不断通过关联交易，将集团资产转移到自己的家族企业。例如，1999 年，在王雁元的操纵下，黄河集团将 1980 万股公司股权以远低于市价的每股 1.2 元（当时其每股净资产值为 5.05 元）转让给由王雁元父母操控的北京荣园祥科技有限公司。最后，王雁元更携带公司的印鉴和文件离开黄河集团。1999 年 11 月，王雁元因涉嫌经济犯罪被兰州警方拘捕扣查，而杨氏家族已经元气大伤。

在中国体制对企业家保护仍较薄弱的情况下，聘请甚而放任职业经理人决策常被视为赌运气。黄河集团地处中国西北，所面临的产权保障风险尤其高。它应否聘请职业经理人，以及如何届定职业经理人的权限，建立有效的激励监督机制，都值得商榷。

家族成员与职业经理人的分工

成也萧何，败也萧何。很多家族企业都遭遇过家族控股、管理上倚赖职业经理人却缺乏监督或化解经理人利益冲突的配套机制，以致家族财富受损、企业经营陷入困境。其实，职业经理人并不是现代企业模式的标志，要确保祖业得以延续，家族后代必须要肩负企业责任，不能过度依赖职业经理人。

丰田汽车如今本已演变成股权分散、职业经营的现代企业，为何又在 70 年来最艰难的时期将丰田家族推至幕前？其原因正在于，由于职业经理人的野心，以致事业过度扩张，偏离了创业家族的核心理念——节俭和效率，因此，集团期盼丰田章男能扭转逆境，带领他们走回正轨。可见集团股东对丰田家族是何等信赖，亦肯定了丰田家族对企业的贡献。纵使丰田家族只有 2%的公司股权，仍能再一次影响集团的存亡，这正凸显了创业家族在集团中无可取替的特殊凝聚力。

“长期成就多半奠基于无形事物之上：信仰，想法，与看不见的理念。”这是白手起家创立四季酒店集团的伊萨多尔·夏普（Isadore Sharp）自传的第一句话。它再清楚不过地说明了企业最重要、最核心的资产的特性。这类无形的特殊资产必须是创业者最亲近、最信任的伙伴或子女才可部分传承延续，甚而发扬光大。因此，家族成员特别是“接班人”，最重要的使命绝非复制创办人的决策，而是传承其毕生积累的无形资产。他们应深切了解自己能力与家族蔽荫的区别，从而专注于传承与发扬父辈的精神，并辅导职业经理人遵循这一价值观，而非如父辈般事必躬亲，或模仿父辈去管理创业。

与此同时，企业在核心特殊资产以外的传承与管理，都可以交由职业经理人执行。一个可能的做法是，家族成员留任董事长一职，总经理则由职业经理人担任。这样，一来家族成员在董事会中能发挥监督的作用，二来企业的特殊资产亦能较有效地传承下去。

我们认为，企业长青的要务之一是建立并执行家族与非家族人才选拔、培养、分工、竞争合作、升迁激励与监督的制度。这项制度建设在企业创办人任内就必须完成，否则企业在创办人退休后会有很大的存续风险。创办人应该在事业初成后及早开展制度化及标准化的管理，引进并授权给职业经理人；自己则做好帮助家族成员与非家族成员沟通理念、调解分歧的角色，并确实执行一套兼顾家族与非家族经理人的人事制度。全球零售巨头沃尔玛的成功便在于此。

沃尔玛由山姆·沃尔顿（Sam Walton）于1962年创立，老沃尔顿花了毕生心血，建立了一个能不断向前迈进的经营团队。据称，他花了12年争取戴维·格拉斯加盟，格拉斯于1984年出任沃尔玛总裁后，老沃尔顿一直只担任董事长。1992年，老沃尔顿去世，沃尔玛的董事长职位交给了三儿子罗伯·沃尔顿，罗伯与其他家族成员没有一人担任企业经理人。后来，在沃尔玛服务20年的李·斯科特被委任为格拉斯的接班人，继续辅助沃尔顿家族管理沃尔玛。这个由家族成员和职业经理人共同组成的经营团队，秉承了上一代确立的“朴素、节俭、乐善好施”的企业文化，第二代的经商热情并未减退，他们同并肩作战多年的职业经理人们一起，缔造了沃尔玛在商场上无往不利的优势。

我们对中国香港地区、中国台湾地区与新加坡的217家上市家族企业传承的研究发现（表19.3），有64%的企业选择家族成员为接班人，而这其中近一半的家族接班人都会身兼董事长与总经理职务。另外，交棒者在退下来后仍出任董事的占了总数的25%，他们的退位年龄中位数为70岁。这显示，华人的企业传承仍十分传统，家族传承占了多数，并且其中绝大多数是长子继承。另外，许多家族企业对于授权职业经理人仍多有顾虑与限制，这意味着它们将来的持续发展将因人才不足而产生危机。

表19.3 217家中国香港地区、中国台湾地区、新加坡上市家族企业的继承人选择

类别	整体	中国香港地区	新加坡	中国台湾地区
接班人为家族成员	64%	69%	36%	74%
——接班人身兼董事长与总经理	46%	56%	53%	39%
——接班人只出任董事长	54%	44%	47%	61%
接班人为职业经理人	22%	10%	36%	22%
股权售出或不详	14%	21%	28%	4%

资料来源：范博宏等《家族企业传承：特殊资产转让的问题》。

第 20 章

美的模式：兼顾家族传承和企业长青

范博宏、俞欣

“美的模式”对于第一代民营企业家或具借鉴意义，一方面，家族企业重用职业经理人；另一方面，以“体外模式”培养接班人，家族传承和企业长青均得以实现并互相促进。

2012 年 8 月 25 日，美的创始人、中国最富家族之一的何氏家族掌门人、70 岁的何享健交出了手中的接力棒，接棒者为年仅 45 岁的职业经理人方洪波。总裁和董事长的职位都交给职业经理人，何享健与其子女只担任大股东，这成为中国家族企业“传贤不传子”的交班范例。交棒后，何享健感叹道：“终于完成了多年的心愿。”

美的集团是一家以家电制造业为主的综合性企业集团，旗下拥有美的电器（000527）、小天鹅（000418）、威灵控股（00382. HK）3 家上市公司，同时涉足房产、物流等领域，2011 年整体营业收入达 1400 亿元。其前身可以追溯到 1968 年，为了解决乡亲们的生计，何享健冒着巨大风险和 23 位北街道居民集资 5000 元，创办了北街办塑料生产组，生产药用玻璃瓶和塑料盖，后来替一些企业生产配件。随后的 10 多年里，何享健在走南闯北的过程中磨炼出了对市场的敏感嗅觉。1980 年，何享健正式涉足家电制造业，为广州第二电器厂生产电风扇零配件，拉开了美的发迹的序幕。1981 年 8 月，其注册“美的”商标，并于同年 11 月将工厂更名为“顺德县美的风扇厂”，自任厂长。1984 年，成立“顺德县美的家用电器公司”，何享健任总经理。

1985年5月经过考察，美的引进日本的生产技术和管理方法，同时开始与日本企业展开合作。也是在这一年的4月8日，美的成立了空调设备厂，开始了窗式空调机的组装生产。1986年，美的转页扇开始出口香港地区。1988年美的电器公司实现产值1.24亿元，成为顺德县10家超亿元企业之一，其中出口创汇达810万美元，发展形势一片大好。

然而，并非一切都尽如人意。当时美的所在的北滘是顺德经济最落后的乡镇之一，很少有外资企业愿意投资。而容声、万家乐、格兰仕等家电大公司的先后出现，也将美的淹没其中。1992年，容声冰箱成为全国冰箱行业的"老大"，坐拥近30亿元资产，而当时仍以电风扇为主业的美的，资产不过五六亿元。何享健并没有坐以待毙。就在容声等大公司对是否参与广东省1992年进行的股份制改革试点犹豫不决时，何享健主动争取到了顺德唯一的股份制试点名额。这一步在当时看来的"险棋"，让当时并不起眼的美的，成为了全国第一家在乡镇企业基础上改造而成并向社会发行股票的公司。1993年美的上市获批，成为中国第一家上市乡镇企业。

分权之路：高度自治的事业部改革

1997年，对于何享健而言可能是终身难忘的，这是美的历史上最大的一次危机。当美的产值临近30亿元的时候，何享健明显地感受到增长的瓶颈。彼时美的已拥有空调、风扇、电饭煲等五大类、共计数百个产品。但与此同时，产品研发、生产和销售等过分集权于总部造成大量管理问题日益突出，从而导致了美的销售急剧下滑，从全国第三名跌落到第七名，甚至一度传出要被科龙兼并的消息，逼得何享健亲自出来辟谣。

危机之后，何享健开始大刀阔斧地对美的实施以产品划分的事业部为基础的分权制改革，空调、家庭电器、压缩机、电机、厨具5个事业部相继成立，专业的职业经理人制度被引入美的。集团总部向更高效的包含财务、预算、投资人事任免的战略管控模式转型，下面的事业部则在价值链决策上高度自治，事业部的总经理可以自己组织经营团队，并拥有数千万元的资金审批权。

在大胆放权的同时，何享健还懂得如何制约职业经理人。首先就是权责的统一。权责是硬币的两面，事业部的经理们背负着巨大的经营责任，如果业绩不佳，职业经理人连同他的经营团队都要引咎辞职。其次，美的集团总部保留了最核心的决策权。事业部经理有制定营销计划的权力，但是没有投资权，所有的投资权都集中在集团总部的战略管理部门。这一布局也为何享健加强对集团的掌控力度奠定了基础。第三，美的构建了层层的约束机制、完善的审计监察体系和全面的财务预算体系。审计监察体系由审计监察委员会、审计监察部以及审计监察室组成。审计监察委员会由集团董事长、审计负责人、相关部门负责人及各二级集团总裁组成；各二级集团设置审计监察部，直接由审计监察委员会领导；各事业部设置审计监察室，直接由总裁管理。这样的安排既能使权力得到很好的分配，调动职业经理人的积极性，同时又能防止职业经理人滥用手中的权力。清晰组织结构的建立和完善是大股东放权的重要保障。

正是基于事业部的分权改革成果，何享健继续引导企业开始走向重用职业经理人，同时构造股东、董事会、经营团队“三权分立”的经营模式。

“去家族化”：重用职业经理人

何享健通过事业部改制和分权经营的机会，劝退了部分创业元老，组建职业经理人队伍。他认为：“只要把激励机制、分权机制和问责机制建立好了，自然就会有优秀的人才来帮你管理。”正是基于这样的理念，从 1997 年开始，何享健本人基本上就退出了对美的日常经营活动的管理。2001 年，美的完成管理层融资收购（MBO），转制为民营企业，在一定程度上解决了美的集团的体制问题，使美的走上了职业经理人治理的道路。2004 年，美的相继并购合肥荣事达和广州华凌，继续将家电业做大做强。2008 年收购小天鹅，进一步增强冰洗竞争力。

2009 年 8 月 26 日，何享健辞任美的电器董事局主席及董事职务，仅任非执行董事，其原职由原总裁兼董事局副主席方洪波接任，在资本圈和实业界同时引起高度关注。2012 年 8 月 25 日，美的集团宣布 70 岁的何享健“退位”，45 岁的方洪波接棒出任美的集团董事长。这在民营企业也是破天荒头一次。

重用职业经理人的确体现了何享健的巨大魄力，但随后如何完善公司的治理机制却也不得不着力考虑。创办人退出企业的日常经营管理，所有权和经营权从统一逐渐分离，带来一系列委托代理矛盾的变化。如果无法解决激励和监督机制，创办人的退出往往伴随的是企业经营绩效的下降，企业价值的减损。2005 年 8 月，当美的宣布何享健卸任美的电器的总裁，转由职业经理人方洪波担任时，市场并非没有这样的顾虑，这从消息公布后第五天开始一路下行的股价中可以反映出来（图 20.1）。而当市场逐步认可了美的的安排后，待 2009 年 8 月何享健将美的电器董事长的职位交给方洪波时，市场对此反应良好，公司股价一路上扬（图 20.2）。

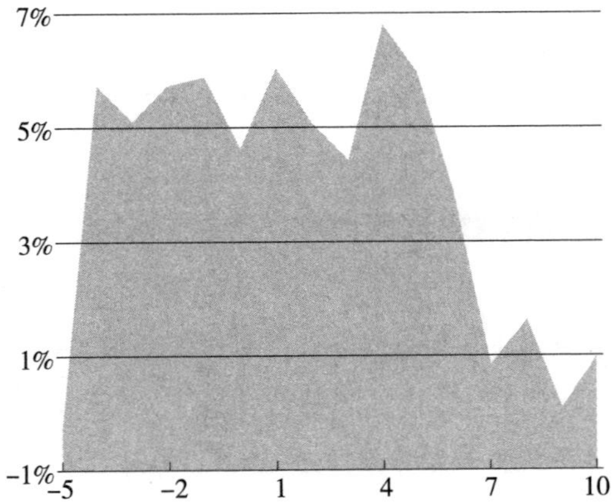

图 20.1　方洪波出任美的电器总裁公告日（2005 年 8 月 2 日）前后股票超额收益率

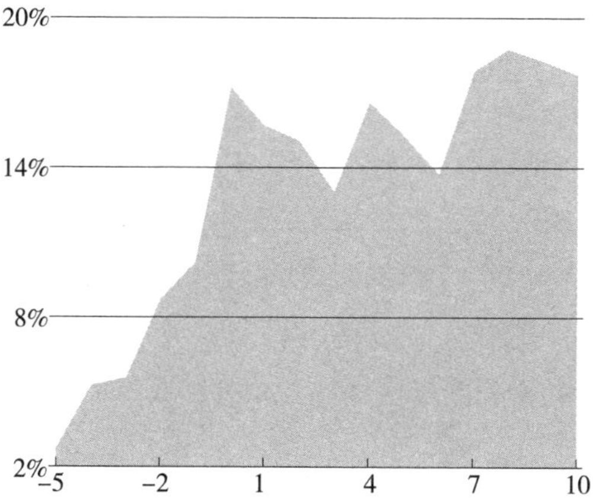

图 20.2　方洪波出任美的电器董事长公告日（2009 年 8 月 27 日）前后股票超额收益率

管理模式和治理机制的转变，是美的集团持续推进改革的方案，而其实质是通过企业所有权、经营权、监督权“三权分立”来实现美的的规范治理。那么，这一治理机制的实质是什么呢？

“三权分立”：“去家族化”伴随的公司治理架构

大胆引入职业经理人机制且高度分权自治的背后，何享健不可能没有更深层次的有关控制权的考虑。实现控制权的有效武器就是高度集中的股权。何氏家族主要通过美的集团控股美的电器。股权过于稀释将使何享健无法完全掌控经理人，失去对企业战略方向和重大决策的掌控。为了巩固第一大股东的地位，何享健从 2006 年 2 月 23 日起先后 8 次通过协议受让或在二级市场上增持美的股票，控股比例一直未低于 40%，实现了股权的高度集中。与之相对应的是前十大股东中，除了大股东和开联实业（何氏控制），其余在股改后的持股比例之和一直处于下降状态，2011 年更是只有 9.98%，公司股权高度集中现象更加突出。2005 年何享健卸任美的电器总裁，退出日常经营管理后，持股比例显著上升（图 20.3）。

然而，大股东更为稳固的绝对控股地位，并不利于形成对大股东的监督

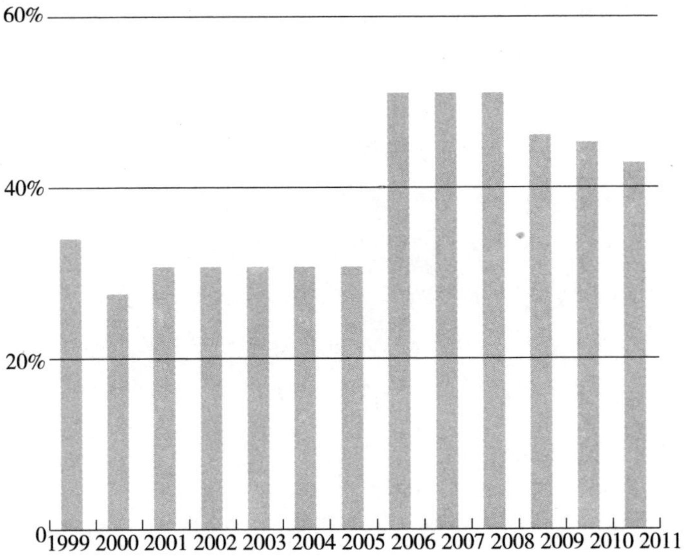

图 20.3　何氏家族持有美的电器的股权比例

和制约。而控股公司引进比较有实力的机构投资者一般被认为有利于促进公司治理的完善、管理模式的转型，同时推动股权结构的多元化，也有利于促进对控股股东以及经理人的监督。出于该考虑，美的于 2011 年初向博时、鹏华、平安、耶鲁、华商、国元六大机构投资者进行定向增发；随后在同年的 10 月 18 日，美的电器的控股股东美的集团的部分股份被转让给融睿投资与鼎晖投资两家机构。在新的美的集团董事会成员名单中，这两位战略投资机构已经派驻董事，既可代表小股东监督控股股东，也能够监督职业经理人，保护已经不参与经营的大股东利益。

与此同时，何享健还不断完善董事会的监督和咨询职能。何享健在任命方洪波掌舵的同时，提拔了两位深受其信赖的副董事长。在美的电器新的 6 位内部董事构成中，有 3 位同时来自美的集团，几乎都是从美的电器股改开始就跟随何享健的亲密部属，而且和方洪波不曾有过上下级关系。不难看出，何享健意图在董事会内部制造一种均衡，这样的安排以辅佐为名，行监督之实，在董事会内部意见无法统一的时候，方洪波个人也只有一票而已，可以有效避免其做出侵害大股东利益的行为。在这样的董事会安排下，何享健才放心大胆地把美的交给职业经理人来打理。

当然，另外一些治理机制的改善也不可忽视。首先是董事会的构成。美的电器董事会规模不断扩大，其中独立董事也从早期单一财务背景拓展为财务、法律、经济三方面的专家；薪酬也大幅提升，且每位独董平均任职公司从约 5 家下降为少于 2 家。这些措施保证了独董有能力、有精力并且有动力为企业的战略发展提供意见和建议，对企业的重要决策制定和重要制度安排提供监督。其次是职业经理人的薪酬丰厚，且有很大一部分收入来自绩效分红。这也使职业经理人和股东的利益在更大程度上一致。另外，股权对于激励经理人毕竟有着无法替代的作用。进入董事会的 7 个职业经理人虽然不持有美的电器的股权，但是公开数据显示，他们合计持有未上市的美的集团约 16%的股权。就在交班的几个月前，何享健对外表示将拿出 3%的集团股权激励几十位高管，价值超 15 亿元。高管持股对于促使经理人目标与大股东利益一致将起到重要作用。

接班人培养：倾力支持的“体外”模式

引人注目的是，就在何享健退出美的集团董事会的同时，他 45 岁的儿子何剑锋也首次进入美的集团董事会。

“去家族化”管理并不等于减弱对企业的控制，美的依然是符合传统意义的家族控股企业。虽然何享健没有让家族成员继任企业的董事长，甚至没有让何剑锋进入美的集团工作，但是并没有放弃在家族企业集团外培养家族接班人。公开资料显示，何剑锋在家电行业经验丰富。1995 年 10 月，何剑锋涉足家电商贸行业，成立广州东泽电器公司。1997 年 9 月，又涉足电子产业，成立盈科电子公司。1999 年 9 月，收购鹰牌集团华英风扇厂，成立顺德金科电器公司。2000 年，何剑锋在公司内部实施集团化运作模式，在顺德盈科与芜湖盈科基础上，成立电子事业部，并于 2001 年 9 月全面推行事业部运作模式。2002 年 10 月，何剑锋正式注册成立广东盈峰集团有限公司，其掌控的企业开始进入集团化运作时代。2003 年，由于何剑锋大量清理掉与美的之间的关联交易套现，“何太子”将在一年之后的换届之际进入集团董事会的传闻从未间断。

虽然何剑锋未如传言般进入集团公司董事会，但其父全力培养和支持他为接班人可谓用心良苦。迄今为止，何剑锋最为成功的投资多与美的集团相关。根据公开媒体报道，2006 年股改前夕，美的集团和中山佳域投资一致行动，以前所未有的“利益输送”形式将 5000 万股 ST 上风法人股分别以每股 2. 97 元和 4. 28 元转让给了盈峰集团，让何剑锋赚得盆满钵满。此后的 2007 年 3 月，何剑锋成立深圳市合赢投资公司，又从美的电器收购了易方达基金管理公司 25%股权，分得其投资收益一杯羹。2008 年 9 月，盈峰集团正式更名为盈峰控股，宣告了盈峰集团作为何剑锋个人投资控股大本营的定位，从而完成了从实业向金融控股的转型。

在何剑锋一系列的投资斩获中，我们不难看到何享健的身影，这也是何享健在美的“体外”培养家族企业继承人的根本体现。假以时日，他在家电行业实业投资的经验，以及在金融投资领域的经验都将使他能够胜任对职业经理人的监督和战略指导的责任，并最终进入集团董事会，为成为何氏帝国的“总舵手”做准备。

“美的模式”的启示

长久以来，家族利益的传承与企业的长青似乎总是一对难以调和的矛盾，这个问题也深深困扰着家族企业的掌舵者：殚精竭虑地安排家族利益的分配，处心积虑地培养企业帝国的接班人，却往往由于接班人无法继承其领袖魅力、管理能力以及人脉等无形资产，使家族企业难以实现可持续发展。未来 10 到 15 年，中国的家族企业将迎来一个交接班的高峰。这个令第一代民营企业家苦苦思索的难题该怎样合理解决呢？

近来，美的宣布放弃“年销售额 5 年后突破 2000 亿元”的目标，改为打造品牌与质量。联系到之前提到的何剑锋多年“体外”打拼后终入董事会的事实，或许“美的模式”这一非典型的家族企业传承方式对于第一代民营企业家们具有借鉴意义。一方面，家族企业重用职业经理人，通过组织架构的改革与公司治理机制的优化来加强企业建设，为企业长青打下良好的制度性基础；另一方面，通过家族企业之外的平台以“体外模式”培养接班人，锻造其独当一面的能力，充分继承全面的领导魅力和管理能力等无形资产，为日后顺利交班打好基础。这样，家族传承和企业长青发展得以和谐地达成并互相促进。

接班人掌舵后的美的，未来仍然面临种种挑战。创办人淡出后，缺少了企业家领袖魅力的董事会与职业经理人能否有效决策？从未与职业经理人合作过的家族接班人，在进入董事会后能否与职业经理人顺利磨合？家族股权如何在家族成员间分配以保证家族对企业的控制权？这些都是美的未来需要关注的挑战。

当然，“美的模式”能否复制，如何借鉴，也将是一个值得思考和探索的问题。

第 21 章
默多克困境：强势领导与激进商业模式不利基业长青

范博宏　顾亦玮

默多克凭借“默式”风格和收购兼并缔造了全球化传媒帝国，然而缺乏普世价值观的激进商业模式或难以持久。年事已高的默多克至今仍大权独揽，令其子女与职业经理人无法共存并顺利实现权力交接。

近两年的全球媒体行业可谓进入多事之秋。2011 年传媒巨头新闻集团（News Corporation）旗下的《世界新闻报》曝出窃听丑闻，引发社会各界对媒体从业道德的质问。鲁伯特·默多克（Rupert Murdoch），作为新闻集团掌门人一时为千夫所指。窃听丑闻使得新闻集团与默多克家族陷入前所未有的危机，也再次令默多克的传媒帝国成为全球瞩目的焦点。

再过不久，默多克就要迎来他的 82 岁生日。时至今日，其仍然牢牢掌握着新闻集团的大权，无法实现权利交接。默多克一手创立的媒体帝国，在他离开后能否由家族传承下去？其领导风格和商业模式对企业传承的影响，值得终将要面临家业传承的企业家们借鉴。

默式风格+收购兼并打造传媒帝国

1952 年，默多克从英国牛津回到澳大利亚，从去世的父亲那里继承了他的第一份报纸，由此创立了一种“默式”现代小报风格，即在新闻报道中加入大量的体育、娱乐内容，以及赚足眼球的丑闻、八卦消息，再配上耸人听闻的大标题。

1968 年，默多克竞得《世界新闻报》，成功进入英国报业市场。在获得所有权的几个月后，一篇来自应召女郎克里斯蒂娜·基勒描述其与前英国陆军大臣（原英国内阁职务）约翰·普罗富莫的短暂恋情丑闻的连载，让默多克从默默无闻变得名声大振。1969 年，默多克购得《太阳报》，将其改版为小报，把情色作为报纸打开市场的重要卖点。通过刊登穿着暴露的女性照片，《太阳报》的销量在发行后 100 天内暴涨至 150 万。争议随着时间的流逝和大众的习以为常而平息，而《太阳报》的销量则日益攀升，成为英国最畅销的日报。在最为鼎盛的 1997 年，《太阳报》每天拥有 1000 万读者。

"默式小报"风格的背后，是默多克对报纸发行量的狂热追求，他认为，发行量是衡量一份报纸质量好坏的标准。为了增加发行量，默多克可以毫无顾忌地降低报纸的格调以迎合读者的胃口。他曾经对编辑和记者毫不客气地说："别再为赢得普利策奖写文章了，还是发表一些读者喜欢的内容吧。"传统意义上的严肃新闻在默多克的报纸上没有立足之地。

默多克并不满足于占领低端小报市场，他将触角慢慢延伸至高端严肃报纸。1981 年，默多克买下在英国颇有权威的《泰晤士报》以及以调查性新闻报道著称的《星期日泰晤士报》。面对严肃报纸，默多克持有的态度与他对世俗小报如出一辙。《星期日泰晤士报》归他名下的第一个截稿日，默多克出现在新闻编辑部，对编辑们说："《太阳报》与《星期日泰晤士报》的唯一区别就是前者比后者更受欢迎。"《星期日泰晤士报》在默多克接手后，陆续新增了新闻评论、风尚、体育、旅游、文化等板块，以此来吸引读者。

默多克通过先占领低端世俗小报市场，然后延伸至高端严肃报纸，在不同的国家打造着他的报业帝国。在美国，默多克通过收购《纽约邮报》并将其化身为"默式小报"，成功打开美国小报市场。在 2007 年，默多克获得了在财经类报道上久负盛名的《华尔街日报》，开始了他在美国高端报业市场的征程。

"默式风格"所到之处大受欢迎，而默多克能够建立起如此强大的报业帝国，得益于其在兼并收购方面的突出才能。从继承父亲的报纸以后，默多克通过不断兼并收购扩张，而在一场场收购竞赛中，他从未输过。默多克有意收购道琼斯时，拥有道琼斯百年之久的班克罗夫特家族最初并不乐于转手。但是，最终默多克还是促成了这笔交易，将道琼斯旗下的《华尔街日报》收入囊中。他对并购的痴迷使新闻集团成长为一个全球化的媒体帝国。除了报业，默多克还拥有美国福克斯电视台、20世纪福克斯电影公司，英国天空广播公司39.14%的控股权以及分布在澳大利亚、欧洲、美洲和亚洲的多家电视台和电影制作公司。

默多克，作为一个拥有强势作风的领导者，对新闻事务事无巨细均要过问。而他对抢眼球新闻的偏好，迫使下属们不择手段去获取新闻线索。为了争夺消息源，编辑们不惜尔虞我诈，甚至彼此监听，互挖墙角。2006年，时任《太阳报》主编的布鲁克斯接到警方通知，她的电话遭私家调查员格伦·穆尔凯尔窃听，后者受雇于《世界新闻报》。对爆炸性新闻的极端诉求，造成了编辑们之间的恶性竞争，而这种恶性竞争成为窃听行为产生的隐患。

默多克对新闻的偏好，表面上极端粗俗，内在则包含了一种对统领社会价值观的反叛。默多克在牛津求学时的导师、历史学家主阿萨·布里格斯回忆说："他从来都没想过要跟随英国主流价值观，他想要追寻那些英国人生活中许多人避而不谈的方方面面。"

缺乏普世价值观，难以长存于社会

从开始经营报纸的那一刻起，默多克就致力于打破新闻界权威的束缚，从读者多元化的需求入手，满足各类读者对新闻内容的偏好。虽然他的报纸很多内容非常极端、偏激，但是不可否认，他给大众提供了更多阅读选择。若是没有默多克，英国现在只会有3份全国性的报纸，而因为默多克，这个选择范围变成了7份。

满足读者的不同需求，是一件好事，但是，一味满足读者们的需求而毫无价值判断，就容易步入歧途。那些以猎奇心理窥探他人隐私，以侵犯他人人权为代价的需求，并非普世价值观。默多克对发行量的狂热令其对读者的需求不加过滤，只要是对读者胃口的内容，就毫无顾虑地放上版面。正因为如此，那些吸引人眼球的题材如丑闻、八卦，占据了“默式”报纸的大幅版面。而这种缺乏普世认同的价值观，给企业的长期发展带来巨大风险。

《世界新闻报》窃听丑闻就是这种风险的一次爆发。默多克原本的热门继承人，他的小儿子詹姆斯·默多克也因受到丑闻牵连，未来地位变得扑朔迷离。

对于所有企业都要面临的传承问题，默多克总说希望他的孩子可以继承自己的事业。而价值观往往是传承的关键所在。后代经营者因为坚持前辈留下的价值观，在经营中产生凝聚力，以统一的价值观去判断企业的发展方向并制定战略决策。那些传承数代的企业，他们的坚持中总是包括对自身的价值要求和使命感。

如拥有《纽约时报》百年之久的苏兹贝格家族一直致力于维护报纸成立以来所坚持的新闻独立性和高质量的新闻报道，《纽约时报》也因此获得新闻界的最高奖项普利策奖多达 108 次。前不久刚去世的家族第三代领导人阿瑟·奥克斯·苏兹贝格凭借坚定的新闻自由理念，不畏强权与美国政府打官司，刊登揭穿美国打越战陷入泥沼的“五角大楼文件”，为新闻自由和独立奠定坚硕的基石。其子小阿瑟·奥克斯·苏兹贝格，作为家族第四代的核心人物依然坚持以父辈留下的信念来领导《纽约时报》。

反观新闻集团，默多克所倡导的商业模式则缺少了一份普世价值。少了它，即使接班人有创业者的经营管理能力，却可能因为缺乏价值认同而无以为继。换句话说，就是创始家族必须回答一个问题：这个企业给社会带来了什么大家认同的贡献，值得长期存在？老默多克对儿子的影响，使詹姆斯继承了父亲价值观中积极的一面。詹姆斯在 2009 年的一次演说中表达了他打破权威媒体的束缚，以消费者的需求和盈利为发展导向的主张。但是，普世价值的缺失，让满足需求和盈利没有了最终的目的，也使得企业在传承中没有灵魂。

独揽大权，家族成员与职业经理人矛盾频发

默多克通过持有其39.7%投票权的股份，在新闻集团上市后依然牢牢地掌控集团的运作。在互联网等新媒体不断挤占传统报业市场、报纸收入大不如前的形势下，新闻集团的许多股东多年来都提议将报纸剥离集团业务。2010年，在窃听丑闻曝出前，新闻集团在报纸上的收益只占其总收益的18.6%。但是，默多克对报纸情有独钟，他凭借自己对新闻集团的掌控力，一直保留报纸业务。直到“窃听丑闻”曝出后，他才不得不同意将新闻集团的出版类资产与其他娱乐电视资产分离开来。

默多克一人控制着新闻集团。他想要让自己的子女接班，但是当子女进入集团工作历练后，默多克仍然大权在握，丝毫不放松。集团高管唯默多克马首是瞻。默多克的子女与高管矛盾频发，其中两人因此离开新闻集团，自立门户。

二女儿伊丽莎白·默多克是最早与职业经理人发生冲突的子女。伊丽莎白从学校毕业后，在新闻集团旗下澳大利亚、美国的多家电视台任职。1990年，伊丽莎白与她的第一任丈夫埃尔金移居英国，当时老默多克正忙于重整英国天空广播公司。天空广播运营的前几年亏损严重，为了帮助公司扭转财务困境，备受尊敬的新西兰电视管理人山姆·奇泽姆被请入董事会管理日常运作。伊丽莎白作为奇泽姆的副手进入公司，担任总经理。但她在公司的日子并不好过，一位新闻集团的前任主管回忆说：“她来到公司的时候还很不成熟，这点让高管们很恼火。”而伊丽莎白觉得自己在公司处处受到指责，没有得到一点认可。和奇泽姆在公开场合大吵一架后，伊丽莎白离开她父亲的公司，转向自己的事业。作为电视和电影制片人，她在2001年创立了自己的公司Shine。2011年初，新闻集团以逾4亿英镑的代价将Shine收编。

作为默多克的长子，拉克兰·默多克从小就被寄予继承人的厚望。他还未成年时，就利用暑假在《太阳报》或《泰晤士报》清洗印模或者担任助理编辑来赚取零用钱。当拉克兰18岁时，默多克利用他在澳大利亚出差的时间，将拉克兰带到澳大利亚的《每日镜报》，让他在那里接受了3个月的训

练。22 岁时，拉克兰被父亲任命为昆士兰报业的总经理，随后成为澳大利亚第一份全国性报纸《澳大利亚人》的出版人。2001 年，拉克兰回到纽约，担任新闻集团副首席运营官，向当时的首席运营官彼得·彻宁报告。与他在澳大利亚受人赞赏的境遇大不相同，他在纽约常受到冷嘲热讽。他父亲的主管们在背后叫他“王子”，不仅如此，两名老默多克最有权有势的副手——拉克兰的直接上司彻宁和福克斯新闻的创始人罗杰·艾尔斯总是和他过不去。彻宁在好莱坞有不可动摇的关系网，他不让拉克兰参与任何有关好莱坞的事务，而艾尔斯则不让拉克兰插手任何事情。在和高管们的权力斗争中，拉克兰并没有获得父亲的支持。2005 年 8 月，心灰意冷的拉克兰选择辞职，带着家人回到澳大利亚，在那里开始自己的事业。他成立了自己的公司，控股了一些澳大利亚的报纸与电视，继续从事媒体行业。

默多克的小儿子詹姆斯是他成年子女中唯一仍然留在新闻集团的一位。2000 年，詹姆斯担任亚洲星空传媒的首席执行官，他以出色的表现赢得了老默多克的肯定。在拉克兰离开新闻集团后，詹姆斯成为默多克的热门继承人选。2007 年，老默多克力排众议让詹姆斯接替自己，出任英国天空广播公司的主席，并负责新闻集团的欧洲和亚洲业务。詹姆斯成为默多克子女中，最接近新闻集团权力核心的。即便如此，他所努力经营的仍然是父亲的公司。詹姆斯试图摆脱父亲的控制，他结束了公司所有决议都要直接向纽约总部汇报的制度。然而，表面上高管们向詹姆斯汇报工作，实质上他们仍然是默多克的手下。虽然詹姆斯并没有和高管们起正面冲突，但是他需要不断地抗衡高管们死忠其父的向心力。

默多克困境的启示

默多克是一个杰出的斗士，他通过不断设立对手、打败对手建立起了强大的媒体帝国。通过满足新闻消费者的窥秘欲求，默多克赢得了市场的青睐。然而，新闻集团一直都是靠竞争对手而非由自身的奋斗目标来定义自己，默多克最常给出的形容，就是自己的报纸比竞争对手的好。这种压倒对手、争强斗胜的企业文化，或许是连其子女都无法在集团内与职业经理人共存的原因。默多克率领的大军所向披靡，然而 81 岁高龄的他却仍无法将佩剑交给下一代，就算默多克能和他现年 103 岁的母亲一样长寿，他也总有一天会离开，而少了普世价值与默多克的新闻集团，在那一天以后还会不会是同一家公司？很难说。

在权力过渡时期，企业领导人应注意妥善处理子女与职业经理人的关系，平衡家族利益与企业利益。子女进入企业任职，对于家族企业传承是一件好事。子女可以通过在家族企业的工作熟悉企业业务，锻炼管理能力。但是，作为“裙带关系”，他们很容易介入企业高管的势力范围，对高管造成威胁。高管们作为企业运营的核心力量，他们的利益将影响企业的经营。企业领导人，作为维系两者的纽带，需要发挥积极作用来平衡两方势力。如若不然，可能导致公司损兵折将，或是像默多克的境遇一样，苦心培养的继承人一一离开家族企业，自立门户。

第 22 章
苹果：创始人到经理人的公司治理变迁

范博宏　董雅姝

苹果和乔布斯的关系可能很难在苹果和库克之间复制，从创业到守业的过渡阶段，企业应该从依赖创业者特殊投入的专制模式，演化到平衡理性与感性的公司治理模式。

2013 年，苹果电脑（AAPL. NSDQ）迎来了没有史蒂夫·乔布斯的第三个年头，同时也是蒂姆·库克接任的第三年。虽然在数码产品市场上，苹果仍然是数一数二的行业巨头，2012 年继续在全球公司市值排名中保持首位，但消费者与投资者已经意识到这个曾经改变世界的公司正在渐渐失去它的光环。

首先是众首翘盼的 iPhone5 并没有给市场带来惊喜，反而因谷歌地图丑闻和硬件纰漏，库克不得不现身向消费者道歉。接着是盈利未达市场预期，同期毛利增长率剧减导致股价大跌。此外，与三星的官司也一直困扰着苹果，而三星在 2012 年取代苹果成为最大的智能手机生产商，也昭示着苹果的市场占有率在逐步下降。最近，库克对于中国在“3·15”消费者权益保护日向苹果提出的一系列问题的公关处理与道歉被指诚意不足，有分析师因此表示不再推荐苹果股票。

一系列现象背后，虽然现在说苹果的衰退还为时过早，但我们有理由忧虑。了解乔布斯身后如何将他对苹果注入的特殊能量转移到继任经理人身上以利企业持续发展，对中国企业的基业长青有重要的借鉴意义。

乔布斯对苹果的价值

曾在苹果负责营销工作的川崎说过：“史蒂夫向苹果注入了太多他自己的基因，你可以说没有史蒂夫的苹果也可以达到某种程度的成功，但是你很难说没有他的苹果可以繁荣到如此地步。”川崎的评价，相比于乔布斯对苹果的价值而言，仍显保守。从1997年乔布斯回归苹果开始，特别是2000年，乔布斯成为真正意义的苹果CEO后直至2012年，苹果向世人展示了令人惊讶的市值增长速度（图22.1）。

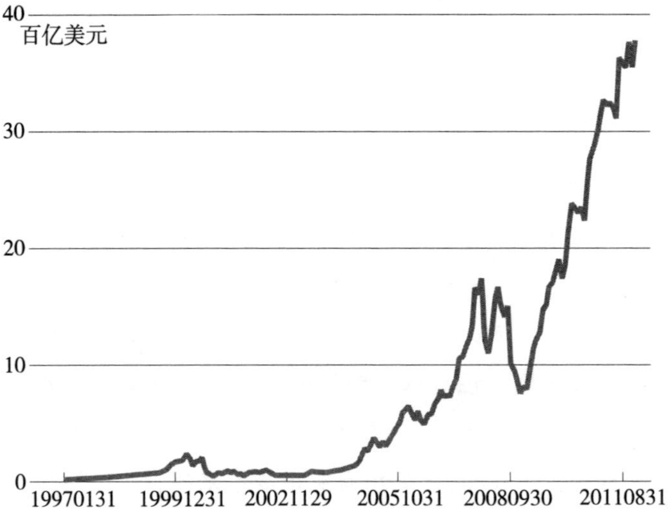

图22.1　乔布斯回归后的苹果市值

对一家公司而言，投资者可以有很多，而且可能随时更换，但是创建者却是唯一的。就苹果而言，乔布斯起初创建苹果并非仅为了盈利，更是出于兴趣与热情。因为这种独一无二的情感投入，使得乔布斯在担任CEO时不会做出任何对苹果不利的决定，并且力求产品的完美，不为短期利益所蒙蔽。

乔布斯是一个梦想者，他的想法常令人难以置信，并且大部分决策并没有以市场调研作为判断依据，而是仅凭着他的想象。正因为如此，乔布斯时期的苹果难以被其他公司模仿。乔布斯就是苹果无可替代的资产，为苹果带来源源不断的价值。苹果是第一家将软件开发与硬件生产囊括一体的公司，在乔布斯对科技产品完整性的不懈追求下，苹果在开发出突破性硬件的同时，也研发出出色的应用软件。苹果产品的成功在于它不仅提供给消费者想要的，更有超出消费者预期的产品体验。另外，乔布斯向苹果的产品注入了其美学理念——简洁。标志性的白色耳机、流线型的产品造型，以及经典的官方 logo 都已经成为时尚达人的标志。乔布斯的创新精神、完美主义和对科技与人文相结合的追求缔造了苹果卓越的品牌形象，并且吸引了成千上万的"果粉"。很难说得清楚这些消费者的忠诚度是来自于苹果产品本身还是来自于乔布斯。

乔布斯身上的卓越品质也吸引了一大批能人志士，并且激励着他们不断突破自我。一个典型的例子，乔布斯在苹果垂死之际回归后，苹果在很多方面都得到显著改善，而唯有存货周期一直没有起色。因此，苹果急需一位善于库存管理的经理人。乔布斯正是在此时找到了库克，即现任苹果 CEO。库克当时已在 IBM 工作了 10 年，乔布斯却成功挖墙脚，让库克来到了其从未涉足过的电子行业公司。库克出色地将苹果的存货周期从 4 个月缩短至不到 48 小时。同样的故事也发生在乔布斯鼓励沃兹沃克在技术上的创新，将斯考利从百事挖到当时还是小企业的苹果，以及吸引到为苹果开发出最新触控技术的设计师上。虽然乔布斯不是每次都能选对人，但是他自身的卓越与热情能够吸引精英加盟，并且能够激励苹果团队不断超越自我。

苹果对乔布斯的价值

乔布斯对于苹果的价值和贡献毋庸置疑，反过来，对于乔布斯而言，苹果也是不可取代的，如果乔布斯没有在创建苹果后被扫地出门，没有创建 Next 的经历，没有在苹果危机时刻回归苹果，他也很难实现如此大的成就。这不仅和他的性格和梦想有关，也和这些发生在苹果和他身上曲折的经历有关。

实现未完成的梦想。苹果的不可取代首先源于乔布斯的梦想和追求。在离开 10 年后，乔布斯决定再回到苹果并非是为了要股权或者高薪。事实上，在苹果股价飙升前，乔布斯在迪士尼的股份价值远远超过彼时其在苹果的，如果赚钱是乔布斯的主要目的，那么乔布斯应该花更多心思到迪士尼，而不是回到奄奄一息的苹果。在乔布斯决定回归苹果之前，他是皮克斯（Pixar）的 CEO 兼最大的股东，拥有绝对控制权。然而乔布斯为了苹果放弃了在 Pixar 的一切，并最终将皮克斯卖给了迪士尼。

对于乔布斯而言，做出一些改变世界的事情似乎比成为福布斯排行前列的富人有意义得多。在苹果 2 获得成功之后，乔布斯铆足劲开发新产品，然而这些新产品并没有获得他所期待的成功。此后不久，乔布斯费尽心思将斯考利从百事挖到苹果，却与这位新任 CEO 发生巨大分歧，乔布斯最终竟被扫地出门，黯然离开苹果。乔布斯缺的是在苹果真正地证明自己，实现自己。苹果不仅是他一直的兴趣所在，同时也是他实现人生抱负的途径。所以当乔布斯回归苹果之时，把大量时间奉献于工作，马不停蹄地开发新产品。就算在他罹患胰腺癌的人生末期，乔布斯也没有选择辞职，而是不断利用最后的时光来实现他的梦想蓝图。苹果里有乔布斯的梦想，苹果也充分授权让乔布斯实现梦想，正因为如此，苹果在乔布斯的心目中也是不可替代的。

让过往的付出开花结果。在离开苹果期间，乔布斯创建了致力于开发整合性的软件和操作系统的 Next。然而，微软凭借着强大的兼容能力占领了主要市场。为了争得一席之地，Next 在 1993 年退出硬件市场，集中火力推广旗下开发的软件 Openstep，过高的定价并没有让 Openstep 得到市场的青睐。1996 年 12 月，Next 被苹果以 4.3 亿美元和 150 万股股票收购。为什么是苹果收购了 Next，乔布斯愿意把 Next 卖给苹果而非其他公司？一个产品的失败可能有很多原因，Next 失败了，却不是因为产品本身的问题。Next 的软件产品非常超前。如果任由 Next 失败，乔布斯之前在开发软件上的努力就都白费了。兼并 Next 使得乔布斯先前在软件上的投入得以延续并获得回报。例如苹果的 iOS 操作系统正是在 Openstep 的基础上开发出来的。

无形的合同——乔布斯与苹果

虽然乔布斯的价值不能写在苹果的财务报表上，但是任何可能导致乔布斯离开苹果的事件都会影响苹果的股价（表 22.1）。

表 22.1　乔布斯的健康状况与市场反应

乔布斯健康恶化公布日	具体事宜	股价表现
2004 年 8 月 1 日	胰腺部分切除，乔布斯声称已治愈	-6%（8 月 6 日）
2008 年 6 月 9 日	乔布斯看起来非常瘦弱， 公司宣称乔布斯只是感染了普通的病菌	-21%（7 月 22 日）
2009 年 1 月 9 日	乔布斯声称荷尔蒙分泌不协调， 9 天后提出开始为期半年的休假	-15. 9%（1 月 20 日）
2011 年 8 月 25 日	乔布斯递交辞呈	-5. 13%（8 月 25 日）

数据来源：2011 年 1 月 18 日《投资日报》分析师。

因乔布斯的重要性，在他回归后，苹果在很多方面都极力配合其习惯和决定。无可取代的价值使得乔布斯有了很大的议价能力。众所周知，乔布斯并不好相处，他对产品的要求也几乎到了吹毛求疵的地步。其曾经当着全体苹果员工，讽刺一位工程师所做的工作并将其开除。苹果的员工甚至因为害怕被开除不敢与乔布斯搭同一班电梯。但因为乔布斯的重要，苹果的股东和员工不得不忍受乔布斯的傲慢和自大。同时，乔布斯对于任命董事会成员和董事会决议也有很大的影响力。一个例子是，乔布斯要在市中心租下大片空间来运营苹果直销店的提案被董事会否决。但事后不久，苹果时任董事会主席以不能胜任为由辞职，苹果直销店计划也最终按照乔布斯的想法实现。

当然，面对乔布斯，苹果也并非没有一点议价能力。苹果的筹码就是乔布斯对理想的追求和过往对苹果的投入。因为这样的筹码，苹果并没有花太多力气在公司治理上，花高成本去监督乔布斯。同时，因为这种特殊的付出，公司不需担心乔布斯离职，也无需采取传统的经理人薪酬和股权激励来统一乔布斯和苹果的利益关系。乔布斯虽然是苹果公司最大的个人股东，但是在苹果的股份也不超过1%，乔布斯的年薪只有1美元，此外，苹果给予乔布斯一些非金钱的奖励，如一部私人飞机方便其差旅（表22.2）。

表22.2 乔布斯薪酬与库克薪酬（单位：美元）

首席执行官	财年	工资	奖金	股票奖励	非股权激励	所有其他薪酬	总薪酬
乔布斯	2011	1	–	–	–	–	1
	2010	1	–	–	–	–	1
	2009	1	–	–	–	–	1
	2008	1	–	–	–	–	1
库克	2012	1357718	–	–	2800000	17274	4174992
	2011	900017	–	376180000	900000	16520	377996537
	2010	800016	5000000	52334250	900000	58306	59092572
	2009	800400	–	–	800000	40917	1641317
	2008	718860	–	25648000	700000	20450	27087310

有形的合同——库克与苹果

2011年乔布斯辞任苹果CEO后，库克走马上任。与乔布斯不同，库克从小接受传统教育和标准化的商业培训。因为多年运营官的工作经验，库克更注重公司的运行效率。而乔布斯个人形象与苹果形象所带来的协同效应并不能在库克身上得以体现。苹果产品反映了乔布斯的性格，而与库克的性格却显得不太兼容。库克或许是个不错的执行官，但和乔布斯相比，他为苹果注入的特殊价值相形见绌。另一方面，苹果对库克来说也不是那样独一无二，库克的经营管理能力在任何其他公司都可以派上用场。更重要的是，库克并非苹果的创始者，他没有像乔布斯在苹果经历过起起落落，即使有自我价值实现的追求，库克对苹果的情感诉求也无法比拟乔布斯。另外，在苹果，乔布斯的蓝图一步步得到实现，库克虽然成为了苹果的CEO，但是却还在做乔布斯的梦，哪怕最近他透露出苹果可能会开始生产电视机产品，这个计划也是乔布斯在位期间就有的。

因为苹果与乔布斯之间唇齿相依的关系并不适用于库克与苹果，传统的薪酬合同也就对后者派上了用场。苹果为库克设计的薪酬计划和乔布斯的有着明显的不同（表 22.2）。在工资方面，库克 2011 年和 2012 年的工资分别高达 90 万美元和 135 万美元；在股权激励方面，苹果出于短期激励和长期激励的考虑，在库克上任的 2011 年奖励了库克价值超过 3 亿美元的限制性股票，并且强调这些股权激励只有在库克担任 CEO 的第 5 年和第 10 年才能实现。

2013 年是库克在苹果工作的第 15 个年头，随着时间的累积，他对苹果的情感投入或许也会越来越多，在苹果未来的发展计划中，如果让库克能够做更多符合他个人兴趣的产品，库克对苹果的投入或许也会越来越多。然而，苹果和乔布斯的关系可能很难复制到库克和苹果上。即便是依赖股票期权激励的薪酬设置也可能无法让库克像乔布斯般地爱苹果。大量的学术研究发现，股权激励不易拿捏，运用不当反而会让职业经理人过度激进，叛离公司所有者的利益。

乔布斯和苹果之间的关系，不是单纯的物质利益可以建立和维系的。根据马斯洛需求层次理论，在基本需求得到满足后，经理人也会追求尊重和自我实现等高层次需求。经理人对自我实现的追求和对公司的情感可以形成经理人对企业的特殊投入，从而为其自我及企业都带来价值，但若经理人离开这个企业，这些价值就会消散，因为这些无形特殊资产带不走，也留不下来。一旦经理人对企业有了特定的投入，他们与公司的合约就不需要有巨细靡遗的条款和细则，却能促成他们与公司利益的调和一致，就像乔布斯只需要 1 美元的年度薪酬。

要在非创业者的职业经理人身上创造出“创业者价值”，关键就在于让职业经理人对企业的热情和付出变成一种特定投入。要形成这种特定投入，首先，企业在寻找职业经理人时，除了要考虑能力因素，也应考虑他们的个人热情与兴趣是否与公司的发展相匹配。其次，对于已经在位的职业经理人，企业应该发掘其不同层次的需求，让他们有机会在企业发展中实现自我，也就是激发出他们与企业发展相匹配的个人实现等高层次需求。再者，企业可以加强对职业经理人忠诚度的培养，加强团队文化建设，增加职业经理人对公司的情感投入。

对中国企业的启示

相比美国，中国的创业者面临更艰苦的创业条件和更严峻的市场环境。他们之中也不乏如同西方创业者般对一手创建的企业付出大量心血的人。这种创始者特定的、无形的投入对于公司来说就像是一笔无形资产，增加公司的价值。这些成功的创业者往往不需要复杂的薪酬激励，他们虽握有企业大量的股权，却一般不会轻易卖出套现，甚至可以长期不分配股息。

如今，中国的很多民营企业已经面临第一代创业者老成退位，下一代经理人交接的时期。如何将创业者的无形资产传承到新一代经理人身上，是基业能否长青的关键。对于家族接班人，言传身教与家族规范是传承价值理念的常见方法。然而即使他们是家族成员，也仅能部分传承创始人的无形资产。所以，第二代家族经理人的聘任、薪酬与升迁必须适度地与他们对企业的贡献挂钩，他们的决策必须受到监察，而不能如他们的父辈般有完全自由的挥洒空间。而对于职业经理人，除了要有与业绩挂钩的人事薪酬制度，还要提供他们发挥理想热情的平台与机会，并以各种方法让他们认同并分享企业文化。从创业到守业阶段，公司应该从依赖创业者特殊投入的专制模式演化到平衡理性与感性的公司治理模式。这个过程必须缜密规划，在创业者离职前后约 10 年间完成。

第 23 章

民营企业如何设置董事会

范博宏　李思飞

董事会的设计没有统一的标准，但每一种选择都有相应的成本与益处。比如，聘请官员背景的董事或有利于企业争取资源与市场，却未必能创造股东价值，并需付出股票折价的代价；聘请教授为独董可以满足监管要求，却可能降低独董的专业性，也难获得有用的监督建议。要甄选、配备合适的董事，企业家们需要根据企业的特点进行“量体裁衣”的设计。

来自全世界的研究没有发现上市公司董事会的规模或组成与企业的业绩有直接的因果关系，但这绝非意味着董事会对企业无关紧要。聪明的企业家们知道，良好的董事会设计可以反映企业家及其企业的文化特质和经营理念，向投资者和利益相关者传递积极的信号，有利于降低公司的交易和融资成本。

在西方公司治理框架下，董事会的主要角色是代表股东监督经理层，为公司管理层提供专业咨询。而在发展中国家包括中国，上市公司董事会的实际监督功能一般很难发挥。但就像从穿戴打扮可看出一个人的品位与气质，从董事会的组成我们可得知企业的价值观与文化。例如，董事会有高比例的家族成员，反映的是一种“家文化”；有高比例的政府官员，显示此企业的经营依赖政商关系；有高比例的职业人士，则反映企业市场导向的经营理念。这些差异并无优劣之分，亦即董事会的设计没有统一的标准，但每一种公司治理结构都有相应的成本与益处，企业家们在确定了经营理念与模式后，便应量体裁衣地设置符合此理念的董事会，并考虑成本与效益。

官员领导与官员董事：未必创造股东价值，反有折价效应

笔者的前博士生余玮在论文研究中收集了所有中国上市公司董事与高层经理人员的履历，结果发现，民营上市公司董事会中，平均有超过20%的董事为前任或现任政府官员，并且这一比例有逐年增加的趋势（图23.1）。另外，《投资者报》2010年的一份调查显示，有31%的民营上市公司聘请了官员担任董事或高管。

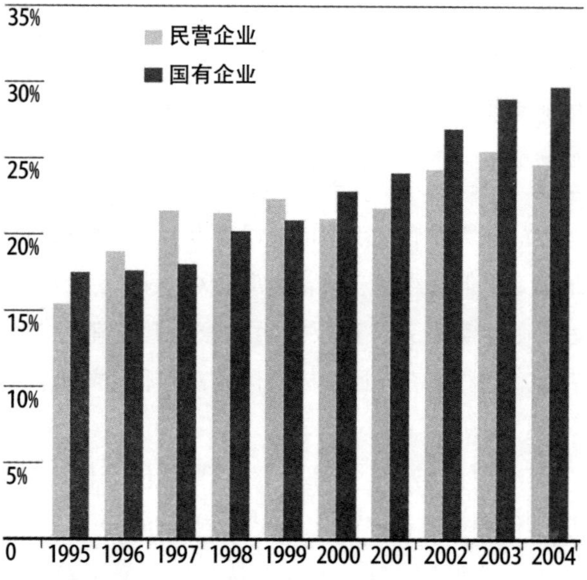

图23.1　上市公司中的官员（现任或卸任）董事比例

国内民营企业中为什么有这么多的官员董事？一个猜测是中国目前仍处于转轨时期，市场发展仍待完善，各级政府影响甚至主导商业资源分配，政商关系可以成为企业争取资源与市场的重要优势。那么，聘用政府官员担任

企业管理层或董事，最终能否提高公司的市场价值？笔者数年前在美国《金融经济学期刊》（*Journal of Financial Economics*）发表的一项研究检视了 630 家地方政府控股的国有企业 IPO 后的市场表现，结果发现，首席执行官（CEO）是前任或现任政府官员的上市公司，在 IPO 之后的 3 年时间里，经调整过市场整体回报率后的价值损失了超过 40%，而由未曾担任政府官职的 CEO 领导的上市公司价值损失仅为 10%（图 23.2）。这一发现强烈质疑高管的官员背景最终能创造股东价值的说法。反倒是企业聘用政府官员需要付出股票折价的代价，因为投资人怀疑这些企业的利润可能被输送到官员所代表的利益方，而非公平地与股东分享。同时我们也发现，由官员任领导的董事会中，通常有更高比例的官员董事，而来自其他企业或具有专业背景的董事比例则相应较低。因此，官员领导与官员董事，会被股票投资人解读为一种寻租文化，而他们无法分享此经营模式所带来的利益。

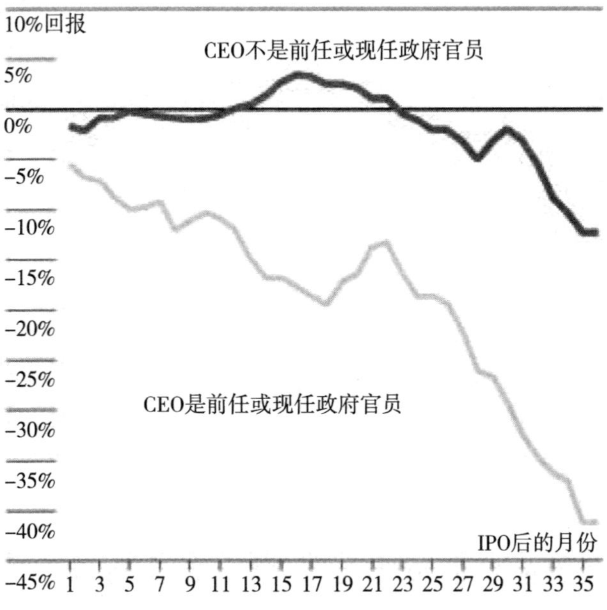

图 23.2　官员担任 CEO 的折价效应

图 23.1 也显示民营企业中官员董事的比例与国企相近，那么，民企的市

场价值是否因官员的参与而有所提高呢？余玮的研究发现，民企的市值与管理层和董事会的官员背景没有显著的关系，亦即民企能以政商关系为投资人带来超额回报是可被质疑的说法。

依赖政商关系的经营模式也为投资人带来额外的风险。笔者对国内曝光的23起省部级官员贪腐案件进行了研究，追踪了所有高管或董事与落马官员有关系的上市公司，并对案件曝光前后的公司股票回报率走势进行了分析，结果发现，与贪腐官员有关联的上市公司在案件揭发后一个月之内的市值在调整过整体市场回报率后损失接近10%。

依赖政商关系的副作用还包括企业透明度的降低。以紫金矿业的污染事件为例，市场怀疑紫金之所以违反证监法令、未及时披露这一投资人重视的价值敏感信息，与企业同地方官员千丝万缕的关系有关。在事件曝光之后，该公司的政商关联激起了各方对其公司治理的质疑。从2009年公司年报中披露的董事会名单可见，在其7名非独立董事中，有3名曾在政府相关部门任职，而4名独立董事中有3名曾任政府官员，监事会主席和其中一名监事也都是企业所在地的前任官员。上述董事每年从公司领取了15万至174万元不等的薪酬，却辜负了投资人对他们的信托。紫金矿业污染事件被掩盖，董事会责无旁贷。而在此次事件曝光之后，众多的官员董事也没能对于公司改善公众形象有所帮助，反而成为官商关联的反面案例。

官员进入企业是一把双刃剑，在目前的商业环境下，利用官员的关系网络固然可以使企业获得一定程度的垄断租金，但是，随着中国市场和法制水平的不断发展，这种关系网络带来的垄断租金越来越小。更为重要的是，企业聘用政府官员需要付出代价，包括投资人的不信任折价与相应的高融资成本，企业家在考虑聘用官员董事时应三思。

教授出任独立董事：合规？合适？

董事会的另一个重要问题是其独立性。证监会对独立董事有具体的规定，要求至少1/3的董事为独立董事。随着资本市场的发展，监管机构陆续出台了众多关于独立董事的规章制度，对董事会独立性的要求越来越详尽，在 2009 年出台的《上海证券交易所上市公司董事选任与行为指引》中更是明文要求："独立董事原则上应每年有不少于十天的时间到上市公司现场了解公司的日常经营、财务管理和其他规范运作情况。"

仅靠制度"一刀切"的规定是否真的可以加强董事会的作用？我们不得而知。就 1/3 独立董事比例这一规定来说，在规定出台之后，为了满足监管的需要，上市公司纷纷发起独立董事"增补运动"，而上市公司中独立董事的比例也从 2001 年起有了大幅的提升（图 23.3）。

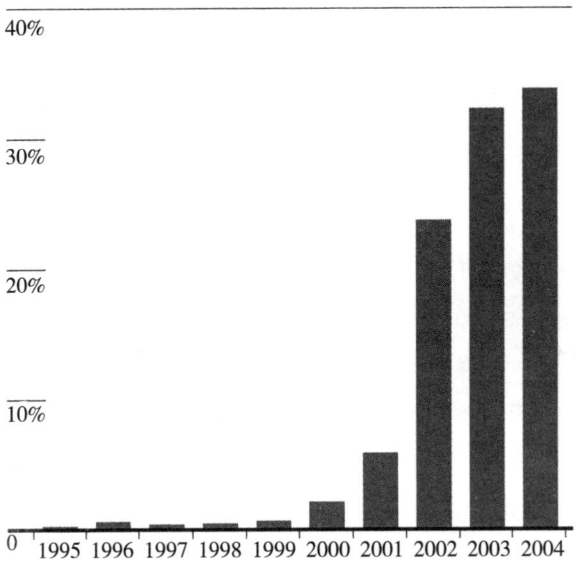

图 23.3　上市公司中的独立董事比例

这些独立董事的来源为何呢？在强制的人数规定下，企业不能根据自身需要决定聘请多少独立董事，但他们可选择聘请何种人士为独董。从实际情况看，大学教授成了企业独董的热门人选，在 2001 年之后，教授担任独立董事的比例骤然提升（图 23.4）；我们 2008 年对民营上市公司独立董事的统计发现，这一比例达到了 39%。

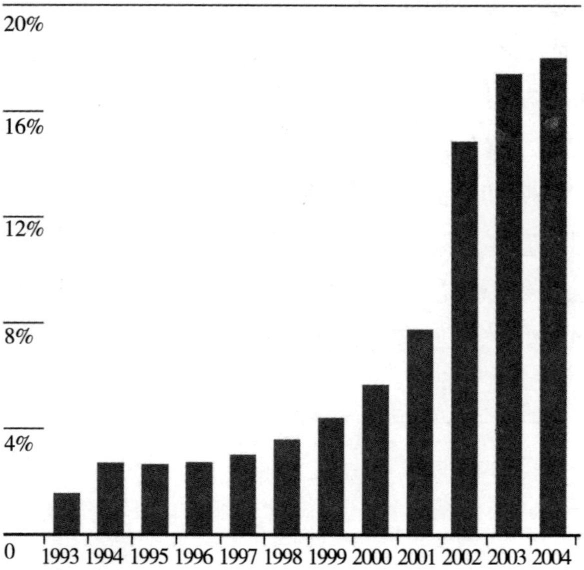

图 23.4 上市公司中的教授董事比例

企业家聘用教授担任独立董事，理想上是希望借助大学教授的专业知识为企业提供有效的监督和建议，另一方面也是希望借助大学教授的不偏立场来提升企业的声誉，增强投资者信心。但是，大学教授对于实务经验相对缺乏，能否对上市公司的经营管理进行有效的监督与咨询令人疑虑。同时，大部分教授独董不但自己要承担学术任务，很多更在学校担任领导职务，是否有足够精力对于上市公司进行监督咨询也是个问题。我们的调查发现，在所有民营上市公司的教授独董中，超过10%担任学校领导职务，超过一半担任学院领导职务，超过1/5在各种行业协会担任领导职务（图23.5）。

众多教授董事的另一个问题是公司独立董事的专业性下降。笔者发现，在上市的民营企业里，有高校教授独董的公司中，来自会计与法律专业人士、企业管理人士的独董比例都远远低于没有高校独董的上市公司（图23.6）。由此可见，企业为了满足监管要求而聘用大量教授董事，不但降低独立董事的监督效力，也降低了独立董事的专业性。同时，企业希望借重教授董事良好声誉的想法似乎也没有实现。

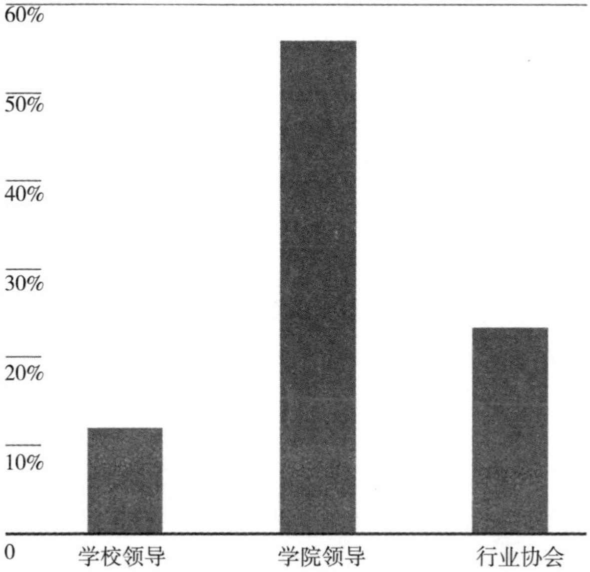

图 23.5　民营上市公司中教授董事的职务背景

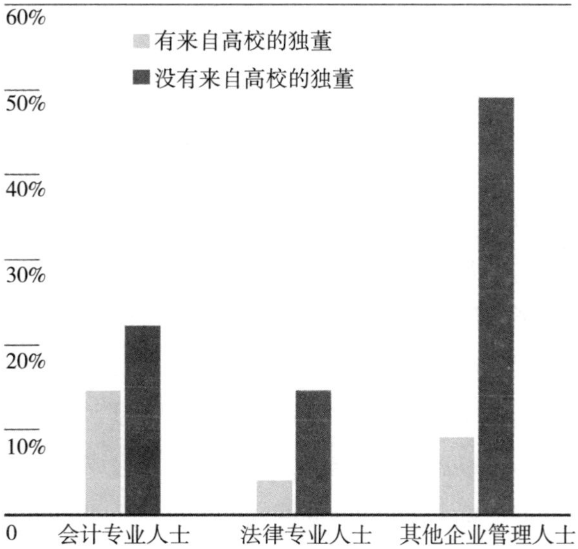

图 23.6　民营上市公司中的教授独董与专业独董比例

现有独立董事制度下的另一个重要问题是独立董事是否真正独立，2010年曝光的江苏三友事件反映了独董不独立的尴尬后果。江苏三友2010年3月披露公司在2004年6月变更了实际控制人，亦即江苏三友由集体所有变为自然人控股这一重大事件被隐瞒了将近6年。根据2009年江苏三友年报的披露，一位独立董事“主持了江苏三友发行上市工作”，并且是公司上市时的保荐代表，而此独董于2007年底就出任了公司的独立董事。我们很难想象，作为保荐代表对于公司实际控制人变更这样重大的信息会不知情，而先做保荐代表、随后出任独立董事这种实质上并不独立的独董，实际上成为公司隐瞒重大信息的“帮凶”。同样值得注意的是，另一位独立董事曾担任另一控股公司董事长、总经理等职务，而江苏三友在上市时与此公司有重大的资产交易，并且，时任三友公司总经理在此独董担任领导的三个单位有过工作经历。我们有理由怀疑，此独立董事也和江苏三友管理层有着千丝万缕的联系。这种实质上不独立的独立董事，在面对公司的各种违规行为时无所作为，使得独立董事形同虚设。

“量体裁衣”的董事会选择

对于董事会设计，监管部门有很多具体的指导原则，这些一刀切的原则或规定往往方便监管，却不一定顾及企业的个别需求。对于众多民营企业而言，在董事会的选聘上相比较国企受到更少的约束，在满足合规要求的前提下，企业家有更多的自由根据自己企业的特点来设计董事会。

仅就董事会规模来说，企业应该首先了解自己是什么性质的企业。从市场竞争环境来讲，在竞争程度低一些的市场，中大型、稳定的公司或不涉及高度机密或专门知识的公司，倾向于选择大规模的董事会。反之，在高度竞争的市场中，小型、高增长或牵涉高度专门知识的公司倾向于选择小规模的董事会。

对比美国零售巨头沃尔玛和地区型零售商天天低价（Cost-U-Less）的董

事会结构，可以清楚看到董事会如何反映企业的经营战略。沃尔玛是一家跨国零售连锁企业，市值近 2100 亿美元，有近 210 万名雇员，业务涵盖美国和海外市场，拥有成千上万各种形式的商店和食物配送公司，它的董事会成员有 15 人。而天天低价市值只有 1100 万美元，员工只有 700 人，在夏威夷及太平洋各岛国开设有 12 个仓储式量贩店，董事会成员只有 5 人。

在董事会的组成上，沃尔玛 15 人的庞大董事会组成非常多元化，其中 4 人是内部董事，包括创始人山姆・沃尔顿的两个儿子和公司的现任及前任 CEO，其余 11 人全部为外部董事，其中 6 人来自其他知名企业，包括可口可乐的前任 CEO 和万豪酒店集团的首席运营官等高管人员，另外有 3 人是风险投资和投资银行专家，1 人是哈佛商学院的退休教授，1 人曾任克林顿总统的内阁成员。这一涵盖了政治、学术、投资、实务界并以高管人士为主的董事会，无疑可以为沃尔玛复杂的运营提供有效的决策帮助，同时，每位董事卓著的声誉也使得他们会尽职地履行董事职能。与之相对比，天天低价董事会的 5 名成员，除 1 名内部董事（CEO）外，4 名外部董事分别是风险投资家、连锁海鲜餐馆的董事长、商务培训机构的 CEO 和电信产品零售公司的首席运营官兼财务官。相较沃尔玛的大规模董事会，小规模的董事会可以提高董事会决策的效率，同时，4 名外部董事各有所长，每人都可以直接对公司决策的某一方面提供建议。

对比沃尔玛和国内民营企业的董事会组成可以看出，在沃尔玛的董事会中虽然既有教授，也有政府官员，但是，占据董事会以及外部董事大部分的管理界专业人士仍然可以保证董事会的专业性和有效性。在教授和官员董事的挑选上，沃尔玛也在全国范围内选择了具有极高社会声望的人士，而中国的企业家们可能往往选择企业所在地高校的教授或者政府官员。因此，究竟该如何分配专业人士、教授和官员董事的比例，对于每一类董事又该如何甄选并平衡不同选择的利弊，是企业家们需要思考的问题，单靠监管机构的强制要求，可能无法对这一问题给出很好的答案。

我们需要什么样的董事会？这个问题不仅是企业家，也是投资者、各利益相关人以及监管机构需要考虑的问题。对于企业家而言，需要按照自身的特点来设计董事会。董事会不仅应该是公司建立关系网络、满足监管机构要求的工具，企业家更应该通过董事会这一重要的机构向投资者和利益相关人有效传递出经营战略、企业价值观等重要信息，使其可以对公司价值和发展做出合理的评价。

第五部分

资本运作

导读

在本书的最后一部分，我们把注意力转向资本运作。在发达国家，企业所处的是较成熟的市场。企业所有者需要思考的，是如何在已有的市场中长存。但中国不同，市场经济起步晚，但发展迅速，体量巨大。在此背景下，企业家和市场一起发育成长，不缺发展的机会。对于中国的商业家族而言，长期守业的考虑远不如短期将企业做大。因此，企业家常见的问题是：我要扩大经营，需要更多钱，是举债还是募股？有人看好我的企业，是否接受他们的投资？政府给我很多承诺，让我盘下一个国企，我要不要接？如此等等。这类问题如果回答错误，轻则股权缩水，重则失去企业。

本部分的前三篇文章是李嘉诚家族的财技故事。李嘉诚维持集团公司持续增长半个世纪，稳坐华人首富位置，非仅运气所能解释。“长和系”的资本运作和实业经营都有独到之处。人们常常佩服李嘉诚眼光高超，低买高卖，从不落空。但被忽略的，是李嘉诚有充沛现金流作长期支撑。在其他人熬不过去经济下行周期，纷纷低价出售资产时，李嘉诚现金充足，能够熬过寒冬，并在经济上扬时享得巨额回报。李嘉诚是如何从多维度筹措现金的，是“公司资本运作的减法：李嘉诚‘长和系’的业务拆分和处置”一文的重心。

另一方面，“长和系”历史不短，涉足的行业为数不少。这些行业都有自己的生长周期，对大部分企业家而言，自己企业的盛衰也往往和行业的周期绑在一起。但令人称奇的是，李嘉诚却每每能踩准时代脉搏，涉足新兴产业，离开夕阳产业。我们在“守得云开见月明：李嘉诚如何培育新业务”一文里，详细讨论了企业集团完成新旧产业布局交替的策略。对内地企业家尤有启示意义的一点，是李嘉诚非常谨慎地负债，宁愿放慢增长脚步，换取企业的稳步发展。我们在“由民企老板跳楼求解中国公司金融怪象”一文中分析了中国民企为何难以获得长期贷款，也揭示了依赖银行贷款的民企可能面临的巨大风险。

与李家有关的第三篇文章，是写李泽楷与电讯盈科的故事。李泽楷 2000 年牵头并购了电讯盈科，11 年后分拆时，公司市值还剩当初的 6%，整段历史就是股东和社会价值毁灭的过程，李泽楷本人在这个过程中也声誉受损。中国现在正在推行混合所有制，民营企业家会有很多机会盘下国有企业，或介入公用事业。但这种结合不会是一桩单纯的生意，我们把各方的博弈和诉求展示在“香港电讯盈科：包办婚姻式民营化的悲剧”一文中，希望对读者有所警惕。

在这一部分中，我们还讨论了一个热门话题：风险投资与家族企业。在“民营企业应否引进风投？”一文中，我们为企业家设计了一个风投选择指南，帮助企业家判断自己的企业是否应引进风投，如果需要，应引入怎样的风投。

第 24 章

公司资本运作的减法：李嘉诚“长和系”的业务拆分和处置

范博宏　杨玉龙

李嘉诚善于灵活处置和重组企业集团业务，在多元化思路下，动态剔除盈利黯淡的业务，吸纳富于前景的产业；同时依托资本市场，寻求多维度的资金筹集渠道，严格保持企业充裕的现金储备。在内地民企融资受到局限的制度背景下，李嘉诚维系充裕现金流的审慎扩张策略对内地民企有着重要的启示意义。

李嘉诚如何灌溉施肥，修枝剪叶，实现旗下企业集团的稳步增长？其如何为集团各事业提供充裕的资金，又是如何保证集团整体长期盈利的呢？前者涉及资本运作，后者则是实业经营。本文专注探讨李嘉诚的资本运作战略。

“长和系”长期持续盈利

“长和系”是李嘉诚旗下上市公司所构建的企业集团的总称。截至 2011 年 12 月 31 日，集团总市值已达 7470 亿港元。集团核心为长江实业（集团）有限公司（简称“长江实业”）与和记黄埔有限公司（简称“和记黄埔”）。其中，长江实业的前身是李嘉诚在 1950 年创立的长江工业有限公司，其于 1972 年在香港上市。和记黄埔则是由黄埔船坞与和记企业有限公司于 1977 年合并而成，李嘉诚在 1979 年入主和记黄埔，并成为集团主席（图

24.1）。

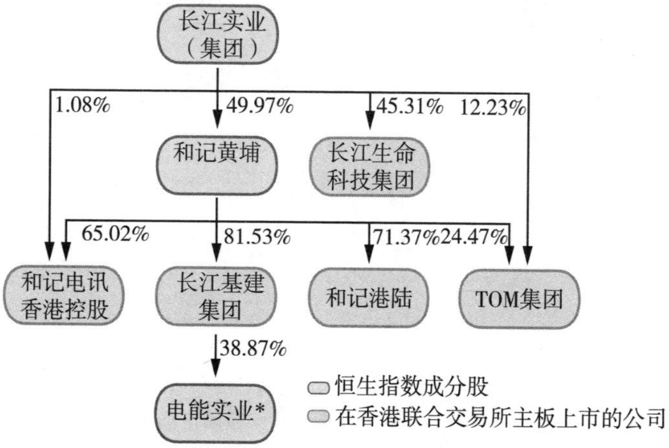

图 24.1　“长和系”企业集团架构

＊注：前称香港电灯集团有限公司，于 2011 年 2 月 16 日更名为电能实业有限公司；上图所示为长江集团在香港的上市公司，在海外上市的集团成员并不包括在内。

资料来源：长江实业集团网页。

长江实业与和记黄埔的财务报告显示，长江实业 1991 年的营业额不足 100 亿港元，到 2010 年底达 328 亿港元，营业额增长约 3.3 倍。而和记黄埔营业收入则由 1991 年的 192 亿港元增长近 11 倍达到 2010 年的 2091 亿港元。“长和系”一直为市场所称道的是其长期维持盈利，1991—2011 年的 20 年间，和记黄埔的平均净资产收益率为 11.01%，长江实业的平均净资产收益率为 14.48%。经市场调整后的累计异常回报分别为 172%和 168%，而且在亚洲金融危机以后，“长和系”一直跑赢大市（图 24.2）。

李嘉诚的资本运作：多维度的资金筹措

李嘉诚常为世人称道之处在于其多次精准的低买高卖，在众人对其投资

图 24.2　1991—2011 年长江实业与和记黄埔市场累计异常回报

眼光的艳羡赞叹中，易为人所忽略的是，长期持有和经营才是李嘉诚最终熬过严冬、为其项目沽得良好价格的前提，如 3G 业务的盈利和房地产开发的最终盈利都依赖于强大的现金流长期支撑，等待经济上扬而享有巨额回报。3G 业务动辄上百亿的亏损，搁置达 5 年以上的土地储备，这些对于一般企业而言基本上是无法承受的。守得云开见月明的底气来自充裕的资本，李嘉诚有何种手段筹集资本以服务其大手笔的实体运营呢？

审慎的债务筹资态度

企业筹资最常见的方法是借钱和股权筹资，这两者属于外部筹资。当然，企业也可以使用自营现金流，这属于内部筹资。在资金的筹措上，李嘉诚使用了广泛的渠道，特别注意维持充裕的现金流，除却极少数年份，和记黄埔都保证了流动资产超过流动负债（图 24.3）。李嘉诚对于负债高度敏感。他最初经营塑胶厂时被银行逼债，险些导致企业破产，这种经历或许令他心有余悸，其后他对于银行贷款的风险一直有所戒备。在随后投入房地产时，他一直保证物业租金收入的业务比例，不轻易采用抵押贷款形式进行房产售卖。

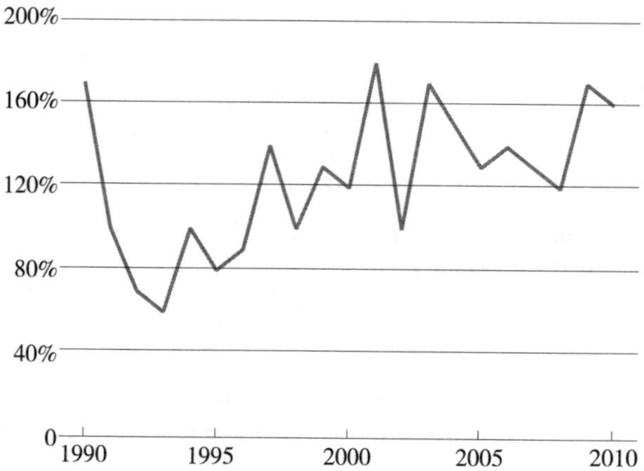

图 24.3 和记黄埔历年流动资产与流动负债比率

和记黄埔的资产负债率从未超过60%，长江实业更低于20%，相对于内地房地产行业动辄70%以上的资产负债率，李嘉诚在财务方面的谨慎可见一斑（图24.4）。

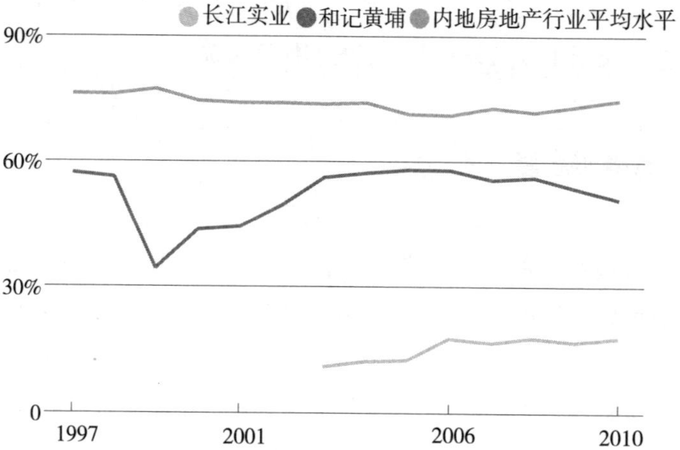

图 24.4 和记黄埔、长江实业与内地房地产行业平均资产负债率

进退从容的业务拆分和处置

李嘉诚常用拆分上市与业务处置售卖两种方法筹资。我们留意到，其所做交易的时点颇有深意。在 3G 业务亏损的 2002—2009 年，“长和系”的拆分和售卖达 9 次之多（表 24.1、表 24.2），所得资金即使不算那些缺乏数据的交易也超过上千亿港元，为支撑持续亏损的 3G 业务立下了汗马功劳。

“长和系”旗下业务众多，李嘉诚的拆分和业务售卖有无规律可循呢？企业的业务拆分上市相较于业务处置较为柔和，大部分拆分上市后控股企业仍保留大股东地位，而业务处置一般意味着失去大股东地位。从产业上看，“长和系”拆分上市的产业大都是发展前景日趋暗淡者，而被其处置的业务未来的盈利空间比被拆分的业务狭窄，主要集中于受新兴 3G 通讯业务打压的传统电讯业务。从 1997—2010 年，和记黄埔七项核心业务的息税前盈余对集团盈利的历年贡献比例和历年增长幅度的均值可见，港口和基建业务对集团贡献盈利最多，但增长也较慢（表 24.3）。这两项业务是稳固现金流的源泉，李嘉诚在历史上很少对之进行拆分和售卖，唯一例外是 2011 年将和记港口信托拆分在新加坡上市。信托相较于一般上市公司在现金派息上更有优势，可将营运现金流用于派息，且控制权又牢牢掌握在和记黄埔手中。因此，港口信托对于集团企业汲取旗下企业资金优势明显。此外，由于上海港和宁波港等北方港口的兴起，和记港口信托下的深圳盐田港和香港港口业务的增长放缓，前景已看淡，李嘉诚此举也有剥离盈利前景黯淡业务、提升集团整体盈利能力的效果。

零售业与能源行业的息税前盈余增长幅度和前景也是 7 项业务最高的。对此种业务，李嘉诚应会长期持有，不会在近期分拆。2011 上半年，坊间流传屈臣氏分拆上市，李嘉诚公开表示，不排除再分拆业务上市，但认为不会分拆零售业务，其原因或许正在于此。

房地产行业的盈利贡献和增长居于七项业务的中间水平，将其中已开发成熟、盈利概念已穷尽的项目拆分出去，既有利于获取融资，也有利于提升集团的整体盈利能力。当然，由于这些项目一般还会有稳固的现金流入，采取信托的方式比较适合充分利用这些物业的可观现金回报。长江实业三度分拆房产信托上市，证明了这一点（表24.1）。

表24.1 2000年以来“长和系”拆分上市举动

时间	拆分上市公司	母公司	融资数额
2000-3-1	Tom. com	和记黄埔	7.6亿港元
2004-3-11	Tom在线	和记黄埔	1.7亿美元
2004-10-15	和记电讯国际	和记黄埔	72亿港元
2011-3-18	和记港口信托	和记黄埔	55亿美元
2002-7-16	长江生命科技	长江实业	26亿港元
2003-3-12	置富产业信托（新加坡）	长江实业	不详
2010-4-20	置富产业信托（香港）	长江实业	不详
2011-4-29	汇贤产业信托	长江实业	104.8亿元

电讯行业的盈利贡献和增幅最弱。传统电讯业务竞争日益激烈，被3G业务取代的趋势也越来越明显。李嘉诚自出售Orange以来，其传统电讯业务一直处于收缩状态，和记电讯一直独立上市，海外的传统电讯业务也在售卖（表24.2）。这种处置有助于筹措资金支持新兴的3G业务。

表24.2 李嘉诚近年来重要业务出售一览

企业	开始	结局
Orange电讯	1996年，李嘉诚组建Orange公司在英国上市，总投资84亿港元	1999年10月，李嘉诚将Orange公司部分股权卖给德国经营电信业的Mannesmann公司，变现1130亿港元
价格线	2001年，互联网泡沫破灭之际，以7000万美元低价拿下“价格线”（Priceline. com）	2006年9月7日，长江实业及和记黄浦抛售“价格线”22%的股份，变现3.04亿美元
印度电讯业务	1994年，和记电讯国际与印度大企业Essar Group联手创办电讯合资企业Hutchison Essar，投资近20亿美元	2007上半年，和电国际出售Hutchison Essar Limited的67%直接及间接股权及贷款权益予Vodafone Group PLC，总作价约为111亿美元（870亿港元）

（续表）

企业	开始	结局
以色列电讯业务	1997 年，和电国际持有约 51.46% 股权的附属公司 PartnerCommunications Company Ltd. 成立	2009 年 8 月，和电国际出售 Partner Communications 51%股权予 Scailex，总作价约为 107 亿港元
巴拉圭电讯业务	2000 年，和记电讯进军巴拉圭	2005 年，和记电讯将巴拉圭业务出售
泰国电讯业务	2000 年 10 月，和记电讯收购 I-Mobile Holding 约 49%股权，进入泰国移动通信市场	2010 年 12 月，和电国际以 435 万泰铢（约 112 万港元）出售和黄无线多媒体服务 92.5% 股权予泰国电信集团 True Corp PCL，撤出泰国电讯市场
加纳电讯业务	1998 年，和记电讯投资于加纳的 Kasapa Telecom Limited	2008 年，和电国际出售加纳业务

拆分和售卖是李嘉诚资本运作手法的重要一环，这种大规模的资产处置不同于单纯的股权融资，会对实体运营产生深远的影响。通过有选择的拆分和售卖，逐渐淘汰盈利日渐萎缩的产业，李嘉诚很好地解决了企业集团多元化过程中常见的盈利水平下降问题；而拆分所获得的巨额资金又能够使之减少对债务融资的依赖，减轻了利息负担，增加了资本投放的自由度。2002—2009 年，面对 3G 业务的巨额亏损，和记黄埔的资产负债率一直稳定维系在 60%以下（图 24.4）。其历年财务报表显示，3G 亏损重负就落在了拆分和售卖资产所产生的“出售投资及溢利”上。

拆分的市场反应

市场对于可以提高集团盈利和增加企业资金的拆分举动给予了正面评价（图 24.5）。由于长江生命科技在拆分前仍未盈利，且没有形成稳定的盈利模式，其拆分上市意在筹集资金用于自身运营，对于集团的贡献有限，故而其异常回报未列入计算。拆分对于和记黄埔带来的好处显然高于长江实业，这应当源于和记黄埔与长江实业的分工。长江实业主要职能是控股旗下上市公司，并在集团内部调配资本和人力资源，所筹资金多用于支持旗下众多企业，其自身业务得益有限。而和记黄埔是李嘉诚铺展业务的真正平台，其所筹资金主要用于自身业务。相比长江实业拆分的都是清一色的房产信托（长江生命科技除外），和记黄埔所拆分的产业无疑更具有多样性，对于淘汰盈利前景暗淡的产业、保障具有进取性的盈利项目也更有优势。

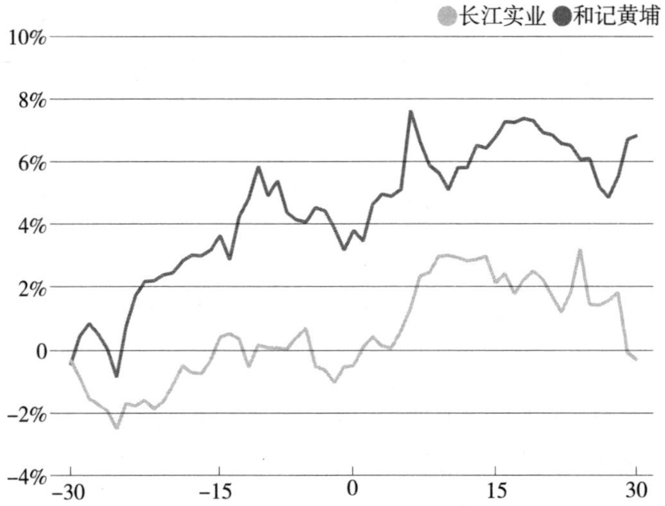

图 24.5 拆分事件前后 30 天的长江实业与和记黄埔股票累计异常回报率均值

拆分实际上是并购的逆过程。企业扩张并非仅仅是单纯的“加法”，固有业务可能因技术进步或竞争加剧变得无利可图，此时，企业的“减法”也必不可少。将盈利前景不佳的业务从企业集团剥离，最直接的好处就在于提升了集团的盈利能力，同时取得了支持富有潜力的产业所需的资本。除此之外，拆分之后，集团企业无需再为被拆企业的运营倾注更多关注，集团可以将精力更多用于通盘的战略考量与新兴产业的发掘。摆脱了集团管理架构束缚之后，被拆企业经理人也更有自由的发挥空间，从而有助于企业的运营和新生。比如，Tom 集团和置富产业信托（香港）在拆分后经短暂震荡调整后逐渐获得市场认可，跑赢大市（图 24.6）。然而并非所有被拆分的企业都能化腐朽为神奇，毕竟它们是经过挑选的失去潜力者，如长江生命科技被拆分后业绩未有起色。

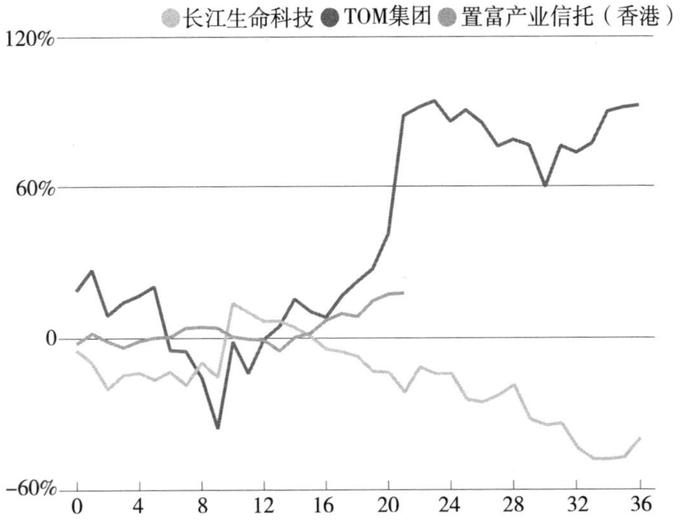

图 24.6　拆分上市后 36 个月各被拆分企业的股票累计异常回报率

表 24.3　和记黄埔核心业务的盈余贡献和增长情况

	港口及相关服务	地产及酒店	零售	基建	能源	财务及投资	电讯
息税前盈余贡献	27%	13%	8%	18%	11%	19%	3%
息税前盈余增幅	7%	13%	25%	10%	28%	4%	-3. 28%

启示意义

李嘉诚的实体运营和资本运作实质是相辅相成的。一方面，资本运作为实体运营提供了有力支持，使其可以在经济衰退时并购和囤积，从容不迫地等待经济复苏，从而将资产沽得心仪的价格；另一方面，实体运营产生了丰厚的盈利和现金流，又为其资本市场上的运作提供了声誉的支撑和良好的远景，便利其大规模融资。而连接李嘉诚资本运作和实体运营很重要的一环，便是其资产拆分和售卖技巧。李嘉诚通过剔除盈利微小且丧失潜力的产业，纳入当前需要巨额资金支持但富含前景的产业，将企业集团的盈利能力维持在较高水平。同时，资产售卖和拆分所获取的现金流入为集团描绘出良好的盈利图景，并提供了将这图景付诸实践所必需的资本支持。而对于分拆和处置后的企业大举放权，给予了被拆分企业广泛的自由裁量空间，又有助于这些企业的新生。

企业的多元化能否成功依赖于两端，一是集团企业整体的盈利能力，另一点是多元化的冲锋过程中维持稳定的现金流。伴随A股市场的规模扩张，内地也涌现了一批“系族企业”，如中科系、华晨系、德隆系、鸿仪系、卓京系、精工系、飞尚系、升汇系、银泰系，这些企业集团的引领者也曾号令一方，然而，其中许多企业在高速的发展中一意进取，未能有效维持企业的整体盈利和充裕资金，最终导致企业帝国的坍塌，这种坍塌往往体现为盈利下滑与资金链愈发紧张恶性循环。

历经30余年的发展，内地民营企业普遍面临增长瓶颈。最突出的是民企缺乏稳定的资金来源，尤其是未上市企业，银行贷款极少有可能流入民企。于是，为求成长，许多民企不得不寻求民间金融支持，也就是高利贷。高利贷经营尽管被诟病为饮鸩止渴，但确实是浙江省等民营企业活跃地区的经营常态。事实上，经济景气时，高利贷作为不得已的选择的确促成了某些企业的成长。然而，当经济恶化，市场经历严冬之时，高利贷则枯竭了企业成长所需的资金血液，即便这些企业的业务是优良而富于前景的，但一意扩张、不知退让的激进态度会加剧企业帝国的坍塌。在此制度背景下，李嘉诚维系充裕现金流的审慎扩张策略对于内地民营企业运营有着重要的启示意义。

与内地许多企业激进策略形成鲜明对比的是，李嘉诚善于利用资本市场进行频繁的资本运作，其中既有大手笔的拆分与剥离，也有着眼长远的兼并与收购。业务拆分和处置可以剔除失去前景的产业，并购可以融入盈利的新鲜血液。有保守，也有激进，灵活自如。这些举动体现了他一贯的理念，在现代西方制度结构下，利用中国式的智慧，从容游走。诚如李嘉诚所言：

“在稳健中求发展，发展中不忘稳健。”产业帝国的成功依赖于长期的运营，而长期的运营又需要充裕的资本支持。

“长和系”灵活处置和重组企业集团的业务，在多元化思路下，动态剔除盈利暗淡的业务，吸纳富于前景的产业；同时依托资本市场，寻求多维度的资金筹集渠道，严格保持企业充裕的现金储备。李嘉诚一手抓产业运营，保证了企业集团的整体永续盈利；另一手抓资本运作，为集团的扩张提供了雄厚的资金支持。邓小平曾言：“两手抓，两手都要硬。”虽是政治经验的总结，李嘉诚在企业运营中却深得其精髓。

第 25 章 守得云开见月明：李嘉诚如何培育新业务

范博宏　杨玉龙

李嘉诚的实业运营有两点值得称道，一是敏锐的投资眼光；二是善于造势使其投资的产业加速成熟。对于内地企业而言，其值得借鉴的经验是重视投资调查、慎重投资，减少对银行资金的依赖，高效利用自有资金。这虽然可能放缓增长步伐，却是扎实前进，长期看，相较于同行的优势会愈加明显。

倾集团之力维持有巨大盈利潜力的产业，待经济上扬周期再以丰厚回报反哺集团，是李嘉诚实业运营的惯用手法。这种实业运营策略在“长和系”的 3G 和地产开发业务方面体现得尤为明显：通过拆分和处置盈利概念逐渐耗尽的夕阳产业取得充裕的现金流，并以之捕捉和培育具有丰厚盈利前景的新兴产业，以此解决企业扩张过程中的资金链断裂问题和盈利下降问题，从而成功完成新旧产业布局的交替。

多元化：张弛有度的产业搭配

企业扩张初期多表现为单一产业的市场份额增长。一般而言，单一产业的发展有两个缺点，一是对行业冲击比较敏感，缺乏缓冲机制；二是产业生命周期的局限易使企业陷入成长瓶颈。多元化是企业因应行业风险与成长瓶颈的常见选择。

1950 年夏，李嘉诚在香港筲箕湾创立长江塑胶厂。彼时，“共产党要解放香港”的传闻四起，企业界守业经营之心不定，李嘉诚却看好香港的经济前景，积极从事塑胶产品生产，并依赖塑胶花挖得人生第一桶金。李嘉诚的行业直觉颇为敏锐，他很快意识到塑胶花制造的准入门槛很低，不宜长期经营。自 1958 年起，他开始进军地产业，积聚资金，储存土地。1979 年 9 月 25 日，李嘉诚通过旗下长江实业收购和记黄埔公司 22.4%的股权，大举进军船坞港口行业。1981 年，又通过和记黄埔收购屈臣氏集团，涉足零售行业。1986 年 12 月，以 32 亿港元收购赫斯基能源 52%的股权，其产业触角延伸到能源行业。同年，李嘉诚设立和记通讯有限公司，统辖电话、传讯和电视业务。至此，加上支撑集团运营所必需的财务及投资业务，“长和系”的七项核心业务：港口及相关服务、地产及酒店、零售、基建、能源、财务及投资、电讯，初具规模。而后，“长和系”旗下各项产业虽有重组、增减，但由这七项核心业务构建的基本框架一直存续至今。“长和系”内部有明确分工，核心企业为长江控股与和记黄埔，长江控股负责集团资本调配，主要业务一直由和记黄埔运营。

对于企业成长而言，在复杂的市场中识别盈利良好的产业至关重要。1997 年以来，和记黄埔七项核心业务的息税前盈余（EBIT）大体呈现增长趋势（图 25.1），显示和黄在产业组合构建上颇为成功。但不同产业运营周期有所不同，向集团贡献的盈利也有差异。集团发展不仅要看重各项产业的盈利状况，还要重视充裕的现金保有量，避免紧张的财务状况出现。和记黄埔的港口、地产及酒店、零售、基建业务稳步上升，可以向集团中短期资金匮乏的其他事业提供稳定的资金支持。反观能源、财务及投资和电讯业务对于集团盈利的贡献则不那么稳定，比如能源业务在 2007 年和 2008 年对集团 EBIT 的贡献达到 100 亿港元以上，2009 年则迅速回落至 30 亿港元。这种受全球经济景气影响显著的业务在经济上扬时可以为集团贡献其他业务无法企及的盈利，在低潮时则需要集团其他业务的资金支持，而港口、地产及酒店、零售、基建业务产生的稳定现金流入可以履行这一职责。这种张弛有度的业务搭配，既可以使集团各项业务的现金流互补，缓解外部的融资约束，又可以使集团保有当前需要巨额资金支持、未来盈利前景巨大的业务，从而可以耐心等待这类业务在经济上扬时反哺集团。

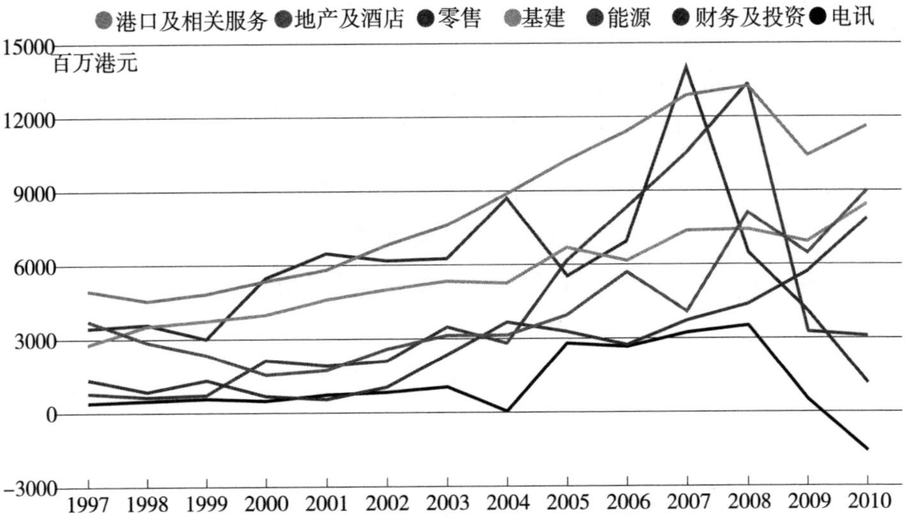

图 25.1 和记黄埔各项业务近年息税前盈余水平

利用各项业务每期息税前盈余前 5 年的移动标准差和移动平均值的比率，我们可以构建变异系数，用以测度各项业务的盈利波动程度（图 25.2）。结果显示，港口业务、地产及酒店业务、基建业务盈利贡献一直很平稳，尤其是港口与基建业务息税前盈余历年波动极少超过 20%。能源、电讯、3G 业务的息税前盈余波动情况则一直比较剧烈，财务及投资业务的波动于近期剧升，而零售业务的息税前盈余一度波动巨大但于近期趋于平稳。总体而言，和记黄埔各项业务之间的盈利互补效果非常明显，除去 3G 业务的息税前盈余的波动一直维持在较低水平，极少超过 30%，且近年来一直处在下降状态，这表明集团一直有稳定的资本增值以便从容不迫地进行其产业布局。

3G 业务：倾集团之力加以扶持

从和记黄埔各项业务对于总息税前盈余的贡献份额看，港口和基建一直为集团供应稳定盈利（图 25.3）。2002 年开始，3G 业务的亏损一直是和记

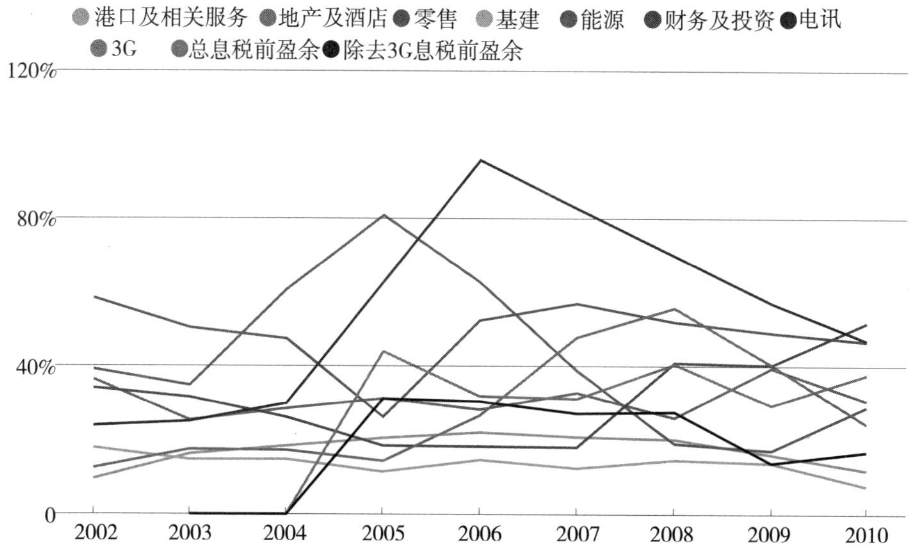

图 25.2　和记黄埔各项核心业务 5 年移动平均息税前盈利波动程度

黄埔管理团队面临的棘手问题，其中 2003—2005 年，3G 业务在息税前盈余方面的亏损均超过了当年的息税前盈余总额。尽管业界普遍不看好 3G 的前景，但是李嘉诚以坚忍的意志一直将其支撑到 2010 年，并在 2010 年首度盈利，息税前盈余约 29 亿港元。由图 25.3 可见，在 3G 业务亏损期间（2002—2009 年），每年都有一笔出售投资及溢利，而且 3G 业务亏损越大出售投资数额也越大。这种大手笔的资产处置动作可能是为弥补 3G 业务的持续亏损。

和记电讯香港控股的资产负债数据显示，在 3G 业务亏损的 2006—2008 年间其负债超过了总资产（图 25.4），集团可能动用了大量资金支持和记电讯香港控股。

当然，负债可能来自银行借贷，未必来自集团内的借贷。从和记电讯香港控股 2006—2010 年的债务结构看，应付关联公司款项实质为和记电讯香港应付直接控股公司（和记黄埔）的款项，在 3G 业务亏损严重的 2006—2008 年分别占总负债的 43%、63%和 58%（图 25.5）。这笔款项相较于有诸多使

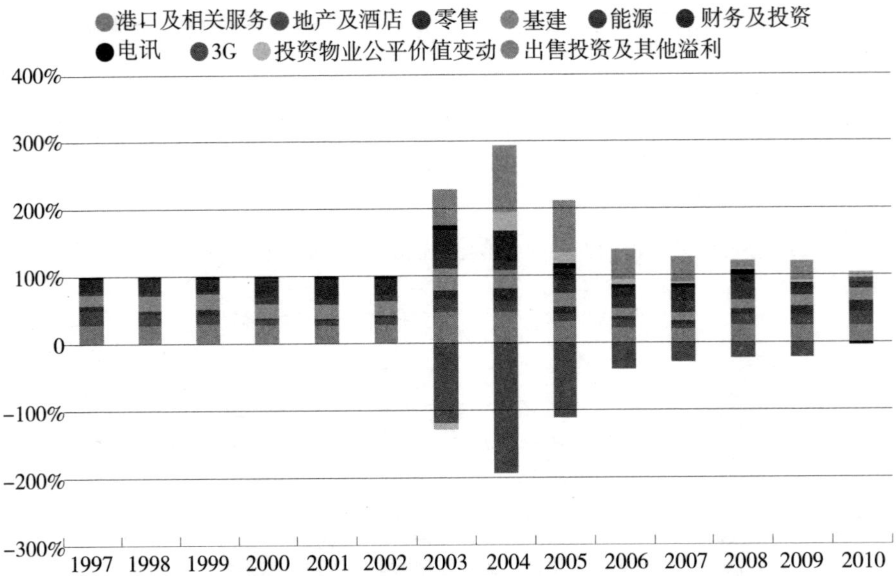

图 25.3 和记黄埔息税前盈利构成情况

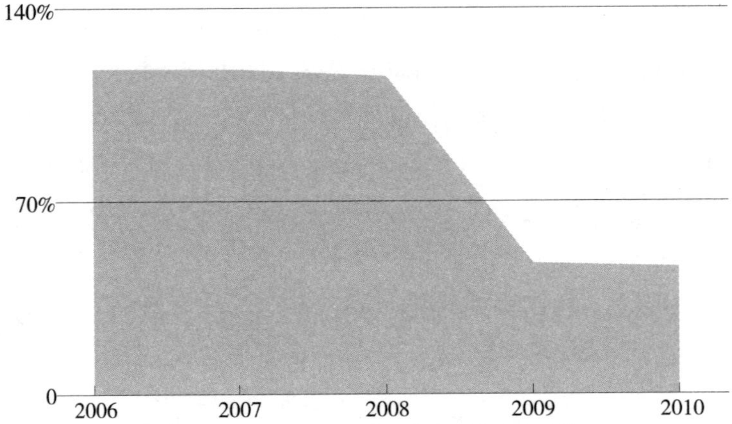

图 25.4 和记电讯香港控股资产负债率变动情况

用限制并需要支付利息的银行贷款而言，其好处在和记电讯香港控股的年报附注中表述得很清楚，“应付关联公司款项为无抵押、免息及于有需要时偿还”。事实上，这笔关联公司负债最终没有被偿还，而是“于 2008 年 12 月

31 日约 124.18 亿港元之应付直接控股公司款项已被资本化，为于 2009 年 5 月 7 日发行的 4 814 346 176 股本公司股份”。这也是 2009 年，和记电讯香港控股的应付关联公司款降至 0，并使得资产负债率迅速下降的原因。若是这样一笔巨额贷款来自于银行，那么，和记电讯香港控股应付起来绝对不会如此轻描淡写。长江系企业集团内部资本运作的优势由此体现无遗。

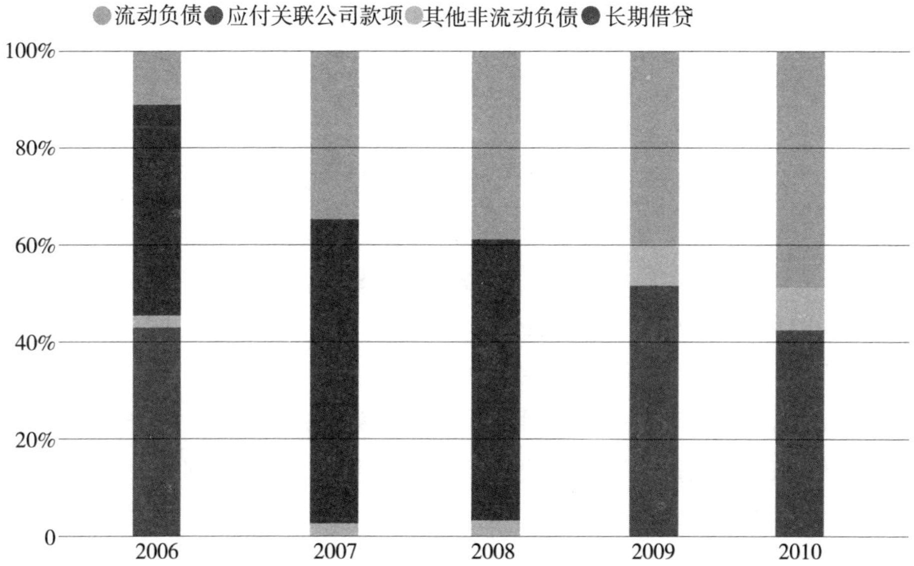

图 25.5　和记电讯香港控股的债务结构

以上和黄的资产处置与资金调度清晰地体现出李嘉诚的一贯经营哲学：在稳健中求发展，发展中不忘稳健。依赖于港口、基建和地产的稳定盈利，支持风险巨大的新兴 3G 电讯业务；当新兴业务逐渐成熟，又可以反哺整个集团企业。

地产业务：“捂地”换来最大化的地产升值溢利

和 3G 业务类似，和记黄埔在地产开发方面也不急于在新业务上盈利。和记黄埔的“捂地”行为在业内颇具“盛名”，这实际上是基于和黄的房产业务运营策略。和黄习惯于率先占有大量地产而不急于开发，由于许多中小地产商会因为李嘉诚的声名集聚于周边。于是，商店、医疗、文娱设施逐渐完备，地产的市值随之增长，和黄最先入盘、最后开盘，可以最大程度地获取地产市值上升的溢利。

自2006年以来，和黄在京沪两地的地产有6项被搁置4年以上而未有大规模开发（表25.1）。其中，北京十三陵地区的住宅发展项目与上海新闸路商业发展项目更被搁置达5年。由于笔者仅截取了2006年以后的数据，上述搁置期限可能被低估。相信从更长的时间窗口来观察，和黄的“捂地”策略会更加明显。例如上海古北御翠豪庭，和记黄埔于2001年以3.9亿元购得该楼盘所在的上海古北新区1区14号地块，总建筑面积约18万平方米，土地购价为2167元/平方米。查阅2001年的和记黄埔财务报表，当时预计古北商业项目于2004年完工，然而，御翠豪庭最终全部竣工时间却是2008年。2007年中期，御翠豪庭主推精装修房，报价为3~3.5万元/平方米，2008年初又以5万元/平方米开盘。笔者通过房价网查阅，发现御翠豪庭二手房均价当前约为5.6万元/平方米。对比2001年和黄以2167元/平方米获得土地，其价值增值约25倍。相较于周边地产商早期以2万元/平方米推出楼盘，和黄的“捂地”策略可谓技高一筹。其依靠长久声誉和细致经营推高所运营业务的前景，引得一众地产商为其运营配套铺路，而后耐心等待产业的成熟和经济的上扬，最终成功获取运营业务的价值增长。

表 25.1　和记黄埔京沪两地地产开发情况

物业名称及地点	地段号码	租赁年期	集团所占权益	2006 年估计完成日期（完成百分比）	2007 年估计完成日期（完成百分比）	2008 年估计完成日期（完成百分比）	2009 年估计完成日期（完成百分比）	2010 年估计完成日期（完成百分比）	搁置期限（年）
北京市朝阳区逸翠园	第 1 期 A 及第 1 期 B	长年期	50%	现有	现有	现有	现有	现有	-
北京市朝阳区逸翠园	商业	中年期	50%	2007 年（50%）	2008 年（98%）	现有	现有	现有	-
北京市朝阳区逸翠园	第 1 期 C	长年期	50%	2008 年（1%）	2009 年（1%）	2010 年（1%）	2011（1%）	2011（8%）	4
北京市朝阳区逸翠园	第 2 期	长年期	50%	2008 年（1%）	2010 年（1%）	2012 年（1%）	2012（1%）	2012（2%）	4
北京十三陵镇住宅发展项目	北京十三陵镇	长年期	50%	2009 年（1%）	2010 年（1%）	2011 年（1%）	2013（1%）	2014（1%）	5
上海浦东花木区四季雅苑	第 4 期 A	长年期	50%	2007 年（90%）	2008 年（99%）	2009 年（99%）	现有	现有	-
上海浦东花木区御翠园	第 2 期 A	中年期	50%	2007 年（60%）	现有	现有	现有	-	-
上海浦东花木区御翠园	第 2 期 B	中年期	50%	2008 年（10%）	2009 年（10%）	2010 年（20%）	2010（50%）	2011（95%）	2

（续表）

物业名称及地点	地段号码	租赁年期	集团所占权益	2006年估计完成日期（完成百分比）	2007年估计完成日期（完成百分比）	2008年估计完成日期（完成百分比）	2009年估计完成日期（完成百分比）	2010年估计完成日期(完成百分比）	搁置期限（年）
上海浦东花木区御翠园	第3期	中年期	50%	现有	–	–	–	–	–
上海浦东花木区御翠园	第6期	中年期	50%	2007年（90%）	–	现有	–	–	–
上海浦东花木区御翠园	第6期A及第8期A	中年期	50%	2008年（10%）	2008年（10%）	2009年（30%）	–	–	2
上海浦东花木区御翠园	第7期	中年期	50%	2008年（20%）	2008年（50%）	现有	现有	–	–
上海浦东花木区御翠园	第8期	中年期	50%	2008年（10%）	2008年（10%）	2009年（10%）	–	–	3
上海古北御翠豪庭	1期	长年期	50%	2007年（60%）	2008年（80%）	–	–	现有	–
上海古北御翠豪庭	2期、3期C及商业	长年期	50%	2007年（30%）	2008年（50%）	现有	现有	现有	–
上海古北御翠豪庭	3期D	长年期	50%	2008年（10%）	2008年（20%）	现有	–	现有	–

（续表）

物业名称及地点	地段号码	租赁年期	集团所占权益	2006 年估计完成日期（完成百分比）	2007 年估计完成日期（完成百分比）	2008 年估计完成日期（完成百分比）	2009 年估计完成日期（完成百分比）	2010 年估计完成日期(完成百分比）	搁置期限（年）
上海世纪大道	2 至 4 地段	中年期	25%	2010 年（1%）	2010 年（4%）	2011 年（4%）	2013（4%）	2014（12%）	4
上海马桥住宅发展项目	第 1 期 A	长年期	42. 50%	2009 年（1%）	2008 年（1%）	2009 年（20%）	2010（99%）	现有	2
上海马桥住宅发展项目	第 1 期 B 及第 2 期	长年期	42. 50%	2009 年（1%）	2009 年（1%）	2011 年（5%）	2010（50%）及 2010（5%）	2011（25%）	2
上海新闻路商业发展项目	新闻路/大田路	长年期	30%	2009 年（1%）	2010 年（1%）	2011 年（1%）	2012（1%）	2013（1%）	5
上海市普陀区真如房产项目	上海普陀区	长年期	50. 40%	–	2016 年（1%）	2016 年（1%）	2015（1%）	2017（1%）	4
上海市普陀区真如房产项目	A3 至 A6	中年期	50. 40%	–	2016 年（1%）	2016 年（1%）	2018（1%）	2018（5%）	3
上海市普陀区真如房产项目	–	中年期	50. 40%	–	2016 年（1%）	–	–	–	–
上海浦东新区陆家嘴	陆家嘴	中年期	50%	–	2011 年（1%）	2011 年（1%）	2012（1%）	2012（13%）	3

对内地企业集团运营的启示

李嘉诚的实业运营有两点值得称道：一是敏锐的投资眼光；二是擅于造势使其投资的产业加速成熟。

第一点的具体表现是，当他为集团选取新的盈利增长点时，几乎每每都能踏准经济发展的趋势，尤其是3G业务长达7年、动辄百亿的巨额亏损，李嘉诚以80岁高龄力排众议、一意维持，的确令人感佩。这似乎来自于其天赋，常人只能望洋兴叹。其实，这源自其审慎和细致的投资调查。这一点可追溯到其创业之初，1957年，他开始涉足地产业时，手持一块秒表做“尽职调查”，从汽车站等热闹的地方步行到自己待购的目标，估算未来人流状况，时至今日，李嘉诚仍自信于外界询问他问题，可轻而易举地给出事实或数据，并自信“超过90%是对的”。

第二点的具体表现是，早在iPhone这样的3G通讯终端出现之前（2007年1月9日由苹果公司推出），李嘉诚就已经为3G业务运营所需的基础通讯设施进行了全面构建，可以说，在2003年欧洲企业因3G时代迟迟未到而无法承受巨额亏损时，正是李嘉诚的接手才保证了这一行业的持续发展，而iPhone等一众3G通讯终端的出现既得益于现成的无线网络通讯设施，又反过来刺激了3G通讯产业的繁荣。房产开发方面也是如此，李嘉诚依靠盛名入主地产，引得一众中小开发商与配套商户追捧，最后开盘取得最大化的土地溢价。这二者的运营策略何其相似，区别无非是3G业务所涉资金投入更大、回报前景也更丰厚而已，但手法如出一辙。

李嘉诚的实业运营手法对于内地企业颇具启示意义。内地企业，无论国有还是民营，在扩张时跟风现象明显，为企业选取新的盈利增长点时，调查往往不够严谨。这导致资金比较充裕的国企往往出现一投资就亏损，而资金匮乏的民企则往往陷入一投资就破产的窘境。在房产开发方面，内地企业高度依赖贷款和购房预付款，资金链紧绷，这导致其必须加快建设、尽快建成和变现，无法从容、充分地享有土地溢价的好处，却放大了自己面临经济萧条、贷款政策收紧时资金链断裂的风险。因此，对于内地企业而言，应重视投资调查、慎重投资，减少对银行资金的依赖，高效利用自有资金。这虽然可能放缓增长步伐，却是一步一个脚印地扎实前进，在更长远的时间界面，相较于同行的优势会愈加明显。

第 26 章

香港电讯盈科：包办婚姻式民营化的悲剧

范博宏　杨玉龙

李泽楷2000年通过盈动并购香港电讯，组建电讯盈科以来，电盈市值蒸发九成以上。从这一“急就章”式政府干预、欠妥的产权安排与危险的资本结构设计所酿成的人祸中，我们可以看到国有资产民营化过程中各类资本间的惨烈争夺、政府隐于幕后却无处不在的影响力，以及将资产交给热衷资本运作者后对于企业与社会造成的沉重拖累。

2011年3月21日，电讯盈科（00008. HK，Pacific Century CyberWorks，简称PCCW）公告，拟分拆旗下电信业务并以企业信托形式单独上市。10月12日，电讯盈科特别股东大会通过这一分拆议案。11月16日，由电讯盈科分拆成立的香港电讯信托（06823. HK）在港发售，这是香港首个公开上市发行的商业信托。

香港电讯信托：金融怪胎的诞生

电讯盈科是香港最大的电讯公司，在2000年由华人首富李嘉诚的次子李泽楷控股的盈科数码动力有限公司（简称“盈动”）和香港电讯有限公司合并而成，并创下当时港股市场最高并购规模纪录。因兼有李氏家族与政府推动的背景，公司合并之初曾受到市场热烈追捧。但由于李泽楷当时以巨额银行借贷完成收购，在债台高筑的压力下，公司穷于繁复的资本运作以还本付息，没能创造新的业绩增长亮点，自成立至今的 10 余年间，市场表现一直乏善可陈，股票市值也随着李泽楷接连不断的金融运作、资产拆分处置而逐渐蒸发。从 2000 年上市至 2011 年 9 月，电讯盈科调整市场变动后的股票月累计异常回报率是-250%（图 26.1），令其投资人血本无归。

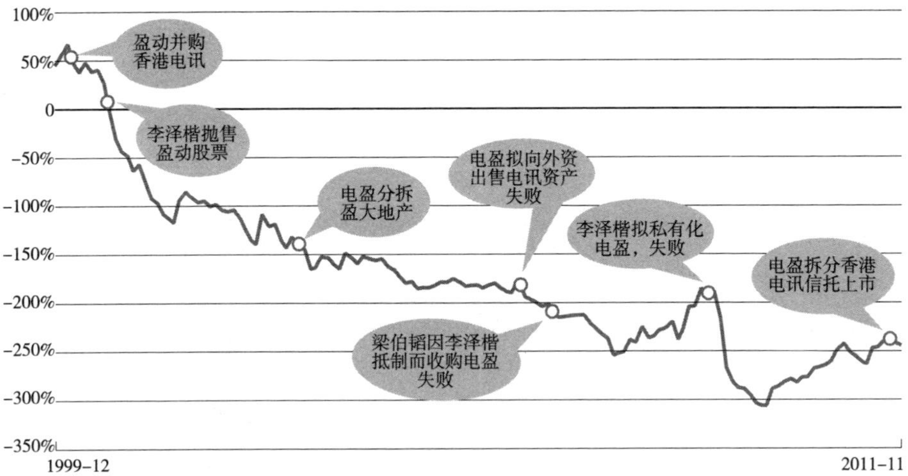

图 26.1　盈动并购香港电讯后的月度累计异常回报率

如果将当年盈动并购香港电讯比喻成一次联姻的话，现在看来，这场“婚姻”虽未结束，却已经确定是一场不幸。它很像是一桩包办婚姻，主导这桩“婚事”的是香港政府。政府首先拆散香港电讯原来的“追求者”——新加坡电信，然后将其托付给热衷交易却缺乏经营热忱的“富二代”李泽楷。也许出于肥水不流外人田的心态与对李泽楷才华和李氏家族声誉的信任，政府没有要求李泽楷支付高昂的“聘金”，更协助其取得巨额银团贷款权充大部分的并购资金。在事后看来，李泽楷所支付的收购代价大都是泡沫化的股价。“婚礼”刚结束，支撑李泽楷身家的科技概念泡沫就告破，其立即面临紧迫的还贷压力。如影随形的压力让李泽楷有志难伸，对“新娘”的热情迅速消退，并使用各种手段想摆脱这段“婚姻”，但是包办这桩婚事的“家长”可不同意，多番拉锯战之后，这一问题最终以电讯业务被分拆告解，这便是近日香港电讯信托这怪胎诞生的背景。

电讯盈科为这次分拆香港电讯信托进行了悉心的准备。通过与港交所和证监会反复沟通协商，香港电讯信托最终采取了一种复杂的方式发售，名曰“股份合订单位”，即将香港电讯信托单位、香港电讯有限公司普通股、香港电讯有限公司特定优先股三者合为一个股份合订单位。这特别的发行方式是因应香港没有商业信托立法，为便于港交所和证监会以现行法例和上市规则监管所做出的妥协。没有深厚背景的一般人，可不容易说动监管单位让这金融怪胎现身股海江湖。

当然，无论如何复杂的金融工具，最终都以筹资为目的。李泽楷能否融资成功，取决于香港电讯信托的发售情况。而投资人似乎并不买账。由于2011年12月21日香港电讯信托的公告中仅仅提到“国际发售初步提呈发售的发售股份合订单位录得适度超额认购”，我们无法获悉具体认购数额，但是香港市场对于电讯信托的冷淡是显而易见的，散户投资者仅认购了20.5亿个信托单位的1.2%，而此前计划发售给散户投资者部分占比高达10%。对于香港市场认购不足的部分，公告同时披露了解决方案，即被分配到国际市场重新发售。

电讯盈科：分拆电讯业务目的何在?

从电讯盈科方面看，此番将电讯业务以商业信托方式分拆上市，其实有着多重考虑，可谓一石三鸟。

首先，融资用于还债。据电盈2001年年报披露：“集团的一位成员发售了价值10亿美元的担保债券，利率为7.75%，于2011年到期。”再看香港电讯信托所筹资金中，预计以78亿港元“偿还集团债务”，不难理解，本次筹资的意图可能是偿还此笔巨债，至于剩余的18.41亿港元，则会流入电讯盈科全资附属公司 CAS Holding No. 1 Limited，以偿付早前向其发行的承付票据。

其次，对于李泽楷而言，使用商业信托筹资的好处在于，它可以保证电讯盈科在获取融资的同时，保留对香港电讯相关业务的控制权。信托单位持有人可以从香港电讯的营运中获取收益，但是无法干预香港电讯的运作。而商业信托对于大股东的优先授权，又使得李泽楷有了足够空间在未来的资本运作中重新整合电盈旗下的各项事业。

再次，虽然李泽楷未来如何处置电讯盈科还不明朗，但是，剥离电讯业务之后的电讯盈科所受到的政治限制将有所减少，李泽楷在经营、股权或资产转移上将获得较大自由度。对于李泽楷，这或是最大的收获。而根据公开资料，电盈将保留 60%左右的电讯信托权益，这也符合政府坚持电讯业务由香港控制的底线。

回头来看，倘若李泽楷在此次分拆前可以自由转让电盈股权或电讯资产，那么，更有心有力的经营者可以出高价从李泽楷手里将企业买下，电盈的价值毁损就不会特别严重。不幸的是，港府不允许这样的做法。而采取商业信托方式将电讯企业拆分出电讯盈科，则可以将政府监管重点由电讯盈科转移到香港电讯信托。同时，香港电讯信托成立时对于中国联通的多项授权，令李泽楷以相对较小的股权取得对香港电讯信托的有效控制，满足了政府“资产不外流”的要求。而且，拆分之后的电讯盈科市值进一步减少，这有助于资金不如外资充裕的香港购买者或中方收购李泽楷手中的股权。由此，我们不排除在未来的融资活动中，李泽楷减持电盈股权或电讯信托权益，在不与电讯“离婚”的前提下，更接近摆脱政府监管与受电讯业务盈亏影响的目标。

为保证此次分拆顺利进行，李泽楷于 2011 年数度增持电讯盈科股权，截至 2011 年 10 月 11 日，其持股已增至 27.66%。同时，为了便于香港电讯信托的公开发售，李泽楷也在公开场合承诺不减持电盈和香港电讯信托股权以增强中小股东的信心。然而，电盈投资人显然并不领会这项分拆交易在大股东眼里的各种好处。在电盈公告分拆电讯业务的前 3 天，其股票扣除市场变动后的日累计异常回报率就开始下降（图 26.2），投资人“用脚投票”表达了对大股东的不信任。

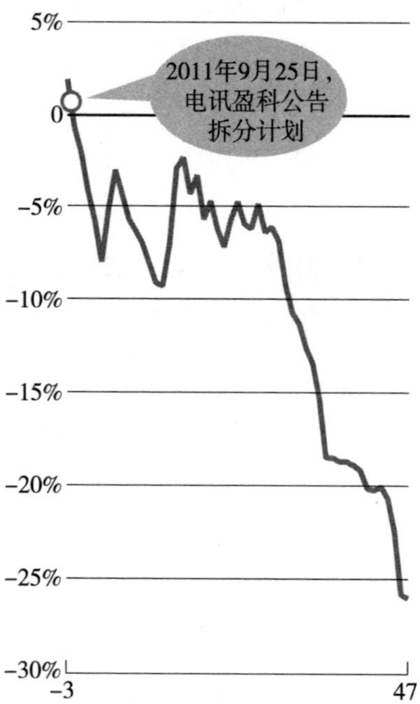

图 26.2　电讯盈科计划拆分电讯信托公告前后的日累计股票异常回报率走势

此次分拆实质上是对电讯盈科核心资产的一次售卖，2010 年，电讯业务收入占电盈总收入的 77.87%，贡献了 99.77%的除税项、利息、折旧及摊销前收入（EBITDA）。拆分之后，香港电讯信托旗下将包括固网、流动通讯及宽频服务等具备稳定现金流入的业务，尤其是固网电讯，为当前电讯盈科现金流最为稳定的业务；而电讯盈科则保留 NOW 宽频电视和企业方案业务。所谓企业方案业务，就是为香港政府开发智能身份证系统，其稳定的现金流前景是李泽楷用于说服小股东通过拆分建议的论据之一。

事实上，企业方案业务原本也在分拆之列，李泽楷最初只准备为电讯盈科保存过去曾被讥笑是“No One Watching”的 NOW 宽频电视业务。而根据港股上市规则《第 15 项应用指引》，申请分拆业务上市的“母公司须使上市委员会确信，新公司上市后，母公司保留足够的业务运作及相当价值资产，以支持其分拆后独立上市的地位”。由于电讯盈科最初的分拆计划中只保留宽频电视业务在母公司，上市委员会质疑分拆后母公司的资产质量和盈利能力，否决了这一申请。耐人寻味的是，一向运营低迷的宽频电视业务在 2010 年底的 EBITDA 由 2009 年的 400 万元，突然飙升 57 倍至 2.32 亿港元。联想到 3 个月后电讯盈科公告拆分的可行性研究，这一突然的盈利上涨可谓久旱后的及时雨。

分拆香港电讯信托并非李泽楷灵光一闪的随兴之举，在 2000 年收购香港电讯后，李泽楷就开始为偿还高昂的贷款进行纷繁的财技表演。为了更清晰地展示电盈十余年间波澜壮阔的资本运作图景，我们不妨回首一段李泽楷与香港电讯被香港政府包办“婚姻”的悲情往事。

民营化悲剧之一：包办婚姻式的交易

1997 年香港回归中国前后，在港的英资陆续退出，控股香港电讯的英国大东电报局并未急于行动，因为其管理层希望以香港为跳板进入内地电信市场。为进军中国内地，大东电报局于 1983 年即与深圳市邮电局旗下的深圳电信发展公司合组深大电话公司，在深圳经营固定电话业务。然而，内地市场一直没有放开管制的迹象，而香港电讯市场则因为港府提前开放电讯运营牌照，竞争日益激烈。1999 年 7 月，大东电报局委任华拉斯（Graham Wallace）为总裁，新任管理层展开业务重组，决定集中发展在欧洲的网络业务和企业数据业务，拟处置其所持有的香港电讯股权。

在此背景下，受制于狭小国内市场而急于扩展生存空间的新加坡电信立即看到了进驻香港电讯的远大前景，开始积极行动，并于 2000 年 1 月宣布可能和香港电讯合并。然其此举受到了香港电讯商人的抵制，中央政府对于将涉及国家安全的电讯行业交由新加坡政府控制的新加坡电信似乎也颇为顾虑。适逢其时，李泽楷控制的盈科数码动力突然于 2000 年 2 月声明也有意收购香港电讯。2 月 22 日，李泽楷向银团筹集 120 亿美元贷款用于此次并购。2 月 28 日，澳大利亚传媒大亨默多克的新闻集团则声言力挺新加坡电信，称如合并成功，将投资 10 亿美元购买新加坡电信 4%的股权。李泽楷与新加坡电信对于香港电讯的争夺进入白热化阶段。

尽管有新加坡电信投来的橄榄枝，但中国的广阔市场对大东电报局无疑更具吸引力，况且李泽楷已筹措了巨额现金，大东最终选择了李泽楷。2000年2月29日，李泽楷成功收购香港电讯。自2月11日至2月29日，整个并购过程仅18天。而在这18天里，李泽楷居然可以谈定并购价格并调动120多亿美元巨款，若没有政府授意与家族后盾相信很难做到。

除了取得银团的庞大贷款，李泽楷收购香港电讯的本钱是盈科数码动力。1999年3月，由香港特别行政区时任行政长官董建华发表的施政报告指出，香港需要发展信息科技以跟上时代的发展和满足本地企业对资讯科技的需求。随后，董建华政府于2000年在未经公开招标的情况下，将面积24公顷的香港南区钢线湾临海地产（数码港）批给李泽楷旗下公司盈科拓展，意图开发高科技产业中心。这个未经公开招标的交易曾激起大众对官商勾结的指控。然而无论舆情如何，李泽楷凭借数码港的注入激升了其控制的壳公司得信佳（后改名“盈科数码动力”）的市值，为之后并购香港电讯构筑了股权基础。李泽楷取得数码港的时点与并购香港电讯的时点间隔如此之近，不得不让人产生联想。此时的李泽楷，绝对是上帝的宠儿。

民营化悲剧之二：错误的资本结构

李泽楷旗下盈科数码动力主要依赖数码港概念和高科技概念支撑，并未进行大笔实体资产投资。1999年5月，李泽楷将数码港和部分物业项目作价24.6亿港元出售给得信佳，获取得信佳240亿股权，占其总股本的75%，拥有绝对控股权，这便是李泽楷真正投入的身家。随后，李泽楷通过一系列换股、配股和接受注资获取了约70亿港元的现金，得信佳股价也扶摇直上冲破每股20港元。在这一背景下，李泽楷向大东电报局提出了两种收购香港电讯的方案：一是股权置换，以每股“香港电讯”股票兑换1.1股盈动股票；二是综合置换，以每股“香港电讯”股票兑换现金0.929美元（约合7.23港元）和0.7116股盈动股票。

大东电报公司对于虚高的盈动股价颇为顾虑，更偏好于综合置换中可观的现金收益。这促使盈动寻求巨额贷款支持。依赖于中央政府的支持和李嘉诚的声誉，中国银行、汇丰银行、巴黎国民银行和巴克莱银行等四家银行组成的银团向盈动提供 120 亿美元的 1 年期过渡性短期贷款。最终，李泽楷以总额 113 亿美元（约 880 亿港元）的现金和价值约 1300 亿港元的盈动新股，收购了大东手中香港电讯 54%的股权。

对照大东电报公司的审慎态度，李泽楷对高科技概念股票的预期明显较为乐观。倘若合并后的新公司电讯盈科能够维持高股价，李泽楷将有能力在股市募得足够资金偿还巨额贷款，甚至有余裕支持企业的运营扩张或转型，整合移动通讯、网络和卫视传媒。事实上，很可能李泽楷最初的构想就是建立在电讯盈科因科技股概念而高估的股价上。2000 年 8 月间，当盈动正式完成收购香港电讯改名为电讯盈科时，意气风发的李泽楷曾声言要使电讯盈科的市值翻一倍，达到 940 亿美元。

然而，全球科技股泡沫破裂的风潮旋即席卷香港。纳斯达克指数达到峰顶的 2000 年 3 月，恰好是盈动宣布并购香港电讯后的第一个月，经济形势没有给李泽楷任何缓冲时间就开始恶化。李泽楷为合并后的电盈业务所做的战略构想，包括互联网基金公司和亚洲资讯互动服务，都因合作方失去合作兴趣或能力不足而流产。此外，李泽楷着意经营的世界网络最终也没能带来预期的财务业绩。

这一系列的人为决定与天意巧合，造成刚诞生的电讯盈科怪异的资本结构：极高的银行负债与极低的大股东资本。任何公司财管初级班的学生都知道，公司资本中负债过高或股东投资过低，将对公司生存发展造成极不利的影响。我们且看电盈是不是个例外。

债权人没有因经济疲弱而对电盈抱有同情心，股票市场的低迷也束缚了李泽楷通过外筹资金偿还贷款本息的能力，而运营层面的糟糕表现则限制了公司自筹现金流还贷的效果。紧迫的贷款压力开始凸显，并延续至今（图 26.3）。

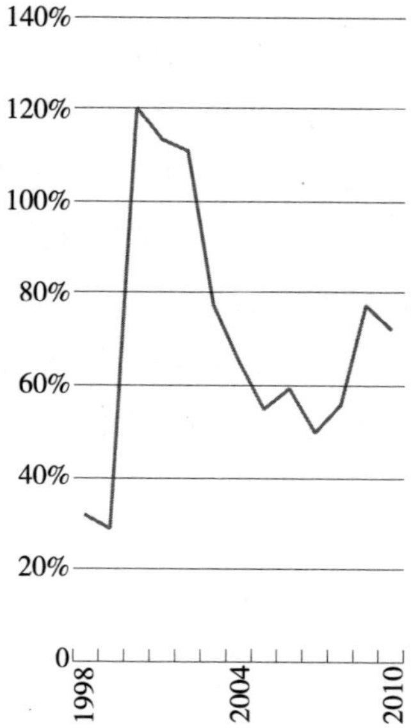

图 26.3 电讯盈科历年贷款占资产比例

在合并之初，李泽楷通过利用盈科数码动力所持现金、处置当时盈利良好的移动通讯业务（2002 年 7 月由澳大利亚电讯收购）等手段曾有效减少了贷款。然而，这种资产处置只是权宜之计。随着传统盈利业务萎缩、其所倚重的互联网业务又不能及时产生稳定现金流，电讯盈科使用内筹资金还款的能力一直未有好转。2003 年以来，其贷款比例一直维持在 50%以上的高位。还贷压力迫使李泽楷施展财技，通过将长期贷款转为短期贷款、将高息贷款转为低息贷款、将浮动利息贷款转为固定利息贷款、将巨额贷款转为多个小额贷款等债务重组手段进行应对。很明显，其所谓债务重组，就是借新债还旧债。电讯盈科现金流入中每一笔新增贷款，都对应着类似规模的贷款偿还，尤其是 2006 年，所得新增贷款几乎全部用于偿还旧债（图 26.4）。

高昂的负债束缚了企业扩张或转型的手脚，使得企业很难进行正常的投资和运营。当企业不断拆分和售卖拥有稳定现金流前景的资产时，其盈利能力的衰弱表现也就成为必然，依赖内部筹资偿债的可能性也越来越渺茫。当然，李泽楷在 2002 年合并后出售了具有稳定现金流的移动通讯业务，在

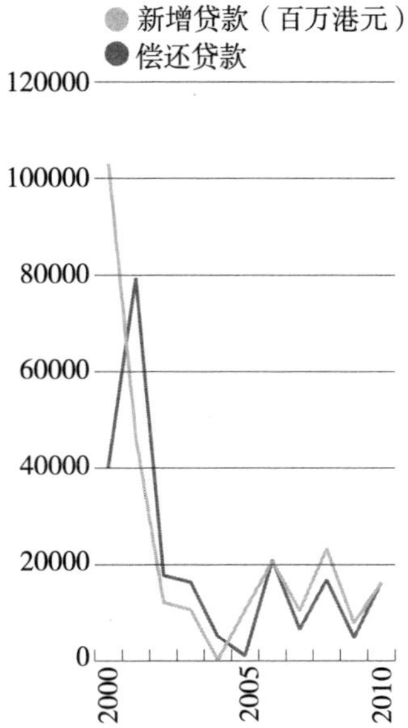

图 26.4　电讯盈科新增贷款与偿还贷款历年变动情况

2003 年分拆了具有丰厚盈利、收入占综合收益 1/5 的房地产业务，以及香港电讯业因管制解除竞争日益激烈的大环境，都是导致电讯盈科财务业绩低迷的重要原因。

不过，除却 2000 年进行大规模资产减值计提导致盈利急降外，电讯盈科随后各个年度的盈利基本表现稳定：微小亏损或者微小盈利（图 26.5）。考虑到 2008—2009 年金融海啸下恶劣的经营环境，其盈利的稳定性颇耐人寻味。

企业所面临的一系列不利因素、管理层的一系列动作最终都会反映在证券市场。回顾 2000 年电讯盈科成立时，市值达 3367 亿港元，而 2011 年投票通过分拆香港电讯信托上市后，其市值已跌破 200 亿港元，期间市值蒸发了 90%以上，广大中小股东自电讯盈科成立以来长期蒙受巨额损失。

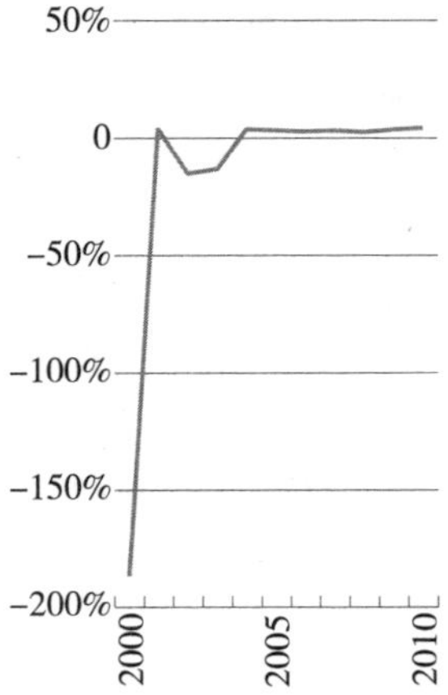

图 26.5　电讯盈科的盈利能力历史变动情况

民营化悲剧之三：将希望寄托于对经营无热忱的资本运作者

李泽楷的表现令人失望，他何以未能力挽狂澜呢？毕竟他是香港人心目中的“小超人”啊。回顾李泽楷的商业经历可知一斑。最初，他就职于其父李嘉诚参股的一家加拿大投资公司“哥顿资本”，其间没有值得关注的事迹。20 世纪 90 年代初他因丧母返港，接受父亲建议进入和记黄埔并成立卫星广播有限公司（Star TV，又译作星空电视），因成功买卖卫星广播公司套利 4 亿美元，声名鹊起。而后李泽楷兴趣转向房地产，投资鱼涌皇冠盈利，但随后投资日本房地产则因判断失误而导致资金链断裂，赖其父拯救脱身。此后受硅谷概念启发，以高科技概念包装房地产向港府推销数码港计划，港府最初并不支持，但 1999 年出现转机，取得成功（表 26.1）。

表 26.1　电讯盈科成立前李泽楷经历

企业	开始	结局
哥顿资本	1987 年肄业于斯坦福大学，后加入哥顿资本	1996 年后哥顿资本亏损，逐渐淡出

（续表）

企业	开始	结局
卫星广播有限公司	1991 年 3 月，卫星广播有限公司成立，李嘉诚任主席，李泽楷、马世民为执行副主席	1993 年 7 月，新闻集团以 5.25 亿美元购入卫星广播有限公司 63.6%股权
鱼涌皇冠车行大厦	以 6.75 亿港元从英之杰太平洋有限公司购入鱼涌皇冠车行大厦	8 个月后售予置地，净赚 1.35 亿港元
东京盈科中心	1997 年 3 月，购入东京一块面积为 5 万多平方英尺的土地，兴建盈科中心	因楼价下跌损失惨重
数码港	1998 年初，向港府提出“数码港”计划	1999 年初计划获通过

总体而言，李泽楷在电讯盈科成立前经手的业务有得有失，但共同特点是热衷于大手笔资本操作，动辄以数亿港元买卖资产套利，看不出长期经营的意向。李泽楷虽然希望能有自己的事业，不愿光芒被父亲这棵大树遮蔽，但事与愿违，他重财技、轻营运的手法与李嘉诚的经商手法颇为类似，从而限制了其成就。李泽楷职业生涯的各项显著业绩都在不同程度上依赖李嘉诚，离开了李嘉诚的显赫声名，李泽楷的得意之作难以书写，这其实是许多商业家族“富二代”的共同处境。

自成立盈科数码动力以来，李泽楷习惯与运营经验丰富者联盟来建构事业。然而，随着全球科技股的没落，联盟者对网络股相关投资变得慎重。于是，在 2000 年 9 月，李泽楷接连遭受联盟者的背弃（表 26.2），这直接导致其精心构建全球第一网络的理想破灭。经此打击，本不擅长或者本无长久经营意向的李泽楷选择了其一贯策略——退出。他先是抛售了电讯盈科的股票，套现约 40 亿港元。随后又策划向外资出售电讯盈科部分股份，但在政府反对下未果。看起来已丧失了永续经营电讯盈科的意愿。

表 26.2 电讯盈科成立初期，网络概念业务运营情况

业务	开始	结局
投资光电信股份	2000 年 1 月，以盈动高达 10 亿美元的股票和日本光电信公司进行换股交易	2000 年 3 月，光电信公司的股价一落千丈，李泽楷蒙受 6 亿美元的账面损失
风险投资基金计划	2000 年 1 月，李泽楷称将与美国网络投资公司 CMGI 合作高达 15 亿美元的风险投资基金	2000 年 9 月，CMGI 宣布取消这一计划
世界网络	2000 年 5 月，李泽楷称电讯盈科旗下的亚洲宽带网（Net Of the World）将与中国台湾辜启允拥有的 GigaMedia 成立合资公司	2000 年 9 月，GigaMedia 单方面终止追加投资

合并前，香港电讯的资本支出与总资产比率在 9%左右，合并后的电讯盈科鲜有在运营投资上的大动作，资本支出率仅在 4%左右（图 26.6）。唯一的例外是 2006 年，查阅当年公司财务报告，管理层解释这一年大部分资本支出用于 NOW TV，拓展宽频电视和提升移动通讯网络。这可能是 2005 年电讯盈科购入香港最小的移动通讯服务供应商 SUNDAY 六成股份、重回移动通讯业务的配套投资。回首 2000 年，电讯盈科售卖了具有丰厚盈利的移动通讯业务，2005 年又重回移动通讯业务，这种反复的举动实在令人费解——到底这是在经营，还是在做买卖？

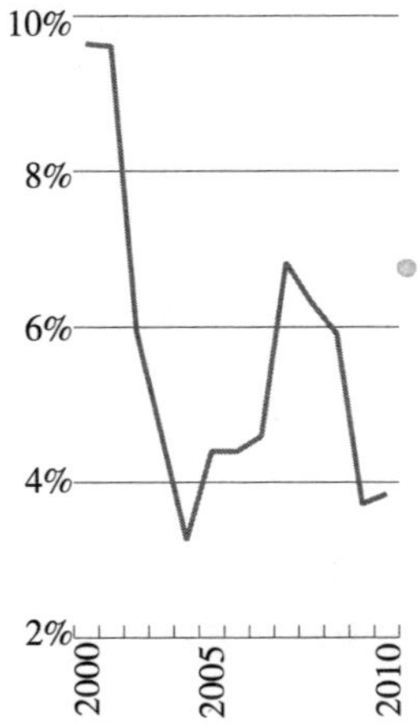

图 26.6 电讯盈科/香港电讯历年资本支出情况

捆绑电讯与李泽楷的三条红线

回顾李泽楷运营电讯盈科的历程，我们看到了类似包办婚姻的悲剧。在合并完成不久，科技股泡沫破灭时，李泽楷似乎就意识到他无法借由电讯盈科完成构筑全球第一网络的梦想，更别提超越父亲的成就。35岁的年华，正是人生创富的黄金时代，而交易世家培养出的灵敏直觉告诉他，应当急速从电讯盈科的旋涡中抽身。但当他着手运行这一“离婚”计划的时候，忽然发现自己已经被三方力量捆绑。第一，尽管没有明文宣示，但政府希望电讯公司的控股权保留在香港人的手中。第二，李泽楷不愿手中的电盈股权被父亲李嘉诚或其财团接手，这是自尊的底线。第三，香港证监会对公司治理的限制。

李泽楷抽身电盈的过程伴随着一系列的非议（表26.3）。2000年8月17日，他仍承诺将公司市值提升一倍，事实上，他本人已在9天前的8月8日抛售了2.4亿股公司（当时仍名为盈科数码动力）股票，等到8月18日公司才公告此消息。这3个时间点的先后顺序启人疑窦。到了当年9月，电讯盈科放出与CMGI、GigaMedia两项战略联盟失败的消息，其股票随后在9月20日跌至10.75港元。先前抛售自家股票的大股东李泽楷此时却抱怨另一个大股东大东抛售造成股价表现恶劣。当经营者对企业前景缺乏自信而套现的时候，他对于其他股东套现自保的指责是难以令人信服的。此时可怜的是无力自保的小股东，眼睁睁看着股价在2000年底跌到每股5港元的低位。

表26.3　李泽楷抽身电讯盈科行动一览

日期	事件	结果	原因
2000.8.8	李泽楷控股的“太平洋世纪集团”以每股15.811港元抛售盈动2.4亿股，套现38亿港元	成功	–

（续表）

日期	事件	结果	原因
2002. 6. 20	李泽楷减持电盈可换股票据，套现 1470 万美元（约 1. 14 亿港元）	成功	–
2004. 3. 8	电讯盈科将旗下地产业务注入东方燃气	成功	–
2005. 1. 20	李泽楷宣布中国网通以 10 亿美元收购 20%的电盈股权	成功，李泽楷的持股比例被摊薄至 25%	–
2006. 6. 16	电讯盈科证实澳大利亚麦格理银行及美国基金新桥资本，有意收购其大部分电讯及媒体资产	国家信产部认为电讯网络涉及国家安全，不宜由外资拥有，因此一方面透过中国网通表示反对，另一方面透过政治途径向李嘉诚和李泽楷施压	第一条红线：中央政府约束
2006. 7. 10	花旗集团高级顾问梁伯韬表示，斥资 91. 6 亿港元收购盈科拓展持有的电讯盈科 23%股权	梁伯韬公布的买家名单中包括李嘉诚基金会，引起李泽楷不满，最终收购方案于 11 月 30 日以 76. 3%反对票被否决	第二条红线：李泽楷不欲其父救助
2008. 11. 4	电讯盈科两名大股东盈科拓展及中国网通提出以每股 4. 2 元将公司私有化	2009 年 4 月 22 日，高等法院上诉庭一致裁定否决电盈私有化	第三条红线：香港证监会约束
2011. 3. 21	电讯盈科公告，正研究分拆旗下的电信业务，以企业信托形式单独上市	成功。2011 年 10 月 12 日举行的股东特别大会以 99. 97%的多数通过分拆议案	–

李泽楷的套现举动一直没有停止，并在港股市场的管理架构下顺利进行，直到 2006 年他碰触到了第一条红线——意图将股权转让给海外机构。事实上，李泽楷向麦格理银行及美国基金新桥资本出售电讯盈科股份的布局十分精密。2006 年 6 月 10 日，李泽楷曾拜访过时任网通总裁的张春江，商讨购入网通所持有的电盈 20%股份，并声称回购是他个人的原因，希望网通高层能够从简处理并在数天内答复。网通当时并不明了李泽楷意图取得网通持股，旨在消除向外资出售电讯盈科的潜在阻碍。网通发言人李涛宣称，在电

盈 6 月 19 日发布公告披露麦格理银行购股一事之前，网通没有收到过任何正式通知。网通 2005 年初入股电盈时，获得一项否决权：电盈出售香港电话公司 10%以上股权或出售互动影院公司 25%以上股权，都要得到网通同意。而电盈辩称，此次打算出售的是资产而非股权，网通的否决权并不适用于本次收购。这份合约中的文字陷阱导致网通无法逆转李泽楷的出售决议。

然而，李泽楷的这一举动被认为违反道义，触怒了网通高管，也背离了政府推动李氏家族收购香港电讯的初衷。网通以一封措辞严厉的声明反对此次并购，并求助于中央政府。随后，有了李嘉诚赴京的消息。各方具体的互动过程我们不得而知，个中的折冲樽俎恐怕一言难尽。最终，李泽楷向外资出售电讯盈科的计划被搁置。

随后，李嘉诚多年老友梁伯韬声言收购电讯盈科，似乎是网通和李氏家族的一个妥协。对于网通而言，梁伯韬的方案可以使网通无需增持股份而继续保持对电盈核心资产的权利，并免于受外资牵制。这一妥协也可能意味着网通方面已不看好李泽楷继续运营电讯盈科，想寻找新的继任人选。倘若收购成功，李泽楷就可能出局。李泽楷的回应是鼓动小股东反对梁伯韬的方案。坊间的传言是，李泽楷不想要父亲出手帮助，这可能在他看来是极大的挫败。梁伯韬的方案最终还是被否决了。受此影响，电盈股价 2006 年 12 月 1 日下跌 4.95%。这一次，大股东们没有任何成果的资本游戏还是要小股东们一起埋单。

如果说背着网通向外资出售电盈，将李泽楷推向了道义上不利的一面，那么，2008—2009 年意图私有化电盈期间的“种票”事件，则可以说他是游走在法律与公司治理界限的边缘。2009 年 1 月 31 日，香港独立股票评论员 David Webb 宣称收到匿名举报，指有投资者计划向保险经纪提供电盈股票，以换取投票支持电盈私有化建议。在翻查股东名册后发现，部分交易日在一天内有数以百计的 1000 股成交及转户记录，有多份来自李泽楷曾控股的富通保险公司。2 月 4 日，电讯盈科重新召开股东特别大会，私有化提案通过。然而，2 月 10 日，香港警方搜查了李泽楷的三处住所、电盈总部及富通保险等 10 多个地点，为电盈私有化期间“种票”一案搜集证据。2009 年 4 月，高等法院上诉庭一致裁定否决电盈私有化。

尽管如此困难曲折，李泽楷始终不懈的抛弃电盈还是有些结果，其持股电盈的比例从2000年的近40%下降到2011年的近25%（图26.7）。

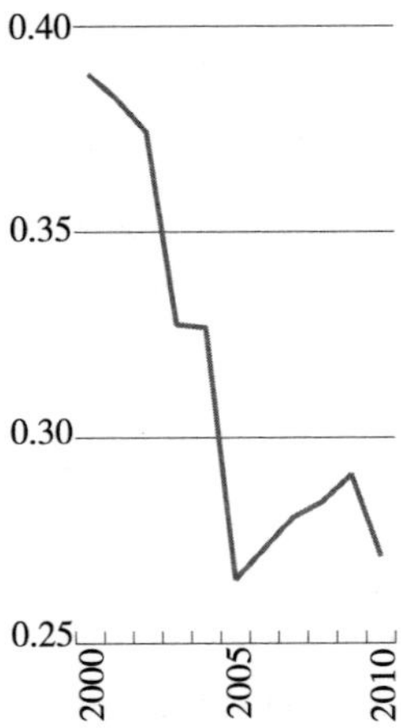

图26.7 李泽楷历年所持电讯盈科股权

对内地企业的启示：民营化中如何重构产权

电讯盈科的历史可谓一部摧毁股东与社会价值的历史。其价值丧失，与其说是全球大势下的时运不济，不如说是“急就章”式政府干预、欠妥的产权安排，与危险的资本结构设计所酿成的人祸。

李泽楷最初收购香港电讯，所凭借的不过是高科技概念和李家盛名支撑的泡沫股价，以及过渡性的巨额银团贷款，其自掏腰包的投入是杯水车薪。四两拨千斤的恶果就在于，身为资本运作者无须为3000亿港元市值的蒸发肉痛，却可以控制整个企业的运作。在李泽楷一系列摆脱香港电讯的行动中，我们看到小股东面对大股东的决策总是很少话语权，稀有的几次惨烈胜利，也不过是中央政府或香港证监会出面抗争的副产品。

企业产权的重新安排是中国现时代的大问题。天下民众何其多，国有资产交给任何一个家族或个人都可谓民营化，那么究竟交给谁合适呢？电讯盈科的悲剧是政府将公用事业交给了一个长于买卖但不重经营的商人（trader），事后又不许其出售资产。对于李泽楷，这同样是一出悲剧。在举债买下一个价值 2000 多亿港元的资产后，面对情势有变，经营不善，他就做了商人再自然不过的决定：尝试卖掉资产，还清债务后得余款走人。可悲的是，作为一个惯于靠买卖套利的商人，他不小心买了一项不能卖的资产。当然这是事后之见，双方的选择在事前也无可厚非。可以商榷之处在于，政府既然看重的是李家雄厚的资本，却为何不要求其投入必要的资本，将财富与企业命运绑定，做负责任的大股东与经营者？

电讯被剥离成为盈科的子公司，是李泽楷为了摆脱干预的最新手段。这让笔者想起了 20 世纪初美国管制行业中的企业集团架构，为了规避政府为保护公众利益而对公用事业行业（如电力行业）所做的诸多限制，美国公用企业通常采取金字塔结构形式，在具体运营企业之上设立控股公司。由于政府的监管重点放在了下层的实体运营企业，这方便了上层控股公司的新股发行和债券发售等金融活动。能够想到此种精巧的机制以规避行政干预，李泽楷的财技果然名不虚传。

在早前一项对中国内地数百个商业集团的研究中，笔者之一与合作者发现，像盈科与电讯这种金字塔式的母子公司结构普遍存在于中国的国有与民营企业。这种母公司控股子公司、子公司再控制孙公司的组织结构，的确是为了隔开各级政府对企业的干预，就像李泽楷为了隔开政府对其自身事业的干预将电讯分拆一般。但是，金字塔结构也伴随着严重的公司治理问题：大股东的决策可能侵犯中小股东权益，就如李泽楷对电盈的一系列决策大大伤了投资人的心。电讯盈科的故事，很可能在中国内地早已一再上演。

健力宝和张海，是主导企业产权重构的力量将企业交给商人或者资本玩家，招致企业经营败落的其中一个案例。2002 年初，当佛山市三水区政府与李经纬创业团队交恶之时，资本玩家张海以浙江国际信托投资公司名义向当地政府提出收购健力宝。浙江国投本无资金，张海寻找到祝维沙以国债抵押方式拆得 1 亿元短期资金，成功收购了每年有 30 亿元销售额、每月有 2 亿元稳定现金流入账的健力宝。而后张海因不善企业运营，摈弃健力宝创业团队，当年中国饮料业第一品牌就此陨落。此外，张海还以企业资金包豪华游轮做广告、投资他兴趣所在的足球队（原深圳健力宝队），最终导致了健力宝的全面衰落。在电讯盈科和健力宝两个案例中，我们都可以看到，当优质企业产权转移时，各类资本之间的惨烈争夺，政府隐于幕后却无处不在的影响力，以及政府将企业交给无心无力经营的资本运作者对于企业与社会的沉重拖累。

张海在2005年3月被佛山警方拘捕，因职务侵占与挪用资金获罪10年(后获减刑)。当然，需要为健力宝沉沦负责的人也许不止张海一人，但张海的获罪毕竟给了股东与社会一个说法。反观在法制健全的香港证券市场，一个上市公司市值蒸发了3000多亿港元，竟无人被问责。

李泽楷的特殊之处，说到底在于他是华人首富之子。他有雄心超越其父，却仍不禁接受父亲的庇荫得以接手香港电讯，事后却成烫手山芋，在无所不用其极的挣扎后丧失了他早前在香港大众心中的好名声。李嘉诚已届84岁高龄，他面临着众多华人商业家族共同的问题：如何交班？商业家族二代普遍缺乏父辈们自底层摸爬滚打而锻造的坚强意志和踏实作风。然而，利用父辈积累的人脉、财富进行资本运作，喜好买卖事业却不好实体运营的“富二代”，鲜有能守业甚至超越父辈的成就者。反观成功继承者，多在父辈打下的基础上精益求精或创新转型。近日，笔者途经香港飞鹅山，偶见电讯盈科斑驳锈蚀的电话亭，不由得感慨电盈本应独步香港的辉煌。

第27章
民营企业应否引进风投？

范博宏　顾乾坤

如果企业特殊性较高，无形资产较多，那么引进风投可能没有好的效果；如果企业特殊资产较少，职业化改革阻力小，可以考虑引入风投。另外，企业要考虑引入风投是出于融资目的还是想要改善公司治理，这将影响与何类风投机构合作的决定。

2012年8月31日，真功夫原董事长蔡达标、原高管洪人刚、丁伟琴、蔡亮标（蔡达标之弟）、李跃义（蔡达标的妹夫）站在了广州市天河区法院的被告席上。起诉书中写道：“现年42岁的蔡达标涉嫌职务侵占罪、挪用资金罪及抽逃出资罪3项罪名”，相关涉案人员前后6次涉嫌挪用、侵占真功夫公司资金达3068万元。真功夫公司表示，未来真功夫不会走所谓的去家族化路径，而是逐步建立与完善现代企业管理制度，这与5年前蔡达标联手今日资本掌舵人徐新对真功夫进行一系列的“去家族化”改革时的高调形成了巨大的反差，曾经被“去家族化”的潘宇海如今却执掌了真功夫，让人唏嘘不已。真功夫的切肤之痛，源于家族企业的顽疾不能触碰，罪在风投的错误改革方案，还是也许一开始就不应该引入风投？

自1985年中国第一家风险投资机构——中国新技术创业投资公司诞生之后，政府背景的风投、外资风投以及民营风投百花齐放，仅在2011年，中国创投市场投资总额已将近90亿美元（图27.1）。

然而，业界对风投是否给中国的企业与投资人带来了财富增值却莫衷一

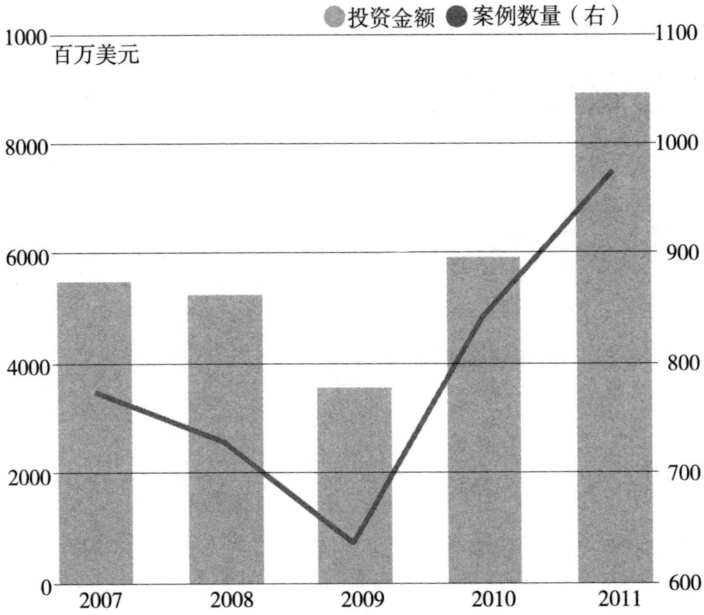

图 27.1 2007—2011 年中国创投市场投资规模

资料来源：www. China Ventune. com. cn

是。一项研究发现，引入风投的企业上市后的股票回报率差强人意（图 27.2）。

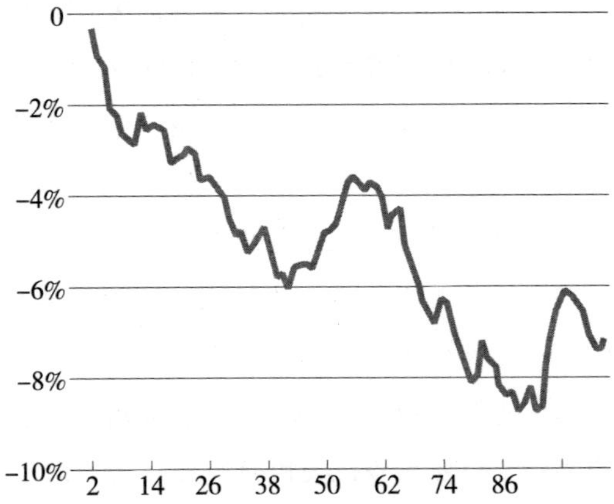

图 27.2 所有样本公司（引入风投）上市后第 2~90 天股票回报率

资料来源：《经济研究》2011 年第六期

风投不是民企的万灵药

风投既然为企业引进了资金、人才与职业化的管理模式，却为何又有为数不少的民营企业在引入风投后惨遭失败？笔者认为，不少民营企业家因为一些短期的因素引入风投，却未全盘考虑风投与自身的价值理念及长期发展模式是否适合。最适合家族拥有、经营的企业是创业家族能持续为企业注入特殊资源，如家族文化、价值观、技艺、关系等，并且企业与家族未来面临的路障较少。这些企业不适合引入风投，因为引入时资产定价成本高，引入后削弱家族控制权与丧失家族宝贵特殊资产的风险也高（图 27.3 中居于右下角的企业）。

如果创业家族对企业不能持续提供特殊贡献，那么就应走职业化的道路，引进职业经理人，提升管理与公司治理水平（图 27.3 中居于左下角的企业）。如果创业家族与企业未来的发展路障多，那么家族应逐步释放股权甚至出售企业（图 27.3 中居于左上角的企业）。这些特殊资产少、路障多的企业较适合引入风投来达成职业化管理、家族退出的目标。

表 27.1　7 家引入风投企业概况

公司名称	主营业务	引入风投是否成功
真功夫	中式快餐品牌，主打原盅蒸汤、蒸饭	失败
国联水产	对虾和罗非鱼种苗、水产饲料、初加工产品及深加工食品等	失败
海普瑞	生产和出口高品质的肝素钠原料药	失败
汉王科技	以智能人机交互领域的手写输入和识别为起点的产品和服务	失败
国美	电器及消费电子产品的零售	成功
达芙妮	从事制造及分销女性鞋类产品、服饰及配件业务	成功
自然美	制造及销售护肤品、彩妆品及芳香疗法产品；提供美容服务及培训	成功

为了说明以上规律，我们选择 7 家民营企业，包括真功夫、国美、汉王

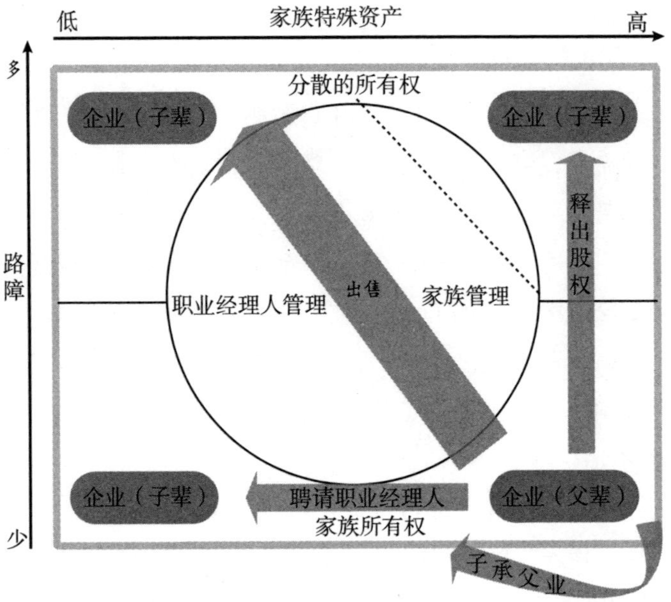

图 27.3 民企传承模式

科技、达芙妮、自然美、国联水产和海普瑞（表 27.1）。盘点其各自的特殊资产与路障后，发现真功夫、国联水产、海普瑞、汉王科技 4 家企业落入右下象限，而国美、达芙妮、自然美 3 家企业落入左侧象限（图 27.4）。

这 7 家企业都引进了风投，但是效果却很不一样。落入右下象限的 4 家企业的特殊资产都较高而路障较少，这样的企业更加适合家族控制及经营。以海普瑞为例，海普瑞对创始人李锂的研发能力非常依赖，他个人苦心研究出了一整套“肝素钠原料药提取和纯化”技术，但直至今日整个海普瑞也只有他掌握全部的配方工艺秘密，而且亲自上阵从不假手于人。高盛在进驻海普瑞之后，只是对海普瑞进行了一系列的“包装”。2008 年之前，海普瑞年盈利仅 6000 万元，高盛入股后，2008 年全年海普瑞对美国大剂量标准肝素制剂市场的唯一生产商和供应商 APP 公司（American Pharmaceutical Partners，Inc.）平均销售价格较 2007 年上涨约 110.88%，订单采购量较 2007 年大幅提升 392.95%，海普瑞 2008 年净利润由此大增 136.78%。APP

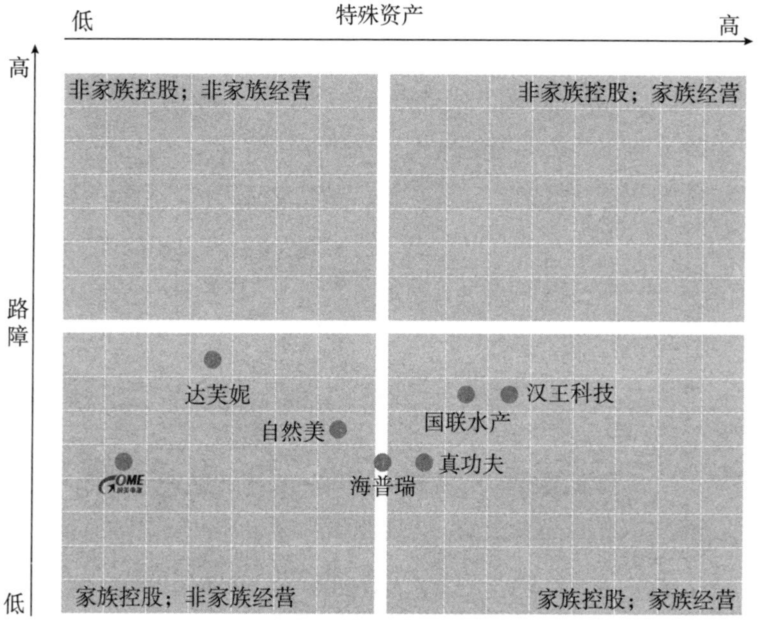

图 27.4　预测 7 家引入风投企业的经营权和所有权分布

公司偏偏只选择海普瑞作为其唯一供货商，并且在自身产品销售并未显著大幅增长甚至经营亏损的情形下异常加大对海普瑞的采购规模，令人不解。调查发现，APP 公司与高盛之间曾有过多次密切合作。上市前的出色业绩或许就是高盛、APP 以及海普瑞共同构筑的神话，所以上市后业绩大幅下滑变得合情合理，曾经 148 元/ 股的史上最贵发行价在两年时间内居然跌到了不到 20 元/股，上市至今月累计超额收益率为-82.31%（图 27.5）。

国联水产特殊资产比较高，是因为其拥有强大的政商关系网络，创始人李忠在广东湛江构筑了庞大的商业利益链条。上市后的国联水产业绩不断下滑，2011 年净利润 1172 万元，同比降 85.12%，且 2012 年上半年亏损 6945 万元，退市的阴影开始笼罩国联水产。汉王科技引进风投之后，也是想尽一切办法进行包装，招股说明书中不惜笔墨地描绘广阔的电子书市场前景，如今看来却只是一场梦而已。真功夫产品由于其工艺和品牌内涵也属于特殊资产较多的企业，其复杂的家族关系令风投头疼不已。

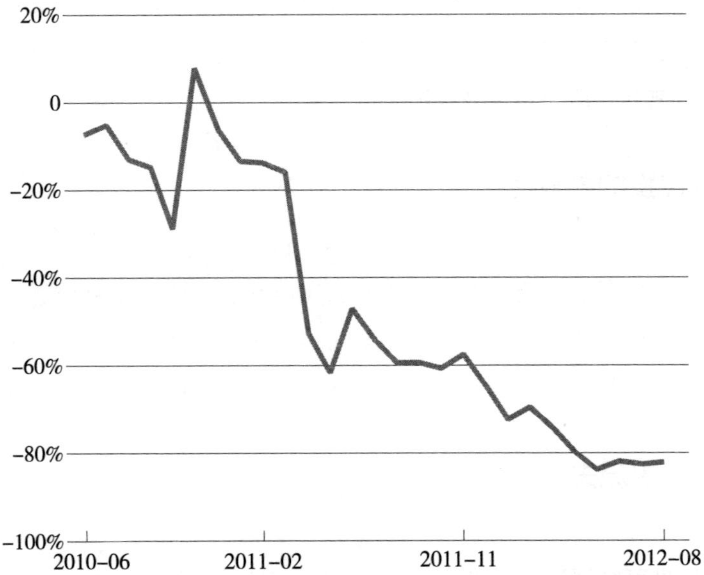

图 27.5 海普瑞从上市至今（2010 年 5 月到 2012 年 8 月）月累计异常回报率（CAR）

对处于右下象限的 4 家企业分析发现，特殊资产较多时风投无力回天，只能不断使用各种手段来“包装”企业而不顾其长远发展，以求短期上市获利退出。这 4 家企业在引进风投之前路障并不算高，因为其经营层面上没有太大的问题，但引入风投之后却为了追求尽快上市，大跃进式地过度包装，忽略了风险，泡沫破灭之后，这几家企业现在都面临着巨大的困难。

而位于左侧象限的 3 家企业，引入风投之后的效果就相对较好。2007 年 8 月达芙妮创始人张文仪被台湾警方逮捕，并且达芙妮的业绩低于市场预期，股价大跌 26.44%。此时达芙妮决定引入风投并“去家族化”。2011 年，达芙妮营业额达 85.77 亿港元，同比增长 29%，净利润同比大增 56.54%。自然美在 2009 年经营业绩下滑，创始人蔡燕萍为了企业的长远发展，将 32.77%的股权转让给了凯雷投资，之后自然美的家族成员逐渐退出经营层。自然美在内地的销售收入从 2008 年的 4.4 亿港元增长 8.4%至 2011 年的 4.7 亿港元，稳住了局面。

国美的案例众所周知，黄光裕入狱之后国美遭遇了空前的灾难，就像以前的德隆系和格林柯尔，但结局却完全不同，陈晓引入了贝恩资本，不管其动机如何，但结果就是国美从死亡线上被拉了回来。贝恩资本和陈晓进行了一系列“去黄化”改革，减少黄光裕家族对国美的影响力，虽然最后的结局是陈晓黯然离开，但他至少挽救了一次国美。

民企引入风投的喜与忧

从上述分析我们推断，民企创办人家族若不能持续为企业增值，或面临发展路障，便应逐步放权释股，引进职业化管理，退出企业。在此前提下，引进风投是较可行的。但这个过程可能面临不小的阻力。

融资与控制权流失

引入风投可纾缓资金的需求，有助于企业扩张。一项对291家风投机构和1384家A股上市公司的研究发现，13.5%的公司有风险投资股东。风投不但引进自己的资金，还能帮助企业取得银行贷款。具风投背景公司每年的短期有息债务额比无风投背景的公司高出总资产的6‰，当总资产取样本均值18.31亿元时，这相当于1098万元。同时发现，有风投背景的公司的外部权益融资额比其他公司高出总资产的5‰，相当于916万元。

当企业面临融资瓶颈时，可以通过选择风投来缓解融资压力。但是引进风投意味着家族股权被稀释，控制权相应减少，这是企业必须考虑的关键问题，如果不谨慎处理，可能面临控制权旁落。

2009年6月，陈晓与贝恩资本签订了条款极其苛刻的融资协议，这些条款最主要的目的是要保证贝恩资本在国美的话语权，逐步削弱黄光裕家族的控制力。陈晓和贝恩资本也因此被人诟病一心想要篡夺国美的控制权。引入风投必然会稀释家族的控制权，但笔者认为没有必要过分的担忧，当然企业在与风投签订协议时须谨慎对待可能对自己不利的条款，尤其是一些对赌协议更要小心。

国内企业因为与风投签订对赌协议而最终遭遇重大危机的案例不少。例如2007年太子奶获得英联、摩根士丹利、高盛等7300万美元的注资，太子奶董事长李途纯与三大投行签署的对赌协议中规定：3年内，如果太子奶业绩增长超过50%，就能降低三大投行的股权；否则李途纯将会失去控股权。2008年11月，在四处筹款、引进战略投资者无果的情况下，李途纯不得不将太子奶集团61.6%股权转让给三大投行，黯然离场。

创业家族退出

许多企业引入风投并不是因为缺钱，而是希望风投能够帮助创业家族放权释股，退出企业。

家族成员退股。真功夫初始的股权结构为蔡达标25%，妻子潘敏峰25%，妻弟潘宇海50%。2006年蔡达标与潘敏峰协议离婚后，潘敏峰的25%股权归蔡达标所有。于是，创始人蔡达标与妻弟潘宇海各占50%股份。引入中山联动和今日资本之后，两人各占47%股份。这样平均分配的股权结构其实后患无穷，尤其是在两者出现分歧时。在2010年，两家风投在一系列家族内斗事件之后，选择和两大股东蔡达标、潘宇海达成协议，由风投逐渐受让潘宇海稀释的股份，使得股权结构"一股独大"。

民营企业在创业阶段往往会将股权分散给家族成员，甚至股权分配不明晰，在创业初期这能够调动起整个家族的积极性，但是当企业做大之后问题就出现了，这种分散或"不清不楚"的股权安排为家族内斗埋下了隐患。而引入风投之后，当某些家族成员由于特殊原因需要退出时，可以让风投接手其股权。这尤其对于尚未上市的公司是一个可能的渠道，因为对于非上市公司的股权估价较难，而专业的风投较有能力估计股权的价值。

家族成员退出经营。2009年6月，与贝恩的强势进入形成鲜明对比的，是陈晓宣布的一份国美核心高管8人名单中居然没有一名黄光裕家族成员。在新闻发布会上，陈晓以"与公司无关"为理由，拒绝回答关于黄光裕的任何问题，这家过去带有强烈家族色彩的企业，逐渐褪去"黄光裕时代"的色彩。而通过协议，贝恩资本的3名代表进入国美董事会。国美在短时间内由黄光裕家族牢牢控制变成了由多方利益共同制衡。

乡村基创始人李红说，“在引进风投后，丈夫张兴强就主动淡出了乡村基，转战中餐会所。现在他只是乡村基的董事，只在开董事会的时候才会出席。现在整个乡村基，没有一个员工是我的亲戚。”

根据笔者之一对国内近500家民营企业的研究，引入风投的企业中家族成员任职的情况明显减少，即风投在减少家族成员任职方面起到了较大的推动作用（图27.6）。曾一起创业的家族成员在企业里身兼要职，但是在企业发展过了初始阶段之后，部分家族成员的能力可能不足以胜任未来的发展需要，但创始家族又缺乏对外来职业经理人的信任，且未在企业内培养人才，所以在用人上处在了进退两难的境地。风投联创永宣的叶卫刚曾评论说：“很多家族企业做到一定程度就上不去了，需要职业经理人，一般家族企业认识的职业经理人不多，我们介入后就不一样，两边都信任我们。我们做了这么多年有一定声誉了，不会欺负任何一方。职业经理人跟我们合作比较放心，一个企业不成，每年我们都会投资其他企业，还有别的机会。”

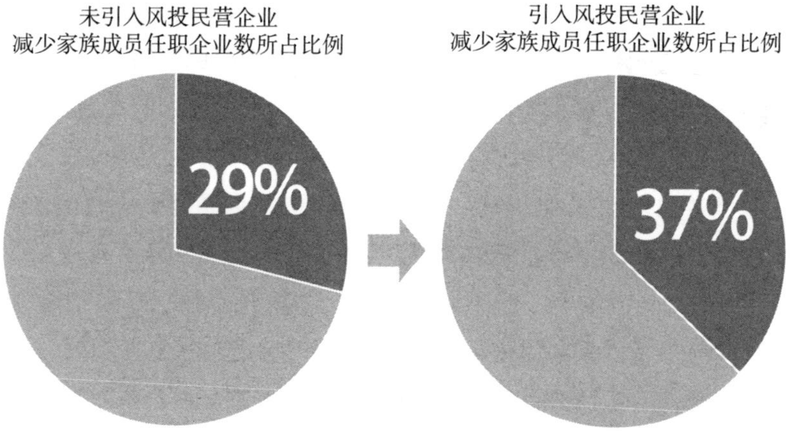

图27.6 引入风投的民营企业减少家族成员任职情况增加

减少任职企业的家族成员人数也可以为继承人顺利接班做准备。民营企业的第二代接班人可能处境尴尬，他们是父母与其他共同创业亲戚的晚辈，即便已经是董事长总经理了，但无法真正地管理比如叔父、舅舅等长辈掌管的部门。如果创始人在位时着手家族人事调整，有利接班人顺利接管企业。但是有些创始人面临多方家族势力的局面却不下手改革，一旦创始人的威信减弱或者出现意外，家族内部容易出现权力争夺，甚至对簿公堂。

经营管理职业化，淡化创始人的影响

在引入凯雷之前，自然美创始人蔡燕萍亲自参与新产品的研发和试用，通过媒体、培训等方式向消费者宣传她的美容理论，还有公益活动。所以，人们对于自然美的印象大部分来自于蔡燕萍本身。但是由于年龄问题，蔡燕萍感觉力不从心了，自然美如果想长久经营，需要渐渐淡化创始人对企业的独特影响力，强化企业管理与品牌。当引入凯雷之后创始人便退出了经营层面，将经营权交给了职业经理人。

2007 年 8 月，达芙妮创始人张文仪被中国台湾地区警方逮捕并押回台湾服刑。当时达芙妮股价大跌 26.44%，虽然达芙妮迅速对外公告张文仪被捕的原因与公司无关，但之后股价仍持续低迷。达芙妮 2006 年的业绩低于市场预期，大摩等机构调低了对达芙妮的评级，使其低迷的股价“雪上加霜”。达芙妮方面认为，“这两件事情让资本市场对公司的治理产生比较大的疑虑”，他们认为，家族式企业在公司治理上有欠缺，而要让投资者消除这种疑虑，需要进行“去家族化”，最终决定“找一个独立人士进入公司董事会”。

达芙妮的案例和国美黄光裕案例类似，由于创始人的影响力过大导致其个人处境与企业牢牢绑在了一起，一旦创始人遇到任何意外事件整个企业也随之震荡。为了消除这样的风险，当引入风投之后，通过一系列专业化的整治和改革，将家族成员与企业唇齿相依的相关性降低，使得企业能够在家族成员出现意外时依旧能够平稳过渡。

创业家族的退出障碍

然而，去家族化进程往往不会一帆风顺，其中可能遇到很多障碍。媒体曾报道，2007 年真功夫年会时，蔡达标、潘敏峰、潘宇海在一起有说有笑，也就是说离婚事件并不是导致家族闹翻的根本原因，真正点燃家族战火的却是引入风投后的一系列去家族化改革。

2007 年，蔡达标引入风投机构今日资本，联手其掌舵人徐新对真功夫进行了一系列的“去家族化”改革，着手引导家族式管理向职业经理人制度过渡。真功夫从肯德基、麦当劳挖来众多职业经理人，这些人的引进基本都是蔡达标与风投共同协商的。而原有的很多中高层离职或被辞退，尤其是与潘宇海关系密切的几位元老的离职使得潘的权力被架空。于是家族矛盾大爆发，“二奶门事件”、“查封账册行动”、“贷款事件”等显示出家族成员之间撕破脸之后根本不珍惜原本辛苦创下的基业，让人不禁感到可惜。

家族内部对于风投的去家族化改革肯定存有排斥心理，而且部分家族成员文化水平较低导致难以沟通，所以风投即便引入职业经理人，也难以处理已经深深扎根于企业每个环节的家族成员。凯雷在自然美的“去家族化”过程中的做法值得学习，它并没有采用“新人来、旧人去”的残酷方式，而是采用增加职务、明细分工，弥补了企业中一些缺失的职务，比如 CFO、人力资源总监岗位等，在稳定企业架构的同时完善了治理结构。这样的安排可以缓解家族成员对于“去家族化”的排斥情绪。

引进职业化管理

风投带来新的经营和管理理念，通过以下手段可实现对民营企业管理的改善。

实施股权激励

在对近 500 家民营企业的研究中我们发现，引入风投的企业对职业经理人实施股权激励的比例较未引进风投企业为高（图 27.7），也就是引入风投有促进企业实施股权激励的作用。

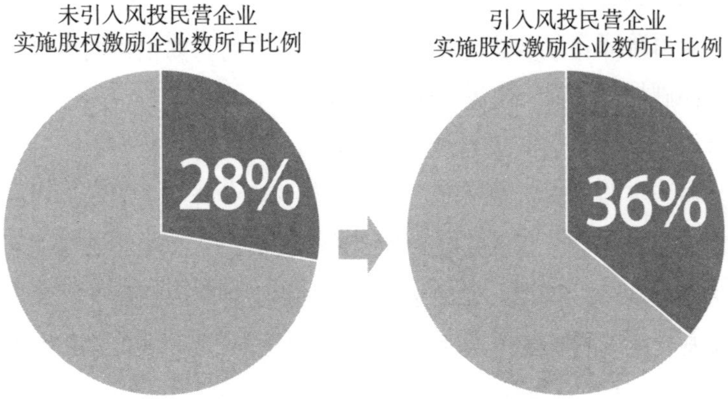

图 27.7 引入风投的民营企业实施股权激励的情况增加

在国美争夺权一案中，陈晓在引进贝恩资本的谈判过程中提到要实施管理层激励，贝恩资本对股权激励方案表示了赞成，而得到股权激励的高管，以及在国美电器实施的“超额利润分配方案”中收入大增的基层干部和员工都感受到了这一方案带来的好处，因为在黄光裕时代不仅没有股权激励，甚至有提出过该方案的高管被黄光裕扫地出门。

虽然实施股权激励会让家族控制权稀释一部分，但是却能够大大提高非家族成员管理层和员工的积极性以及对企业的忠诚度。民营企业不仅仅是单个家族的企业，还需要真正将非家族成员也融入到企业中来。

改革家族式经营模式

我们通过自然美的案例观察引进凯雷投资后经营理念的主要变化。

首先是职业团队的引入。凯雷推荐著名职业经理人曾新生加入自然美，凭借曾新生的外资背景，其把曾经的管理团队人脉都带入了自然美。蔡氏家族之前也引入过一些管理人才，但都不是一个管理团队，而此次曾新生以及两位得力助手李明和、陈耀荣组成团队，从管理、财务和连锁发展等方面带来整体的变革。

其次是品牌的重塑。前述原先消费者对于自然美品牌的认识来自于蔡燕萍本人，让消费者误认为产品适合中老年妇女。由于蔡燕萍年事已高退居幕后，但品牌对蔡燕萍个人的依赖性仍强。所以新的管理团队决定重新改造门店以改变品牌形象，吸引更多的年轻消费者，伴随着全新产品的亮相，品牌内涵随之改变。

第三是渠道的扩张。自然美早期几乎属于广告“零投放”，凭借客户的口碑相传缓慢地自然发展。新的管理团队不满意过去的发展速度，于是重新设计了旗舰概念店，同时加快了新产品的推广，将市场扩展到了二三线城市。新的管理团队称，截至 2014 年，自然美将致力于成为中国最大的美容美体连锁网络。

然而 2012 年上半年有媒体报道，蔡燕萍无法认同新管理团队的经营理念并产生不满，甚至想要从凯雷手上买回股权。风投追求盈利的目标与蔡燕萍想要品牌延续的目标相去甚远。新的管理团队致力于淘汰旧的加盟者，使得自然美的店面焕然一新。很多旧的加盟者面临被淘汰时，蔡燕萍难以舍弃这些当年成就她事业的人，自然美发迹时强调的便是小本创业以协助创业上弱势的女性。

蔡燕萍为自然美的品牌倾注了 40 年的心血，当自然美发展遇到瓶颈时，她一度想要和雅芳、欧莱雅等品牌合作，但它们都要求 100% 的股权，一旦经营上有何分歧，那么自然美的品牌很有可能会被破坏。蔡燕萍表示，风投让她感觉更有安全感，“通过与企业 3~5 年的共同经营，为企业增值后赚到钱再卖掉，而不会糟蹋我的品牌”。品牌的发展和延续性是蔡燕萍最关注的。但是凯雷一定能保护好自然美的品牌吗？考虑到凯雷一贯的投资风格，它会不会急着卖掉股权退出获利呢？

创始人与风投的经营理念有时很难统一，很多创始人在乎的是家族基业能否长青、品牌能否延续，而风投的目的终究还是获利退出，企业能否永续生存并不是它最关心的。因此，需要考虑的问题是民营企业应该选择牵手哪类风投？

民企应牵手哪类风投？

风投往往有尽早退出投资项目的动机，因为通过上市可以增加声誉进一步吸引资金流入，所以，比较年轻的本土民营风投需要通过尽快退出建立声誉。有研究发现，从业时间短的风投机构，其参与投资的公司上市时的历史也较短。对于还没有上市的民营企业来说，选择过于年轻的风投是有风险的，一方面它们急于退出与民营企业长远发展的目标不契合；另一方面它们能够提供给企业的帮助比较少，更多的可能只是为了上市而进行“包装”。

研究发现，外资和混合型背景风投支持的公司股票上市折价率较低，股票市场累计异常回报率较高，而政府和民营背景风投累计异常回报率最低(图 27.8)。相对于非外资背景的风投，外资背景风投的投资策略更加谨慎，投资之后能够对改善公司治理提供帮助，提高公司的盈利能力。又有研究发现，不同特征的风投在上市公司投融资决策中所发挥的作用不同，高持股比例、联合投资、高声誉或者非国有背景的风投能更好地改善外部融资环境，缓解现金短缺公司的投资不足问题，而国有背景的风投则可以帮助公司获得更多的短期债务融资。

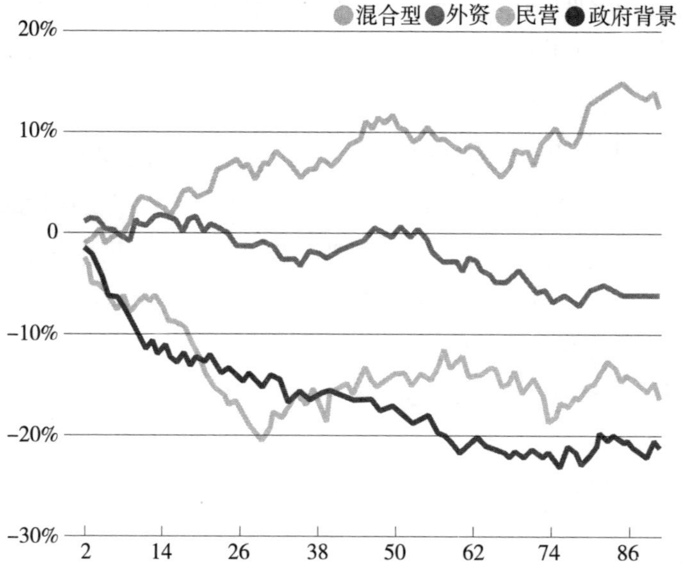

图 27.8 不同背景风投投资的公司上市后第 2~90 天内平均累计异常回报率

图片来源：《经济研究》2011 年第六期

总体而言，民营企业在选择风投时需要考虑两个问题。第一是风投的背景。如果仅需要增加短期债务融资，国有背景的风投更有优势。但如果想要改善外部融资环境、缓解现金短缺投资不足的问题，那么高持股比例、联合投资、高声誉或者非国有背景的风投能够带来更多帮助。如果想要改善公司治理，提高盈利能力，外资背景的风投在这方面更有经验。第二是风投投资企业的历史。企业必须要认真调查风投曾经的投资企业的情况，观察其能否带来实质性的有利于家族长期目标的帮助（比如是否在同行业有过投资），也要注意它投资期限的长短，对于经常性提早退出、耐心不足的风投要慎重考虑，因为它可能并不愿意精心“培育”企业。例如今日资本投资的三家企业土豆网、赶集网和真功夫，都贴上了家族矛盾离婚内乱的标签，其辅助家族企业的能力高下可见一斑。

民营企业是否应该引入风投？引进风投究竟是“引狼入室”还是找到了好帮手？我们建议企业可以通过本文的模型来判断自身的状况，如果企业特殊性较高，无形资产较多，那么引进风投可能没有好的效果；但如果企业特殊资产较少，职业化改革阻力小，可以考虑引入风投。另外，企业要考虑引入风投是出于融资目的还是想要改善公司治理，这将影响与何类风投机构合作的决定（图 27.9）。

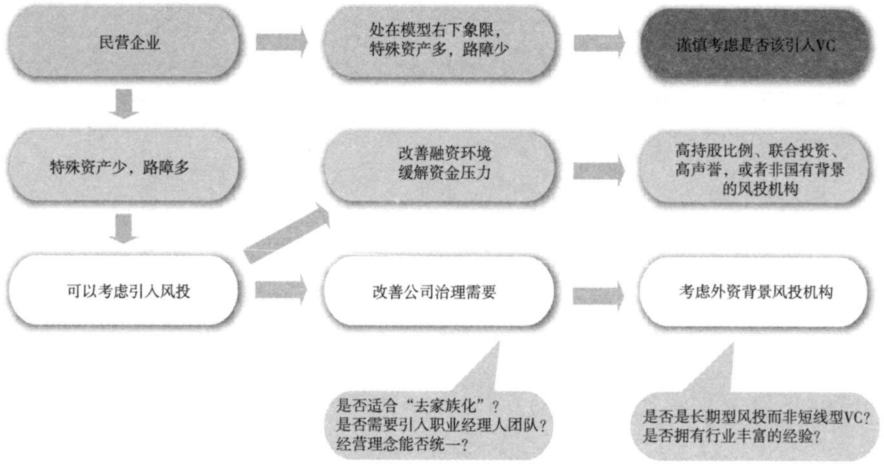

图 27.9　民营企业引入风投思路

第 28 章
由民企老板跳楼求解中国公司金融怪象

范博宏　黄俊

研究显示，虽然国企比民企更易陷入财务困境，且陷入困境后的表现更差，但多番身陷融资风暴的却是民企。其原因在于国有银行对民企的融资歧视，中国亦是世界上最难借到长期贷款的国家。要改变中国公司金融这一怪象，出路在于金融体系改革。

十月温州，断贷围城。伴随着多位民企老板因资金链断裂“跑路”、“跳楼”，温州的民间高利贷危机浮出水面，并震动了中央。另一个民营经济活跃的地区珠三角也面临着同样严峻的融资困境。与此相关的新闻则包括：世界银行 2011 年 10 月公布的世界营商环境排名中，中国排名第 91，落在蒙古之后；据香港《南华早报》报道，过去一年中国的股票涨幅表现在全球股市中排名倒数第三；华润近日公布的对近 1000 位中国民企经营者的调查显示，近半数的受访者打算或正在申请移民海外……

高利贷危机发生后，为维护金融秩序稳定，温州市及浙江省政府紧急出台了多项救助措施，并派工作组进驻各大银行，以保证“对中小企业不抽贷、不压贷，及给予贷款利率上的优惠”。这一揽子救助方案，缓解危机的用意明显，但也暴露了长期以来政府重宏观、轻微观的政策取向扼杀了民营企业，特别是中小民企的生存发展空间。临渴掘井般的短期纾困政策，效率也令人疑虑：会不会扶植了本应被淘汰的企业或遗漏了优质的企业，官员与银行有多大的动力去配合执行这些政策？

重宏观、轻微观的政策导向应该被检讨。日益积极的宏观政策，虽然立意是应对日趋复杂的内外经济环境，但其长期效果难以评估，对民营经济的副作用却立竿见影。因此，政府官员的焦点应该放在永续发展的制度建设上。民营企业家面对艰难且不确定的营商环境，应考虑如何在心态与做法上进行调整，舍弃好不容易创立的企业移民，是否是这一代企业家的宿命？笔者认为，这些问题应该更认真地讨论。

财务困境中，民企比国企更积极脱困

此次高利贷危机给大众的印象是民企追求风险，债信不足，财务状况差。果真如此，以上的担忧是过虑了，这些民企本应被淘汰。但真的是如此么？国有企业财务状况更好么？一旦陷入财务困境，国有企业比民营企业更有动力还债脱困么？

我们不妨比较两家身陷财困的企业：龙元建设（600491）和龙建股份（600853）。龙元建设始创于1980年，前身为浙江象山二建集团股份有限公司，2004年上市，其控股股东赖振元家族截至2010年底合计持有公司44.23%的股权。自1984年进入上海市场后，龙元建设已发展为长三角建筑市场最大的民营施工企业。

龙建股份的前身是于1994年上市的北满特殊钢股份有限公司，因年年亏损，2001年濒临退市。为保住上市公司的“壳”资源，黑龙江省政府于2002年对其实施了资产重组，注入黑龙江省公路桥梁建设集团的优质资产，公司摇身变为一家以公路、桥梁施工为主的国有建筑企业。截至2010年底，黑龙江省国资委通过控股黑龙江省建设集团有限公司、黑龙江省公路桥梁建设集团有限公司而持有龙建股份33.34%的股权（图28.1）。

建筑行业经营的一个特点是垫资施工，为了弥补流动资金的不足，建筑企业往往不得不向银行大量举债，由此提高了公司的负债率，龙元建设和龙建股份2004年以来的负债率都维持在70%以上的高水平。到了2008年金融危机时，因银行信贷紧缩，收紧了房产开发商的资金链，增添了对建筑企业

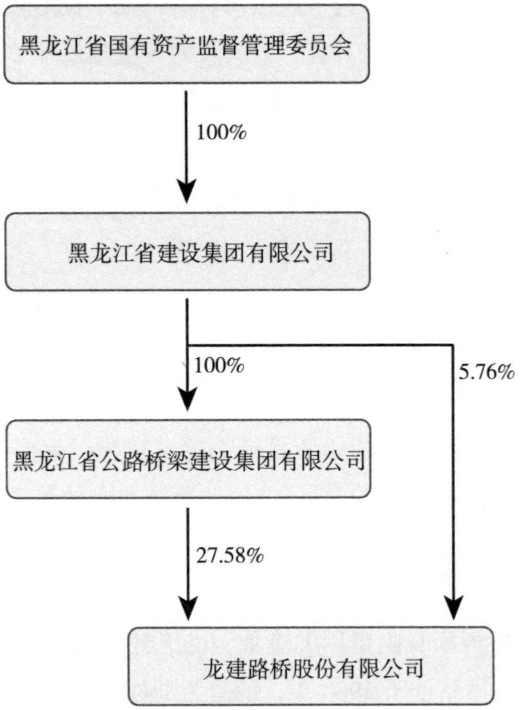

图 28.1 龙建股份的股权结构

垫资施工的要求，龙元建设和龙建股份当年的负债率分别达到 81.7%和 83.3%的历史高点（图 28.2）。

面对高企的债务，两公司又是如何应对的呢？公开资料显示，2009 年，龙元建设采取了多项措施降低负债。首先，在 2009 年上半年的低迷市道下，定向增发 8500 万股，募资 6.12 亿元，充实了公司的资本金。其次，加强了应收账款的催收，强化了内部资金管理，努力实现项目成本的节流。此外，尝试采用多种融资方式，如应收账款保理、机械设备经营性或融资性租赁、中期企业融资票据等。到 2009 年，其负债率已降到 69.2%，财务费用相比 2008 年减少了 41%。

相反，龙建股份面对高额的负债却无所作为，其披露的公开资料中只表示将“深化内部制度改革，改善资产结构和财务状况”。其结果可想而知，

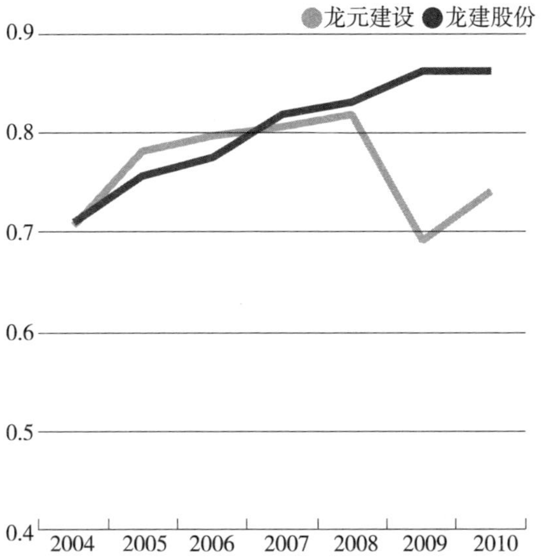

图 28.2　龙元建设和龙建股份近年负债率

2009 年公司负债率进一步上升，达到 86.3%，财务费用相比 2008 年增加了 69.2%。

经过比较可以发现，民营的龙元建设面临财务困境的应对措施远比国有的龙建股份积极有效，反观龙建股份，负债率仍不断攀升，危及企业生存。这仅仅是个案还是普遍存在的现象？

笔者曾利用涵盖所有国企与年营业额超过 500 万元的民企的中国工业企业数据库做过一个大样本的研究。首先，我们考察了国有和民营企业陷入财务困境的可能性（图 28.3）。我们以不同方法界定财务困境，包括资产负债率、利息保障倍数，以及较复杂的多变量财务预测模型。结果均显示，陷入财务困境的国企比例显著高于民企，而且，每年陷入困境的国企比例呈逐年增高的趋势。另外，我们也发现，在早期财务困境的国有和民营企业的规模大体相当，但近期处于财务困境的国企规模显著大于民营企业（图 28.4）。

我们进一步考察了财务困境国企和民企的负债率，及身陷困境后 5 年的变化（图 28.5）。首先，财务困境企业的负债率都较高，达到了 75%以上，有趣的是，财务困境后的 1 至 5 年，国企的负债率继续走高，5 年后平均达

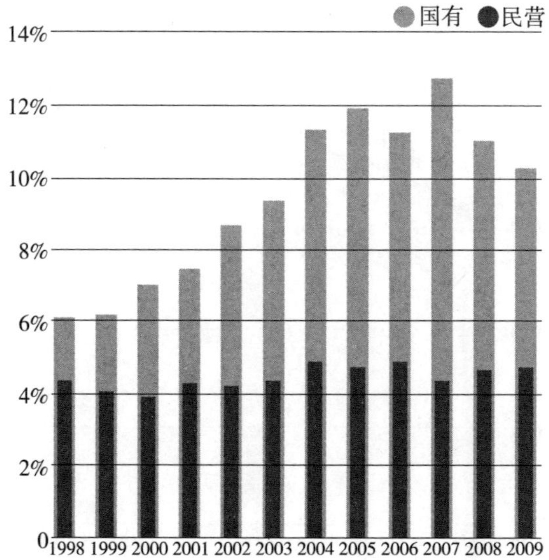

图 28.3 陷入财务困境的国企和民企的比例比较

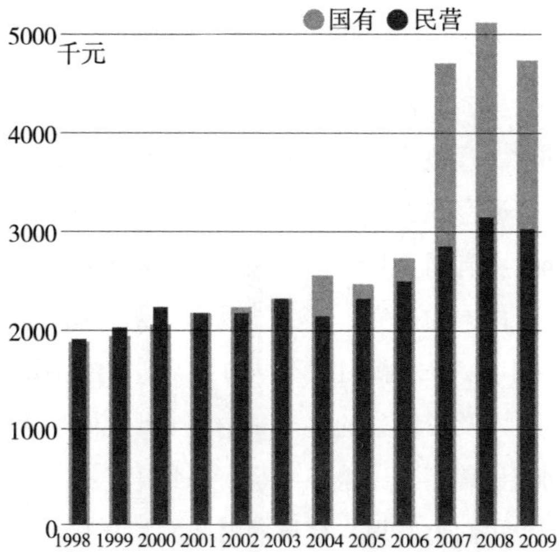

图 28.4 陷入财务困境的国企和民企的规模比较

到 82%，而民企的负债率持续下降，5 年后降为 71%。最后，上述国企与民企负债率以及减债效率的差异也进一步影响了公司的业绩表现。以销售利润率（ROS）作为公司业绩衡量指标，财务困境后的 1 至 5 年，民企的业绩要显著好于国企（图 28.6）。

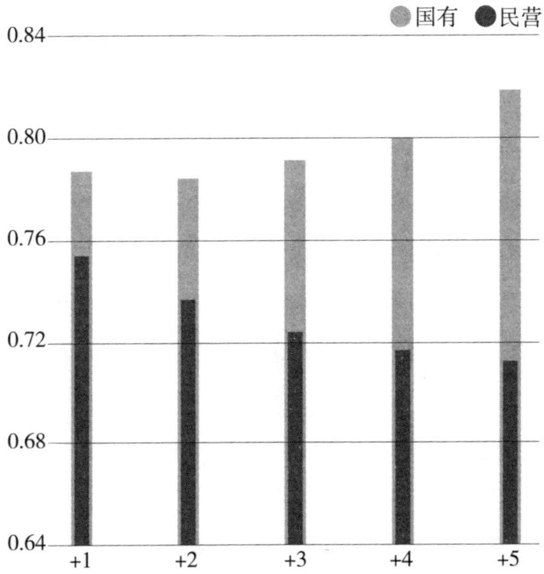

图 28.5　财务困境后国企和民企的负债率比较

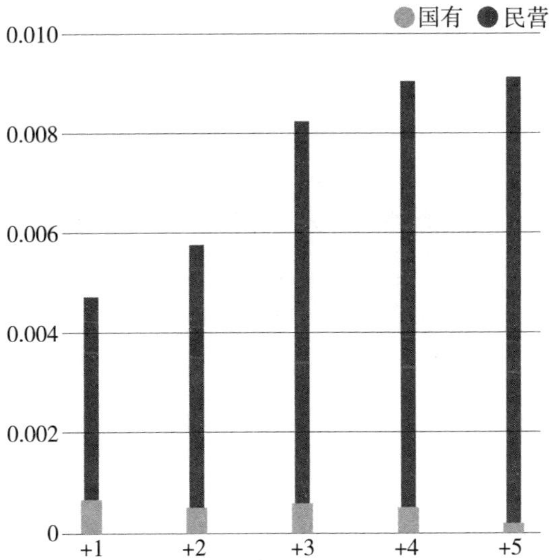

图 28.6　财务困境后国企和民企的销售利润率比较

可见，龙元建设和龙建股份身陷财务困境后的行为差异并不是特例。普遍而言，国企比民企更容易陷入财务困境，而且，一旦陷入困境，国企的表现要逊于民企。虽然国企的财务问题远比民企严重，但是，多番身陷融资风暴的却是民企而非国企，偏颇的政策与低效率的银行体系是导致这一公司金融怪现象的主因。对民营企业的融资歧视，不但不公平也欠效率。

为什么民企融资难?

据统计，贡献了全国 GDP 近 65%的民营经济，获得的银行贷款却不到20%。此次温州高利贷危机，就由于众多中小民营企业通过正规渠道向银行申请贷款无门，在资金压力下只能转投民间借贷市场，接受高利贷的盘剥。虽然有报道指出，民企老板的资金问题起因于他们偏爱风险，炒楼炒股，不务正业，甚至操守有问题，所以银行不借钱给他们，但我们相信这并非普遍的事实。造成民企融资困境的，有以下几个原因。

利率管制与国有银行日趋严重的政策性放贷。长期稳定的资金是企业发展的重要保障，但是，现阶段中国仍对银行利率实行管制，国有商业银行在无法充分调整利率补贴风险的情况下，转而要求贷款申请者提供超额抵押或者压缩还本期限，而许多民营企业因处发展初期且多集中于轻工业或服务业，无法提供银行认可的资产作抵押，因而无法获得银行授信，要申请长期贷款更是难如登天。

这一情况有多严重？在一项即将在美国财务与计量分析期刊发表的研究中，笔者比较了近 40 个国家与地区企业的资本结构，其中一项是企业长期贷款占总贷款的比重。中国企业的此项平均比例是 10%，亦即企业每 100 元的贷款中仅有 10 元是超过一年的长期贷款，其余 90 元都是随时可能不获展期的短期资金，在 40 个国家中敬陪末座（图 28. 7）。也就是说，就世界范围来看，中国是最难借到长期贷款的国家。这项研究的公司包括上市的国有与民营企业，若扣除国企而仅看民营企业，此项长期借款的比例可能更低。尤有甚者，近年来为应对国内外经济情势的诸多宏观调控措施，更使中国的银行越来越像政策执行单位，与市场渐行渐远。岂不令人忧心？

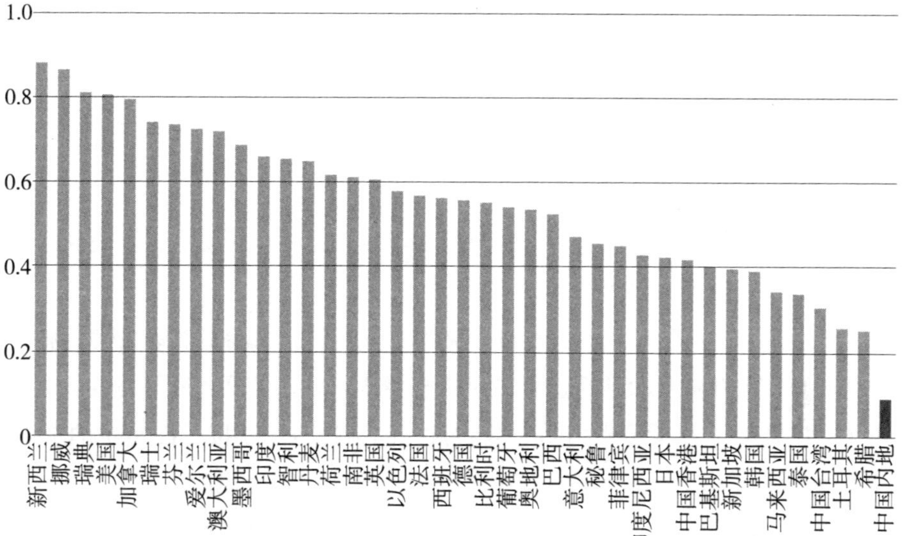

图28.7　各国上市企业长期贷款占总贷款的比例

国有银行对国企的援助性借贷，排挤对民企的有偿性借贷。据统计，中国四大国有商业银行拥有全国70%以上的信贷资金，在信贷市场上处于垄断地位。国有银行长期以来受准财政运作体制的行政干预，导致其对民营企业的借贷歧视。例如，对同样数额的不良贷款，如果对象是国有企业，银行工作人员可以不承担或少承担责任；但如果是民营企业，就要受到追究。造成这一现象的一个原因是，国有企业的经营承担了政府的很多社会职能，如就业等。山西民营钢铁企业海鑫集团年产钢600万吨，职工9000余人，而国有钢铁企业包钢集团年产钢1000万吨，职工却高达12万。当国有企业背负了本应由政府承担的社会职能时，其经营将更多且更有理由地寻求政府支持，其中包括更多的银行贷款。龙建股份与众多国营企业日益高筑的债台，往往是长久以来国有银行政策性援助的结果。此时，在援助国企亏了本之后的国有银行，怎能不对民间借贷者更加苛刻？

官员利用国企与国有银行资金发展地方经济，排挤了民企的融资空间。

自中国实施财政分权体制以来，地方政府被赋予了更多的行政自主权，且现行制度下，经济发展仍是政府官员晋升的主要考核指标，因此，地方官员产生了强烈的发展地区经济的动力。如何才能快速实现地区经济增长？一种便捷的方式是，重点建设一批项目，扶持发展一些产业。此时，与政府唇齿相依的国有企业自然又肩负起此重任。由于地方政府给予了国企更多的“照顾”，包括通过国有银行提供资金保障，因此，民营企业若想发展，必须去争取地方政府与国有银行剩下来的资源与资金。然而，问题是，它们在这种环境里有独立生存的空间么？

低质量的公共治理扭曲银行放贷决策，并削弱公司治理。地方官员影响银行与企业经营的目的可能是为了发展地区经济，但有时这种影响也可能是出于一己私利。诸多发展中国家的经验告诉我们，别有用心的官员可能通过左右银行贷款而将资金输送到与其有利益关联的企业。官员输送利益换来的可能是选票支持，也可能是一笔存到其私人账户的庞大钱款。

笔者在一项研究中考察了 23 例 1995—2005 年间中国不同省份地区省部级高官因贪污腐败而受审的事件。我们透过公开资料查阅出，这些事件中的官员与其辖区内共 80 多个上市公司的管理层及董事有同学、同事、同乡或亲戚关系，以此认定这些企业为关联企业，然后考察了他们的银行借贷。结果发现，关联企业的平均资产负债率以及长期贷款与总资产比例均较同地区、同时期的其他非关联企业高（图 28.8、图 28.9），显示这些与贪腐官员关联的企业有较高的银行借贷能力，特别是长期贷款能力。但是，当官员被捕之后，关联企业的负债率及长期负债与总资产的比例都显著降低到比非关联企业更低的水平。我们的这一研究间接揭露了一些地方企业利用关系取得贷款优势的乱象。

有经济学家认为，适度的贪污腐败可以促进发展中国家的经济效率。那么，这些与贪腐官员挂钩的企业是否更有效率呢？在我们研究中，答案是否定的。关联企业无论在获利能力、股票回报及其他业绩指标上，都不比其他非关联企业更好。因此，至少在我们的研究里，没有发现裙带关系下的贷款是有效率的。反之，这类与贪腐有关的银行贷款可能排挤了正常经营企业的

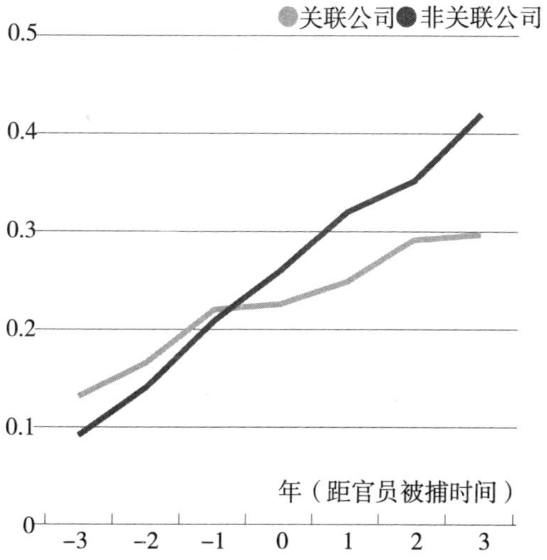

图 28.8　关联和非关联企业的负债率比较

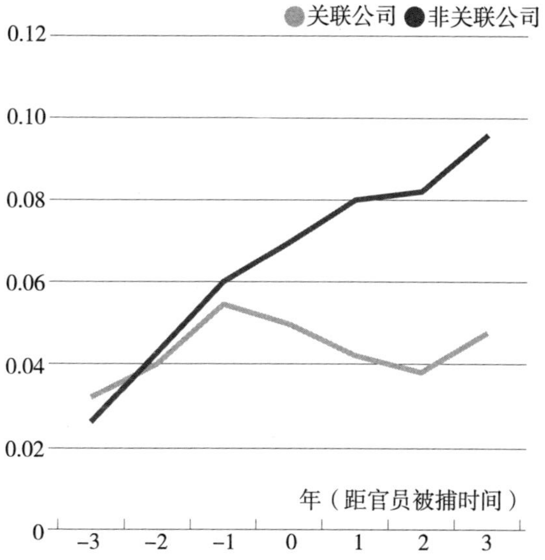

图 28.9　关联和非关联企业的长期负债占总资产的比例比较

融资空间。

表 28.1 中国概念股遭遇做空风暴

日期	事件
2011.6.3	绿森集团（00094.HK）母公司嘉汉林业遭研究机构浑水（Muddy Waters）质疑，被指数据造假及虚假夸大资产，股价大跌
2011.6.8	美国证券公司 Interactive Brokers（IB）以控制风险为由，禁止客户通过保证金方式购买全球 130 支中资企业股票
2011.6.14	玖龙纸业（02689.HK）遭标准普尔撤销评级
2011.6.14	美国证监会叫停两家中资企业新股发行
2011.6.27	传 Muddy Waters 发布报告对雨润食品（01068.HK）进行批评，令其股价大跌，单日市值蒸发 150 亿港元
2011.7.11	穆迪针对 61 家中国民企发布了一份风险警示报告，直指中资企业的财务报表和信息披露方面存在不透明、虚报夸大等问题
2011.9.25	黑客组织 Anonymous 发布针对超大现代（00682.HK）的调查报告《超大现代农业 11 年的欺骗和公司欺诈》，自 2011 年 4 月底以来，该公司股价已累计下跌近 7 成

金融改革刻不容缓

民营企业是中国经济最有活力的部分，民企的融资难无疑会制约中国经济的长期发展，由此来看，中国金融体系改革刻不容缓，而改革的方向首先是要搭建隔离各级政府部门官员干预的防火墙。由于造成银行对民间信贷不足的重要原因是政企不分，因此，今后的改革应明晰政府与企业的界限，特别是降低地方政府对银行的影响力，发挥市场配置资源的基础性作用，让政府更多地扮演一个市场规则的“守夜人”角色。由此，银行等金融机构才能回归到为实体经济服务、有效配置资金的角色。尽管这早已是老生常谈，但我们还要呼吁，因为过去我们没看到显著的进步。

第二是要开放金融服务市场，实现利率市场化。中国先后颁布了促进民营经济发展的“新旧36条”，然而，在一些被认为“关系国计民生的重要领域”，民营企业要想进入仍举步维艰。以金融行业为例，《国务院关于鼓励和引导民间投资健康发展的若干意见》的颁布已一年有余，相关的实施细则仍未出台，金融服务领域对民营经济的开放未有实质性进展。另一方面，利率管制也影响了民营企业的融资，在“正式”与“民间”金融市场二元分割的状况下，当货币政策收紧时，民营企业的借贷成本不断水涨船高。因此，今后应逐步放松金融管制，加快利率市场化进程。

第三是要完善公共治理，改革官员薪酬及升迁制度。如果政府官员认为现在及未来预期收入不足以激励其努力时，不能把持操守的官员可能利用权势追求薪资外的隐形收入。虽然各级官员的升迁与其政绩，特别是与地方经济的成长挂钩有其积极的一面，但是，单一以振兴经济作为官员晋升的考量，容易引导官员为了升迁而浪费公帑制造“业绩”。为提高公共治理的质量，应建立一套与官员工作职能和努力相匹配的薪酬体系，同时，将更多的社会、民生指标纳入考核范围，而不是一味追求经济总量的增长。

民营企业融资困境的出路

资本市场可不可以替代银行体系作为民企融资的出路？我们的确观察到，近来越来越多的民企在中小板和创业板上市。成功上市后，民企老板的身家亿万，看起来很风光，但其实股票上市及其后的股权融资代价非常高昂，主要因为中国股市常受政策影响。那么，民企可否考虑海外上市？可惜的是，在香港及欧美等较成熟的股市，一些中国企业往往因为低质量的公司治理而被投资人“重罚”。近数月来海外上市的中国概念股遭遇做空风暴，凸显了民营企业上市后诚信不足及财务不透明所付出的高昂代价（表28.1）。要降低股权融资成本，在体制环境未变的情况下，谈何容易。

退出商场，资金转移海外，移民最终是一部分企业家面对日趋恶劣营商环境的无奈选择。而那些仍在此市场中奋斗的中国企业家，应追求更完美的诚信与更深度的职业化。我们的谏言是，完善公司治理，谨慎投资，不盲目追求建造“企业帝国”，积极进行财务筹划，广开渠道，探索多种融资方式的综合运用，努力降低企业资金成本。温州的高利贷危机或许已经逐渐平息，淡出人们的视野，然而，对于众多的中国民营企业而言，面对跌宕起伏的国内外经济环境，维系企业经营的资金链却依然脆弱。今后的改革任重而道远，需要我们在制度建设、金融市场和政府服务等方面进行努力，为中国民营经济创造一个宽松、良好的发展环境，续写中国经济增长的又一奇迹。

后记

这本改版《关键世代》行将出版前我在澳大利亚国立大学作学术访问。因缘巧合，此书的首版三年多前也在本地完稿。首版的后记我是这样写的：

在这本书写作的尾声，我正在澳大利亚学术交流途中，经过了布里斯班、堪培拉，现在来到旅途的最后一站墨尔本。入住成立于1883年古色古香的温莎酒店（Hotel Windsor），稍事休息后走出酒店，独自在大街上闲逛，不久就来到了有名的唐人街。墨尔本唐人街的牌坊在异国的暮色下显得很有特色，牌坊后一家接一家的中餐馆亮起了霓虹灯招牌，标志着料理口味的发源地：重庆、西湖……走入唐人街，我的感官立刻展开了中国人不知一辈子做过几回的想象，以便在熟悉的诸多地方口味中搜索今晚的最爱。这一刻，我丝毫不觉得身处圣诞节将至的异国。在街上有各色的人种，可能也正享受着走入异国风情与美食中。

我在想，若是我们能明白为什么唐人街能在西方世界成功，我们反过来就能想明白中国人如何能将西方思想在自己的土地上活用，让自己更成功。旅途将尽，本书也将结束。在2012的家族元年，祝愿中国企业家心想事成，基业长青。

今年就是中国家族企业纪元第叁年了，我们离基业长青的目标也更近了。共勉。

范博宏　2015年7月23日于澳大利亚国立大学访问期间

图书在版编目（CIP）数据

关键世代：范博宏论家族企业传承. 2／范博宏 著. —北京：东方出版社，2014. 5
ISBN 978-7-5060-7496-4

Ⅰ. ①关…　Ⅱ. ①范…　Ⅲ. ①家庭企业—企业管理—研究—中国　Ⅳ. ①F279. 245

中国版本图书馆 CIP 数据核字（2014）第 109420 号

中文简体字版版权属东方出版社所有
著作权合同登记号　图字：01-2012-0203 号

关键世代：范博宏论家族企业传承 02
（GUANJIAN SHIDAI：FAN BOHONG LUN JIAZUQIYE CHUANCHENG 02）

作　　者：范博宏
责任编辑：崔雁行　乔　俏　刘晋苏
出　　版：东方出版社
发　　行：人民东方出版传媒有限公司
地　　址：北京市东城区朝阳门内大街 166 号
邮政编码：100706
印　　刷：北京中科印刷有限公司
版　　次：2015 年 12 月第 1 版
印　　次：2015 年 12 月第 1 次印刷
印　　数：1—4000 册
开　　本：710 毫米×1000 毫米　1/16
印　　张：23. 25
字　　数：197 千字
书　　号：ISBN 978-7-5060-7496-4
定　　价：78. 00 元
发行电话：（010）64258117　64258115　64258112

版权所有，违者必究　本书观点并不代表本社立场
如有印装质量问题，请拨打电话：（010）64258029